城乡协调发展河南省协同创新中心
河南省科技金融创新研究重点实验室
联合资助

金融服务创新助力实体经济发展

以河南省为例

INNOVATIONS IN FINANCIAL SERVICE BOOST THE DEVELOPMENT OF THE REAL ECONOMY
-ILLUSTRATED BY THE EXAMPLE OF HENAN PROVINCE

焦继军 著

FINANCIAL SERVICE

中国经济出版社
CHINA ECONOMIC PUBLISHING HOUSE
北 京

图书在版编目（CIP）数据

金融服务创新助力实体经济发展：以河南省为例／焦继军著.
北京：中国经济出版社，2017.7
ISBN 978-7-5136-4831-8

Ⅰ.①金… Ⅱ.①焦… Ⅲ.①金融—商业服务—服务业—经济发展—研究 Ⅳ.①F830

中国版本图书馆 CIP 数据核字（2017）第 211412 号

责任编辑 姜 静
责任印制 马小宾
封面设计 华子图文

出版发行 中国经济出版社
印 刷 者 北京金明盛印刷有限公司
经 销 者 各地新华书店
开 本 710mm×1000mm 1/16
印 张 16.25
字 数 263 千字
版 次 2017 年 7 月第 1 版
印 次 2017 年 7 月第 1 次
定 价 48.00 元
广告经营许可证 京西工商广字第 8179 号

中国经济出版社 **网址** www.economyph.com **社址** 北京市西城区百万庄北街 3 号 **邮编** 100037

前　言

金融是现代经济活动的核心，金融产业是现代经济发展的核心产业。金融发展在区域经济建设中发挥着资金融通和助推经济发展的作用。随着经济和信息技术的发展，金融发展和金融创新速度不断加快，金融形态、金融组织和金融制度经历了前所未有的整合和变化，金融机构和金融要素的空间集中趋势日益凸显。21 世纪的中国经济处于经济增长新阶段和经济全球化快速推进的新环境之中，要继续保持中国经济的跨越式发展，就需要有稳健、高效的金融服务体系作为支撑。2008 年发生的全球性金融危机对我们提出了警示，我们应以经济金融发展的客观规律为依据，深入研究中国区域金融发展的地区性特征和差异，大力发展金融创新，并发挥其对实体经济的支持作用，促进区域金融环境良性发展，以保证金融自身的发展及对区域经济提供有力支持。

在过去 30 年的经济全球化进程中，交通运输、通信、信息技术、企业组织以及管理技术等领域都发生了一系列重大变革，并实现了相互之间的渗透和融合。在微观经济领域，信息技术的发展和交易成本的大幅降低，以及企业规模经济的快速发展，不仅导致了以跨国公司为主要载体的生产要素的大规模跨境流动和在全球范围内的重新配置，而且显著扩展了货币和金融在全球跨时空“延展”“配置”和“整合”经济活动的功能。实体经济和金融领域的这一系列重要的变化，对全球经济运行方式产生了重大影响。改革开放以来，尽管中国各地区的经济都得到了快速发展，但区域经济增长呈现出明显的差异性。区域金融发展不平衡已经成为中国区域经济发展差异显著的重要原因。不可否认，在经济体制转轨时期，我国经济金融制度环境处于不稳定状态，导致中央政府、地方政府、金融机构、居民和企业的行为发生着诸多变化，区域金融环境涉及的主体与客体之间的关系也变得扑朔迷离。

近年来，经济金融领域出现了“过度金融化”倾向，即金融资本对实体经济支持乏力的避实就虚现象，究其根源是分配制度不合理及金融体系机制失衡所导致的，也是金融体系创新动力不足、金融服务不到位、金融供给侧改革不落实等问题的集中反映。以金融为代表的虚拟经济的过度发展，导致金融活动脱离实体经济的需要与承载能力，使社会资源得不到有效配置。虽然中国目前已构建起了较为“庞大”的金融体系，但一个助推实体经济发展的高效金融服务体系尚未形成。功能雷同、低效、缺乏针对性、大而全的金融服务体系缺乏对实体经济的有力支撑。经济发展中的资本形成率偏低，实体经济发展滞缓。目前金融服务体系面临的瓶颈是金融体制改革进程中的必然阶段，如何使金融回归服务实体经济的本源，如何使金融更好地服务经济转型升级，如何激发金融体系的创新活力，已经成为金融体制改革和经济发展进程中亟待解决的重大问题。

《金融服务创新助力实体经济发展——以河南省为例》一书，以梳理金融发展一般理论为起点，以供给侧结构性改革为基础，以“过度金融化”为切入点，以服务实体经济为目的，以增强服务实体经济的能力为核心，以金融服务创新为手段，在研究区域金融发展的基础上，探索了金融业的可持续发展问题。本书认为，金融服务的优化和创新体现为金融结构的优化以及与经济结构转型升级的适应性。本书在分析河南省金融发展现状的基础上，重点强调金融的服务属性，提出了一些新的发展战略和思路，如涉农金融体系建设、普惠金融发展策略、供应链金融创新、金融服务外包与金融新业态发展、区域性多层次资本市场建设、金融产业集聚及郑州区域性金融中心发展战略等，本书就以上问题进行了深入探讨。

本书写作过程中得到了河南财经政法大学金融学院郑秀峰院长的鼓励和支持，还得到了河南财经政法大学城乡协调发展河南省协同创新中心王利军教授的指导和帮助，在此表示衷心的感谢。同时，也希望借此机会向为我们调研提供便利的企业表示感谢，向万得资讯张见生先生在软件支持及数据获得方面提供的帮助表示感谢。此外，写作过程中引用参考了部分专家学者的研究成果，在此一并致谢。引用成果已尽可能在文中注明，如有遗漏或不妥之处恳请批评指正。在本书写作过程中，西南大学硕士研究生杨帆同学，河南财经政法大学硕士研究生陈军、叶欢同学参与了课题调研、图表绘制、数据整理及文字修改等工作，提出了建设性的意见，在此一并表示感谢。

特别感谢中国经济出版社姜静女士对本书的出版给予的帮助和支持，她付出了大量的心血，才使本书得以付梓。当然，由于本人水平所限，书中难免有粗疏、不妥甚至错误之处，敬请各位前辈、同仁等不吝赐教。

焦继军

2017 年 5 月于郑州龙子湖畔

目　录

第一章　绪　论

一、问题的提出 …… 1
二、金融服务与实体经济发展研究现状 …… 3
三、本书的研究框架、主要内容及方法 …… 8

第二章　河南省金融供给与实体经济发展

第一节　金融制度演变与金融发展 …… 11
一、金融制度的演变进程 …… 11
二、金融制度演变的影响因素 …… 15
三、金融理论发展与金融制度演进 …… 24
第二节　河南省金融业供给现状 …… 27
一、实体经济概况 …… 27
二、金融产业发展特点 …… 29
三、金融发展政策分析 …… 31
四、河南省金融产业发展现状 …… 34
第三节　河南省金融发展与经济增长的互动关系分析 …… 39
一、金融发展与经济增长相互作用的机制分析 …… 39
二、河南省金融发展与经济增长互动关系的实证分析 …… 44

第三章 供应链金融与实体经济发展

第一节 供应链金融发展历程 …… 52
一、供应链概述 …… 52
二、供应链金融起源 …… 54
三、国内外供应链金融的发展历程对比 …… 56
四、供应链金融需求主体分析 …… 57
第二节 供应链金融模式和应用 …… 64
一、中小企业供应链金融服务的基本模式 …… 64
二、“三农”供应链金融模式 …… 71
三、海尔供应链金融模式解读 …… 75
第三节 供应链金融风险控制和创新 …… 80
一、供应链金融的风险来源 …… 80
二、供应链金融的创新 …… 83

第四章 普惠金融支持“三农”发展

第一节 普惠金融内涵及意义 …… 85
一、普惠金融内涵 …… 85
二、普惠金融发展演变及发展普惠金融的意义 …… 90
第二节 普惠金融在国内外的发展概况 …… 93
一、国外普惠金融发展的主要模式及经验 …… 93
二、中国发展普惠金融概况 …… 98
第三节 涉农金融服务支持“三农”发展 …… 105
一、发展农业保险服务 …… 105
二、金融精准扶贫 …… 110
三、支持“三农”发展的金融业务创新 …… 117

第五章 金融服务外包与实体经济发展

第一节 金融外包基本要素和意义 …… 122

一、金融外包的内涵 …… 122
二、金融外包的特征 …… 125
三、金融外包的理论基础 …… 126
四、金融外包的意义 …… 131
第二节 金融外包发展的竞争力 …… 133
一、我国金融外包发展概况 …… 134
二、我国金融外包发展的优劣势 …… 137
三、金融外包的发展战略 …… 141
第三节 金融外包发展前景 …… 143
一、全球金融服务外包的发展趋势 …… 143
二、金融外包的重要趋势——金融后台外包 …… 146
三、河南省开封市的金融后台外包之路 …… 151
第四节 金融外包风险与监管 …… 153
一、风险类型 …… 153
二、风险规避 …… 155
三、金融外包监管制度的建立 …… 158

第六章 多层次资本市场建设服务实体经济

第一节 多层次资本市场理论内涵 …… 160
一、多层次资本市场的界定 …… 160
二、多层次资本市场的功能与组织形式 …… 166
三、多层次资本市场制度演进 …… 173
第二节 不同国家和地区多层次资本市场比较研究 …… 179
一、不同国家和地区多层次资本市场的发展模式比较分析 …… 179
二、不同国家和地区多层次资本市场建设经验及借鉴 …… 189
第三节 促进实体经济发展的多层次资本市场构建 …… 192
一、多层次资本市场运作及转板机制 …… 192
二、中国资本市场体系的结构特点 …… 197
三、多层次资本市场发展措施 …… 199

第七章 区域金融中心建设与实体经济发展

第一节 金融中心建设的理论基础 …… 210
一、金融产业的概念与特征 …… 210
二、影响金融中心形成的因素 …… 212
三、金融中心形成理论 …… 217
四、金融中心形成路径 …… 220
第二节 国外金融中心发展模式比较 …… 224
一、金融中心形成模式 …… 224
二、两种形成模式的比较分析 …… 229
第三节 郑州区域金融中心构建 …… 229
一、郑州区域金融中心建设的必要性 …… 230
二、郑州区域金融中心发展模式 …… 231
三、引导金融产业集聚，促进郑州区域金融中心形成 …… 232

参考文献 / 239

重要术语索引 / 246

第一章
绪　论

一、问题的提出

所谓“过度金融化”，是指金融业自我膨胀催生的金融高杠杆和资金脱实向虚的现象，并在此基础上，引发了全社会对办金融会带来高收益的错觉，加剧了全社会乱办金融的行为。金融业的过度发展，使社会资源从实体经济领域流向以金融为代表的虚拟经济领域，加剧了金融运行与实体经济运行的矛盾，在一定程度上挤压了实体经济的发展空间，导致社会资源得不到有效配置，金融风险剧增。经济“过度金融化”是一种综合病症，形成的根源异常复杂。各类金融市场的交易主体、中介机构没有按照实体经济的需要去开展金融工具和交易方式的创新，过分追求短期利益最大化，盲目引进不符合中国实体经济需要的金融工具，造成了金融投机过度。

一般而言，金融在为实体部门提供服务的同时，也需要实体经济承担金融市场的运行成本，金融本身并不能直接创造价值，而是通过为实体经济提供服务，让实体部门更有效地创造价值。但近年资金“脱实向虚”和“过度金融化”现象，使得金融体系不断膨胀，对实体经济负面影响越来越大。“过度金融化”在推高资产价格、鼓励投机、弱化价格对经济的调节作用的同时，也严重制约了实体经济的发展。所导致的结果就是金融原本的功能日趋减弱，对实体经济发展的支持效率逐渐下降。金融业必须在实体经济发展的前提下发展，金融必须回归服务实体经济的本源，服务实体经济是金融发展永恒的主题。金融业应立足于服务实体经济发展的核心命题，转变金融发展方式，提高金融服务水平。虽然中国目前已构建起了较为“庞大”的金融体系，但一个助推实体经济发展的高效金融服务体系尚未形成。具体表现在：第一，功能雷同、低效、缺乏针对性、大而全的金融服务体系缺乏对实体经济的有力支撑；第二，目前的金融体系严重偏离了实体经济的发展，导致金融服务对实体经济发展支持不力，经济发展中的资本形成率偏低，实体经济发展滞缓。因此，建立和完善助推实体经济发展的金融服务体系，必将在拓宽资金供给渠道，优化资金投向和提高资源配置效率，促进经济结构调整与产业升级等方面发挥重要作用。

金融与经济之间的相互关系历来是经济学家研究的重点和现实中人们所关注的热点问题。金融发展理论的演变经历了金融结构理论、金融深化理论、金融内生理论等不同的发展阶段。金融发展理论主要研究的是金融发展与经济增长的关系，即研究金融体系（包括金融中介和金融市场）在经济发展中所发挥的作用，如何建立有效的金融体系和金融政策组合以最大限度地促进经济增长，以及如何合理利用金融资源以实现金融的可持续发展并最终实现经济的可持续发展。金融发展不应仅仅只是金融资产不断积累和丰富的过程，更应该是建立合理的金融制度、提升金融服务质量、实现金融资源合理配置的过程。麦金农和肖的金融深化理论揭示了发展中国家金融发展的特殊性和阶段性。20 世纪 90 年代以来的经济学家将内生增长理论引进金融发展理论，对金融发展与经济增长之间的互生共长关系进行了深入的探讨。

金融作为现代市场经济的一个主要推动力，不仅在现代经济增长因素分析中得到了理论支持，而且在现代经济发展的历程中也得到了实践验证。金融对经济增长的贡献度是对金融发展理论以及区域金融成长理论的实证考察。现代经济中金融对经济的贡献主要体现在以下三个方面：促进了要素投入量的提高，促进了劳动生产率的提高，金融业产值增长对经济发展的直接贡献。

区域金融是一国金融结构与运行在空间上的分布状态，它是金融发展的中观层次。区域金融成长与区域经济发展联系紧密。区域金融成长会加速区域经济发展，金融压抑会阻碍区域经济的发展。不同程度和水平的区域金融成长为区域经济发展提供了内在动力。区域金融成长从量上的扩张表现为区域资本投入的增加，从质上反映为区域要素生产率的提高。经济发展和金融发展本身呈现明显的区域性特征。

区域经济发展的“二元性”特征使得金融资源的供给与需求在空间分布

上形成非均衡性，从而决定了区域间货币资金的流动。区域间货币资金流动是区域金融成长的重要表征与金融资源空间配置的有效途径。在市场机制的调节下，资金在区域间的流向取决于各个区域投资收益的差别，资金就在投资收益的杠杆作用下从低收益区域流向高收益区域，从而通过资金流动引导着其他要素的流动与组合。资金作为一种可流动的生产要素，在金融市场开放条件下，必然会向风险较小、收益较高的地区流动，形成类似产业经济发展的聚集效应和区域金融发展的二元结构。资金向经济发达地区的流动是市场经济发展和金融市场开放的伴生现象。对于经济相对不发达的区域而言，这造成了信贷资金稀缺，民间借贷利率高企，企业的财务成本提高，在一定程度上影响了区域经济增长。区域间货币资金不平衡是我国现阶段导致区域经济差异扩大的重要原因。因此，如何从区域间资金合理流动这一角度出发协调区域经济发展是我国迫切需要解决的问题。

金融业的可持续发展体现为金融结构的优化以及与经济发展现状的适应性。具体来说，河南省金融体系的发展主要包括涉农金融体系的建设、金融服务功能的创新、多层次资本市场体系的建设、金融产业的集聚以及以郑州为中心的区域金融中心功能作用的发挥。正是基于这种理论和实际的需要，本书从金融服务的角度，考察金融市场和金融资产的特征、结构、效率及金融功能作用的发挥，考察金融服务对实体经济的促进作用。

二、金融服务与实体经济发展研究现状

美国金融危机之后，“过度金融化”这一概念开始流行起来。但对于什么是“过度金融化”，理论界并没有一个建立在广泛共识基础上的定义。约翰·贝拉米·福斯特（2007）从资本积累角度出发将金融化看成是“经济活动的重心从产业部门（甚而从诸多正在扩大中的服务业部门）转向金融部门”。热拉尔·迪蒙和多米尼克·莱维（2005）将金融化理解为“金融资本”（由资本所有者的上层和金融机构组成）权力的重新恢复和扩张，即金融资本这样一个食利者特定阶层的收入、财富和权力的恢复及其政治、经济势力的不断增强。戈拉德·A. 爱泼斯坦（2007）认为金融化是指金融动机、金融市场、金融参与者和金融机构在国内及国际经济运行中的地位不断提升。格·R. 克里普纳（2008）把金融化理解为一种积累类型，在这种类型中，利润更多来

自金融渠道，而非贸易和商品生产。托马斯·I. 帕利（2010）采纳了爱泼斯坦关于金融化的定义，认为金融化是指在国内和国际两个层面上，金融市场、金融机构以及金融业精英们对经济运行和经济管理制度的重要性不断提升的过程。Krippner（2005）提出金融化是通过金融渠道而非贸易和商品生产渠道的一种积累模式。王广谦（1996）认为经济的金融化是经济货币化的延伸和发展，定义为一国国民经济中货币及非货币性金融工具总值与经济产出总量之比值的提高过程及趋势。刘诗白（2010）认为社会资本过多流入和集中于金融领域，银行和金融机构在金融自我循环中过度发展。任重道、朱贻庭（2010）认为所谓金融化，即经济活动的重心从产业部门转向金融部门，集中到金融资产的管理、流动和增值上来，金融资产的增长速度超过了实体经济的发展速度。体现为金融业在实体经济发展减缓情况下的畸形繁荣。“过度金融化”的特征表现在以下三个方面：第一，金融资产的过度膨胀。金融资产的规模和数量大大超过了社会实际总资产和总产值。第二，过度的金融内循环。即金融交易在金融部门内部的循环不断得到加强，为金融交易提供风险管理功能的衍生金融产品迅速发展，而直接为实体经济服务的金融活动规模却相对缩小。第三，过度的金融投机。庞大的、与实体经济没有直接关系的金融资产及其交易，构成了一个巨大的投机性市场。可见，尽管对经济金融化概念的理解各种各样，解读角度比较多元化，但是，在经济金融化过程中所表现出来的一些主要特征却是相通的，并无本质区别。

金融发展与经济增长关系的研究一直都是经济学界普遍关注的焦点。熊彼特（Schumpeter，1911）是较早研究金融发展与经济增长关系的经济学家。他在《经济发展理论》一书中率先提出了银行对经济增长的作用，指出功能完善的银行能够通过评估和融资来发现和支持具有较大成功概率的投资项目来推动经济增长。

1950 年以后的经济学领域的研究对金融元素予以了更多的关注，一些西方经济学家开始从事金融与经济发展关系方面的研究工作，创立了金融发展理论。格利和肖（Gurley，Shaw，1955—1956）在《经济发展中的金融方面》和《金融中介机构与储蓄—投资过程》两篇论文中着重阐述了金融中介在经济发展过程中的重要性，揭开了金融发展理论研究的序幕。帕特里克（Patrick，1966）在《欠发达国家的金融发展与经济增长》一文中最早对金融发展与经济增长的因果关系进行了研究，提出了“需求追随”和“供给引导”两种经典模式。前者强调金融服务的需求方，认为金融发展是经济增长的一个结果；后者强调金融服务的供给方，认为金融发展促进经济增长。一国经济发展阶段决定该国金融发展模式，欠发达国家因为需要改进现有资本构成，有效配置资源，刺激储蓄和投资，应采用金融优先发展的供给引导模式，而随着经济的发展需求追随模式逐渐居于主导地位。戈德史密斯（Goldsmith，1969）在《金融结构与金融发展》一书中提出了金融结构假说，认为金融发展就是金融结构由简单到复杂、由低级到高级的变化。为了对金融发展进行定量分析，他确立了衡量一国金融结构和金融发展水平的基本指标体系，并通过对 35 个国家 103 年数据的实证研究得出了金融相关率与经济发展水平正相关的结论，为此后的金融研究提供了重要的方法论参考和分析基础，奠定了经济增长和金融发展实证研究的基石。

麦金农（Mckninon，1973）的《经济发展中的货币》与肖（Shaw，1973）的《经济发展中的金融深化》两本书的出版标志着金融发展理论的形成。他们分别单独研究了多个发展中国家和地区“二战”以后的金融发展状况，创立了现代金融发展理论，主张金融自由化并提出了适合发展中国家金融现状的“金融抑制”和“金融深化”理论。他们认为金融抑制政策会减少社会储蓄与投资，限制市场机制作用的充分发挥，阻碍经济增长，而以金融深化为标志的金融自由化改革使得该经济体中的资源配置更有效率，能够促进经济增长。在此之后，金融发展与经济增长之间的关系逐渐成为发展经济学的一个重要研究领域。麦金农和肖的金融深化论在西方经济学界产生了极大影响，卡普（Kapur，1976）、加尔比斯（Galbis，1977）、马西森（Mathieson，1980）等经济学家纷纷提出了对金融发展问题的新见解，基于麦金农和肖的分析框架相继建立了一些宏观经济模型，但金融发展对全要素生产力有何影响这一问题一直未得到关注和解决。

20 世纪 90 年代以来，金融发展和经济增长关系的研究取得了飞速发展。不确定性、信息不对称、不完全竞争、交易成本等更贴近现实的因素被引入理论模型；信息技术与统计分析的发展使得人们收集、处理数据的能力大幅提高，为实证分析创造了有利条件。格林伍德和乔安娜维克（Greenwood，Jovanovic，1990），本茨文奇和史密斯（Bencivenga，Smith，1991）等学者在研究中指出金融中介和金融市场的组建存在较高的固定进入成本和固定交易成本，导致金融发展和经济增长之间具有“门槛效应”。只有当经济规模达到一定程度后相应金融体系的发展才会促进经济增长。帕加诺（Pagano，1993）利用内生增长模型表明金融系统可以通过提高储蓄投资转化率、资本边际生产率和储蓄率来影响经济增长率。金和莱文（King，Levine，1993）从金融体系的功能出发，认为金融发展的过程就是金融体系功能不断深化的过程，金融发展导致了经济增长。莱文（Levine，1997）认为金融系统促进交易、分散风险、配置资源、监督管理、动员储蓄等功能使其能够通过资本积累和技术进步两个渠道促进经济增长。格林伍德和史密斯（Greenwood，Smith，1997）分析了金融市场通过增加专业化来促进经济增长，突破了新古典经济理论的限制，开辟了分析经济增长来源和决定因素的新途径。

关于金融支持实体经济发展，国外学者的研究主要集中于资产价格与实际产出的关系、金融市场与实体经济的关系及其相互影响方面。卢卡斯·门克霍夫等（2004）认为，以金融部门为代表的虚拟经济部门已经与实体经济分离，提出了著名的“背离假说”，认为过去实体经济处于经济发展的中心地位，虚拟经济部门扮演辅助实体经济发展的角色，但现在这种支配地位发生了颠倒，金融市场依据自身的逻辑和规律运行，实体经济不得不适应虚拟经济发展的运行规律。他们认为具体关系主要有三种：第一种，金融不稳定假说。金融市场具有内在不稳定性及独立信用扩张能力，金融部门与实体经济部门分离是金融发展的必然，认为信用扩张促使金融业与实体经济日益分离。第二种，金融部门应服务于实体经济，金融与实体经济的分离趋势对实体经济具有根本性破坏作用。持这种观点的学者主要有 Tobin（1984）、Sachs（2004）等。第三种观点介于以上两者之间，认为金融与实体经济分离是金融发展过程中的一种伴生现象，这种现象具有一定程度的破坏性，但破坏性程度取决于政府的政策选择。

早期的金融创新研究主要从狭义和广义两方面来探讨。金融创新从狭义上讲是指经济过程中的金融服务创新和金融产品创新；而广义上的金融创新突破了狭义的界定范围，被定义为发生在金融领域里的所有创新活动。显然，广义金融创新具有更为广泛的概念外延。伴随着金融功能的不断细化，众多学者从微观、中观和宏观三个层次对金融创新进行了更为深入的探讨。比较有代表性的界定方式包括：金融创新包括金融制度创新和金融工具创新。西方十国集团中央银行认为，金融创新包括金融产品创新、交易方式创新以及市场制度创新等。金融创新是金融机构为了追求利润最大化而引致的金融改革，主要表现为重新配置和组合金融要素。金融服务作用的发挥与金融体系的创新能力息息相关。

关于金融体系的服务创新，国内多是从农村金融体系和中小企业金融体系角度提出的。杨丹霞（2010）从农户金融需求角度出发，分析农户金融需求的特征以及我国农村金融体系的现状问题，进而提出农村金融体系创新的举措。郭兴平（2010）分析了信息技术创新对建立普惠型农村金融体系的重要意义，并认为电子化金融服务渠道创新是建立普惠型农村金融体系的主要难题和突破口。曾之明（2011）分析了农村金融需求多样化与农村金融服务供给单一化的矛盾，探讨了功能重构基础上多层次农村金融体系创新的思路和对策建议。李剑峰、王延涛（2010）阐述了完善农村金融服务渠道体系对于提高农村金融服务水平所具有的关键性作用，分析了目前农村金融服务渠道发展中面临的若干矛盾，并提出了创新符合农村实际的特色服务渠道、加快农村电子化和信息化建设步伐等政策建议。钱水土、姚耀军（2010）从“金融功能观”的研究视角出发，首先回顾了我国农村金融服务体系的变迁，其次在一般分析和典型调查的基础上，考察了我国农村金融服体系的绩效，进而依据金融功能观分析范式对现有农村金融服务体系改革进行评价。史建平（2012）分析了中小企业金融服务发展环境、中小企业金融服务发展现状等问题。李镇西（2011）将小企业多样化、全方位的金融服务需求以及相关的政策法规、外部环境建设等纳入研究视野，运用供求分析法研究我国小企业金融市场的特征，得出了我国小企业金融市场存在供需缺口的结论。束兰根、原二军（2012）认为科技金融服务体系是科技与金融内生互动、整合发展的高级阶段，关系到我国产业转型升级和创新型国家建设的长远目标。

上述既有文献对支持实体经济发展的金融服务体系创新进行了深入研究，但由于研究视角及所运用的分析工具的不同，得出的结论也不尽相同，且缺乏对支持不同行业实体经济发展的全方位的金融服务体系创新方面的系统研究。本书将在积累总结现有研究成果的基础上，从普惠金融、供应链金融、区域金融中心建设、多层次资本市场及金融服务外包等方面对促进实体经济发展的金融服务体系进行较为系统全面的研究。

三、本书的研究框架、主要内容及方法

（一）结构安排

本书以“过度金融化”为切入点，以服务实体经济为目的，以增强服务实体经济的能力为核心，以金融服务创新为手段，全面总结评估目前的金融服务体系，分析其对实体经济的支持效率。通过对金融服务功能的重新定位和反思，引导金融回归服务实体经济的本源，并构建助推实体经济发展的多层次金融服务体系。本书从金融发展理论入手，以河南省为例分析金融发展对经济发展的促进作用，按照供应链金融创新、涉农金融体系建设、金融服务外包、多层次资本市场建设、金融产业集聚及郑州区域性金融中心建设的框架依次展开分析。

（二）研究对象

本书的研究对象为金融服务方式，广义来看，金融服务方式既包括金融要素配置和金融服务组织，也包括金融服务理念、金融服务模式、金融服务工具以及金融服务流程等方面。本书着眼于河南省实体经济的发展，从供给侧改革的视角，研究与经济发展水平相适应的金融服务供给，重点从金融要素配置导向、金融服务模式优化、金融服务工具创新、金融服务流程科学化等方面加大金融创新的力度。

金融工具主要涉及融资型、支付型、避险型、收益型等工具。金融服务主要体现在企业和个人在融资支付、投资担保、风险管控等方面的服务获得水平。伴随着我国金融业的长足发展并日益成为国民经济的主导产业，金融服务与经济社会间的联系日益紧密。金融体系的完善，得益于实体经济和金融体系的完美结合。我国的中小型民营经济数量巨大，而银行等金融机构从成本收益及风险等方面考虑更倾向于服务大中型企业。因此，大中型企业的信贷资源相对较多，能够满足其融资需求，而小企业的融资需求则未得到满足。另外，银行融资作为间接融资方式的典型形式，在企业的创建初期对企业的作用并不大，企业更愿意采用股权融资的权益性资本方式。随着我国金融业对外资及对民营资本的全面开放，银行业的发展面临着巨大的竞争压力。

在供给侧结构性改革的背景下，银行等金融机构需要进行金融服务的创新以增强竞争力，同时增强服务实体经济的能力。金融机构需要为客户提供专业安全、方便快速有效的金融服务，并避免金融风险的发生。金融服务创新的概念具有非常丰富的内涵。一般认为，金融服务创新是指在伴随金融服务过程中而发生的金融交易的载体以及相关资源分配形式所导致的转变和创新。从这一概念界定可以看出，金融服务创新不仅涉及对金融业务中的业务范围和产品研发的不断开拓，而且还包含对相关的服务方式以及营销策略等的创新。

（三）主要内容

本书共分为七章，第一章是绪论，论述选题的研究背景和意义，提出本书的分析框架、主要内容及研究方法。第二章主要论述河南省金融供给与实体经济发展。首先是关于金融发展理论的梳理和评价。在此基础上，提出对河南省经济建设中金融供求现状及金融发展与经济增长互动关系的分析，为后面各章的具体分析奠定基础。第三章主要论述供应链金融与实体经济发展。作为一种新型的金融创新工具，供应链金融在规避金融风险、提高金融服务效率、服务中小企业融资等方面都有着重要的作用。第四章主要论述普惠金融支持“三农”发展。作为一种金融制度和理念，普惠金融将从根本上改变中国的融资结构和金融服务方式，普惠金融理念将使以往高大上的金融服务贴近普通民众，使客户的金融获得水平得到较大提升，也将使中国经济的发展和走势发生极大改变。第五章主要论述金融服务外包与实体经济发展。随着金融业分工的发展，金融机构将更加关注核心业务，一些非核心的附属业务可以外包，金融机构在将精力集中于核心业务的同时，也为社会提供了更多的新业态和就业机会。第六章主要论述多层次资本市场建设服务实体经济。多层次资本市场制度更适合金融需求的实际，能够更好地满足不同层次的金融需求，更好地适应经济的发展方式。第七章主要论述区域金融中心建设与实体经济发展。重点论述郑州区域金融中心的发展，以及促进郑州区域金融中心形成及金融产业集聚的政策建议，通过发展区域金融中心来带动河南经济的发展。

（四）研究方法

本书在写作及论证过程中将采用历史分析与逻辑分析相结合、定性分析与定量分析相结合，以及比较分析与分类分析相结合等方法进行研究。按照从概念框架、理论分析到经验证据和数据分析，再到结论和政策建议的顺序展开研究。具体来说：

第一，历史分析与比较分析相结合。本书在研究金融服务体系的发展演变进程时，使用历史分析方法，得出经验性结论。并十分注重横向、纵向比较和中外比较分析。

第二，定性分析与定量分析相结合。本书在对实体经济的特征与范畴进行界定、对金融服务与实体经济的互动关系等进行分析的过程中，既要使用逻辑归纳等定性分析方法，同时也建立计量经济模型进行定量研究，以揭示出两者内在的相互关系。

第二章

河南省金融供给与实体经济发展

金融制度与社会制度是相伴而生的，二者都随着社会经济的发展而演变。不同的经济体制需要不同的金融制度，金融制度与社会经济发展必须相互适应。金融发展对经济发展有一定的推动促进作用，相应地，经济发展也推动着金融不断发展。

第一节　金融制度演变与金融发展

金融制度与社会制度是紧密相连的。自货币信用产生以来，金融制度就随着社会制度的变迁而不断发展演进。20 世纪 70—80 年代，金融创新为全球金融业带来了巨大的变化，金融制度的协调健康发展对经济的稳定发展具有至关重要的意义。

一、金融制度的演变进程

随着 19 世纪后期股票和债券等金融工具的发行和流通，商业信用、银行信用等信用形式不断完善，金融工具也越来越多样化，使得金融配置经济资源的方式发生了极大的变化，配置资源的功能和效率也得以极大地扩展和提高。这期间金融中介机构获得了飞速发展，其功能、业务范围、经营方式、经营理念及组织形式也不断发展和完善，对经济生活的重要性也大大提高了。金融逐渐获得了经济发展中的核心地位，成为社会经济发展的重要推动力。

金融对经济的推动作用，最初是通过货币与信用这两个相对独立的范畴体现出来的。货币以其自身的属性方便了交换和贸易，提供了财富积累的新形式，从而为扩大再生产创造了前提。后来货币的外延进一步扩展，货币有了许多替代的形式如股票、债券等证券化工具，经营这些替代货币的非银行金融机构和金融市场的作用也逐渐被人们所重视。信用使生产要素得到了及时充分的运用，并且使生产者能够超过自己的资本积累所限扩大再生产，同时也促进了资本的积聚与集中。因此，货币和信用为经济发展提供了重要的条件和前提，也成为了推动经济发展的特殊力量。通过提供多样化金融资产及其交易市场，金融工具有了为整个社会经济资源进行定价和配置的功能。

金融发展和经济发展最直接的联系就是融资制度的安排。融资方式的演变能够反映货币金融发展的历史进程和金融发展的本质特征，也是金融制度变迁的最集中体现。

一般认为市场经济发达国家的融资方式主要有两种模式：一种是以英美为代表的证券融资方式为主的模式，即直接融资模式。在这种融资制度中，银企关系相对不密切，企业融资日益游离于银行体系。另一种是以日德为代表的银行融资方式为主的模式，即间接融资模式。在这种融资制度中，银企关系密切，企业通常与一家银行有着长期稳定的交易关系，银行通过对企业产权的适度集中而对企业的经营活动实施监督和控制。

由于英美是典型的自由市场经济资本主义国家，资本市场十分发达，企业行为完全是市场行为。因此，企业资金来源除依靠自我积累外，在外源融资中则主要是通过发行企业债券和股票方式从资本市场上筹措长期资本。以证券市场为主导的融资制度是美、英等国工业化过程中融资体制的典型特点。最近30年来美国企业从银行间接筹措的资金所占份额一直在平稳下降，商业银行的作用大大降低了。而另一种资金来源——债券融资和商业信用直接融资的比例则在不断增加。

而日本工业化进程中的资本形成所走的则是另一条道路。银行体系在企业融资中一直居于主导地位，以股票市场为核心的资本市场的重要性相对较低。因此，投资者一般倾向于将储蓄存于银行金融机构。此外，日本推行的是低利率政策，信用集中于银行，限制有价证券市场的发展和资本流出，这就促使工商业资本主要依赖银行资本，银行系统的间接融资占据了资金供应的主渠道地位。特别是第二次世界大战后从经济恢复时期到高速增长时期，企业对银行贷款的依赖程度不断提高，形成了比较典型的主银行体制。进入

20 世纪 80 年代以后，随着日本政府对金融市场管制的放松，证券市场特别是债券市场得到了长足的发展，企业的资金状况和融资模式也发生了一些变化，主银行的重要性已大大下降。

德国在其资本主义发展初期，国内产业资本积累率较低，近代工商业是在一种极不发达的金融环境中发展起来的。因此，企业主要依靠银行系统而不是证券市场筹措资本，其融资体制与日本相似，也是以间接融资为主，银行在金融体系中具有支配地位。但是德国凭借其在政治、经济、金融及历史文化等方面的特点，形成了独具特色的全能银行制度和企业融资制度。德国的产业革命始于 19 世纪后期，由于资本积累不足，所以工商业不得不主要依靠银行资金。商业银行既为企业提供创业资本，为企业的设立承购股票，办理证券发行承销业务，又为企业提供日常运营资金，从而形成了企业与银行相互依赖、相互依存的密切关系。“二战”以后，由于金融危机的爆发，多数企业无力偿还银行贷款，商业银行被迫以持有工商企业股票的方式来强制收回其对企业的贷款。这使得银企关系更加密切，银行对企业的控制也得到了进一步加强。多数国家允许银行对企业参股，但不参与管理，这样使得银行既重视企业经营效果，又可使企业不受银行的直接控制。

发展中国家和转型经济体制国家实行的也是银行主导型的企业融资制度模式，其主要原因是由于企业对外部资金的依赖程度较大，金融机构和金融工具的数量和品种不够丰富，证券市场特别是资本市场不发达。因此，债券和股票市场在企业融资中的作用不大，企业仍主要依靠银行间接融资。但近年来，部分发展中国家的股票、债券市场已经有了长足的发展。

以上两种企业融资制度，各有利弊。从发展的角度看，以日德为代表的银行主导型融资制度使企业更注重长远发展，有利于形成技术与资本密集型的大型企业和企业集团，有利于增强企业在国际市场上的竞争力。而以直接融资为主的英美模式银企关系较为松散，在一定程度上削弱了金融对经济发展的推动作用。但从经济与金融稳定的角度看，日德模式由于银行与企业之间相互持股，容易掩盖财务危机与各种矛盾，当风险积累到一定程度后，很可能爆发金融危机。20 世纪 90 年代初日本“泡沫经济”的破灭就是一个例证。相反，英美模式成功发挥了市场机制和法律监管的作用，虽然银行与企业破产的比率较高，但通过市场机制的作用大部分都能够在局部范围内消化，不易引起整个经济的剧烈震荡。

直接融资制度和间接融资制度很难有优劣之分，融资方式的演变除了政府制度安排的因素外，更主要地是由经济社会的发展水平决定的，它随着经济社会的发展而变化，同时也不断适应着经济社会的发展和变化。一国融资制度的选择取决于它所处的经济发展水平、经济体制安排、所有制结构变化、市场发育程度和历史文化背景等因素。单纯强调某种融资方式会降低资源的配置效率和资金的使用效率。实际上，目前英美、日德两种融资模式本身也在不断地演变并逐步走向融合。如自 20 世纪 80 年代以来，特别是亚洲金融危机后，日本证券融资的比重已大幅提高。

从新制度经济学的观点来看，金融制度演变乃是由于金融交易规模和范围的扩张以及出于方便交易和流通、节约交易费用、降低交易成本目的的制度变迁的结果。在货币的范围较窄、金融市场不发达、金融机构和金融工具多样化之前，金融资产的专用程度较高，因而交易费用也高，交易成本较大，于是就产生了金融制度创新的需求。

在金融制度的形成过程中政府的作用是至关重要的。政府干预经济的方式和程度是各国金融发展模式形成的主要因素。金融制度的建立和发展并不是完全根据需求被动进行的，适当的金融体系并不会自动生成，政府应扮演金融制度的供给主导角色，在有效的金融制度建立过程中发挥主导作用，特别是在经济发展的早期阶段和对于金融市场不发达的发展中国家。在发展中国家和地区，政府往往是经济现代化和工业化的设计者和推动者，政府对经济运行的干预程度较高。这主要是由于特殊的历史背景要求政府建立能充分利用稀缺资本的金融体系来支持产业发展和经济结构的调整，银行因其在筹集资本上的优势，自然成为政府支持经济发展较为理想的选择，银行也因此集中了主要的社会储蓄，成为储蓄向投资转化的主渠道。因此，在政府干预经济程度较高的国家，为实现经济起飞，政府往往在金融结构方面制定了许多特殊的金融政策。从资金易得性和降低交易成本的角度看，银行贷款依然是发展中国家企业外部融资的一个重要来源。这是因为发展中国家资本市场相对而言不够发达，银行贷款和股票债券相比更为容易取得，融资的交易成本较低，而且银行和企业之间或多或少都有利益上的关联，这也必将刺激企业对银行资本的高度依赖。利用委托代理理论同样可以解释发展中国家由于信息不完备，在资本市场存在的逆向选择和道德风险问题较严重，因而其外部融资主要依靠间接融资而非直接融资。

二、金融制度演变的影响因素

（一）经济发展模式影响金融制度演变

一国金融发展的总体战略，取决于一国的经济发展阶段和政治体制，并服从于一国一定时期的经济发展总体战略。从历史角度来看，世界金融发展模式可归纳为三种：市场经济发达国家的自然演进型、新兴市场经济国家的政府主导超前发展型和转型经济国家实行的金融压抑的滞后型金融体制。

一般经济发达国家实行的是自然演进型的金融发展模式，它们最早完成了工业革命，经济发展程度较高。市场经济和自由竞争一直是它们所奉行的经济原则，国家一般不干预金融业的经营活动，市场配置经济资源的效率较高。伴随着商品经济和货币信用制度的发展，金融体系也自然而然地形成并逐步建立起来。这些国家一般资本市场较为发达，商业银行在长期融资中扮演次要角色。自然演进型金融发展模式的国家以英国为典型代表。英国金融体系中的银行与非银行金融机构都是在激烈的竞争中逐渐形成的。由于其国内的商品货币信用关系发达，因而形成了较为发达的股票、债券等长期资本市场。自然演进型金融发展模式的金融关系经过长期发展，其演变最为稳定和成熟，市场化程度最高，其金融运行的效率也最高。

超前发展的金融模式多实行于原来经济发展水平较低但后来经济发展速度较快的新兴市场经济国家，如东南亚及拉美的部分国家。这些国家实行的是经济赶超战略，即不遵循常规循序渐进的经济发展思路，试图通过国家干预来使有限的经济资源配置到需要优先发展的产业中去。它们通过优先发展金融业，利用金融对经济发展的巨大促进作用，来带动整个经济的快速发展，实现经济赶超战略。实行超前发展金融模式的国家一般经济发展的起步水平较低，资本原始积累程度较低，技术力量薄弱，市场经济不发达，但又面临着来自经济发达国家的巨大的经济渗透的威胁，因而客观上不允许它们像其他发达国家那样经过一个自然演进的逐步发展过程。他们认为后进国家具有后发优势，可以直接学习先进国家在发展经济中的经验并吸取其教训。这些国家认识到经济发展的最大障碍在于其资本原始积累不足，并且储蓄向投资转化的渠道不畅、转化效率低下，因而经济发展中经常表现为资金的短缺，只有优先发展金融业，才能有效地动员和集中现有的储蓄资源，并将之分配到最具战略意义的经济部门，从而最大限度地实现赶超性发展。但金融不可能自己实现超前发展，这就需要政府的人为扶持和干预，需要政府采取金融自由化的政策，减少管制，使金融部门获得更快的发展。因此，在这种模式下，政府往往直接插手建立、干预银行体系和金融市场，同时政府、银行、企业三者之间的“铁三角”关系往往非常牢固。

政府主导的金融压抑型金融发展模式主要存在于原来的计划经济体制国家中，这些国家多数经济发展水平也比较落后，经济建设资金严重匮乏，而需要发展的部门又很多。因此它们试图通过计划的手段将资源强制集中、分配到重要的经济部门，以实现经济的发展并赶超西方发达国家。他们相信计划的重要性，认为用计划手段配置经济资源要优于市场手段。因此，这些国家从本质上排斥利用市场主导的金融方式配置资源，而多采用计划主导的财政方式来配置经济资源，从而在金融发展战略的问题上往往采取压制金融发展的措施，对金融业实行严格的管制。因此，这些国家金融业的发展往往非常缓慢，完全没有金融市场或金融市场非常初级，金融相关率很低，金融的功能和金融业配置资源的效率也非常低下。

以上三种金融发展模式是各国根据自身社会发展状况、经济制度、社会制度以及历史发展等条件的现实选择，各种发展模式有其自身的鲜明特点。自然演进型的发展模式充分尊重市场规律在金融与经济发展中的决定作用，从而可以逐步形成高效协调的金融运行体系。并且从长远来看，充分自主而理性的微观市场主体是经济与金融发展的持久动力。但这种模式的缺陷也很明显，即需要漫长的金融发展过程，而这与后进国家强烈的赶超愿望是相矛盾的。超前型金融发展模式的好处是可在短期内实现金融发展战略，实现经济的赶超性发展，但其缺陷是只注重了外延的扩张而忽视了内涵的发展，因而往往隐藏着巨大的金融风险，容易导致和诱发金融危机。20 世纪 90 年代的东南亚金融危机就是例证。政府主导的金融压抑型金融发展模式有其存在的特定历史环境，但其暴露的弊端也十分明显。这种模式往往会造成信贷约束软化，导致资源配置失调，同时导致经济金融活动中的交易成本过高，且易产生寻租行为和滋生腐败等。因而是效率最低的金融发展模式。目前经济转型国家已基本摒弃这种金融发展模式，因为它和市场经济的根本原则相矛盾。通过计划手段配置经济资源有其存在的特定历史条件，但这种方式所需要的信息搜寻成本太高，因而其交易成本高得难以支付。市场的一大重要作用就是能够降低信息搜寻成本和交易成本。它像一只无形的手，在完全竞争市场中，能够给产品准确定价，因而能够指导生产、消费和投资。

以上三种金融发展模式的演化表明：社会制度、经济发展决定着金融发展，同时，金融发展也适应着经济发展和社会制度的变革。

（二）政府对金融的管制激励金融制度演变

政府对金融监管的广泛开展是与中央银行制度的产生和发展直接相联系的，中央银行制度的建立是现代金融监管的起点。世界各国在19世纪末基本上都建立了中央银行制度，美国在1913年也建立了自己的中央银行——联邦储备系统。1920年在布鲁塞尔举行的国际经济会议倡议未建立中央银行制度的各国，应从速建立中央银行。中央银行制度的建立，为政府提供了一种调控经济的手段。尤其是在20世纪30年代世界性经济危机的冲击下，各国都深刻认识到了中央银行对经济调控和金融监管的重要意义，纷纷加强了中央银行的职能，从而使得中央银行在经济活动中发挥着越来越重要的作用。利用中央银行来调节货币供应量，代表政府实行货币方面的调控措施已成为各国政府管理经济的一种主要方式。中央银行的另一重要职能就是代表政府对一国的金融体系进行监管。

20世纪是金融监管理论和金融监管实践不断发展和变迁的时期。20世纪30年代以前，资本主义各国金融监管的目标主要是保证稳定和弹性的货币供给，并防止银行挤提的风险。而30年代经济危机的教训使各国金融监管的目标转变到为维持一个安全而稳定的金融体系的努力上来，以防止金融体系的崩溃对宏观经济的严重影响。这一时期各国都实行了较为严格的金融管制。20世纪70年代末，过度严格的金融监管造成金融机构效率下降和发展困难，金融监管的目标开始重新注重效率问题。20世纪90年代末的亚洲金融危机使近年来各国的金融监管更加兼顾考虑安全性和效率性。但总的说来，20世纪金融监管目标的努力方向是试图维护货币与金融体系的稳定，建立高效率、竞争性的金融体系。20世纪早期金融监管的对象主要是商业银行，因为当时商业银行的资产负债规模在金融体系中占有绝对优势，对经济的影响也就比非银行金融机构大得多。第二次世界大战后，随着资本主义国家经济的飞速发展，金融机构和金融工具日趋多元化，金融创新迅猛发展，货币的概念得以扩张，因而金融结构日趋复杂化，非银行金融机构的数量和业务量有了大幅度的增长，因此金融监管当局加强了对非银行金融机构的监管。此外，随着金融市场特别是20世纪80年代以来金融衍生品市场的发展，金融监管的对象变得更加复杂化和多元化，对中央银行的监管能力构成了挑战。20世纪30年代之前的金融监管很少直接干预金融机构的日常经营行为，强调银行业自律。但30年代的经济金融危机使美国等西方资本主义国家开始对银行金融机构从事证券业务进行反思，并认为金融危机是银行金融机构从事证券投机的结果。于是1933年后，美国开始对金融机构进行严格的管理。限制金融业混业经营的《格拉斯—斯蒂格尔法案》（Glass-Steagall Act）以及旨在控制利率的“Q条例”都是严格管制的产物。70年代以后，在金融自由化浪潮的推动下，各国又纷纷放松了对金融机构的管制措施。

一般认为中央银行的金融监管和金融机构的趋利动机之间存在着矛盾，在现实中，不是商业银行为追求利润而逃避监管，就是中央银行加强管制而减少了商业银行的可得利润。政府为了实现既定的货币政策，必然会加强对金融的管制。而分业经营与混业经营的争论在金融管制方面具有典型意义，因为它直接限制了商业银行的潜在利润，必然会引发商业银行的各种规避管制的行为，而这又会导致中央银行新一轮的管制。这在美国金融发展史上表现得尤为明显。因此，讨论金融监管就不得不涉及分业经营与混业经营的问题。

考察世界上实行市场经济制度的主要国家，从其商业银行业务经营的种类和范围看，可将其归纳为两种基本制度模式，即“分业经营制度”和“混业经营制度”或“全能银行制度”。分业经营制度下传统的银行业务（存贷款及与之相关的中间业务）与证券投资等业务相分离，商业银行不得经营证券投资等非传统银行业务，证券公司不得经营零售性存放款业务。分业经营的典型代表有美国、日本和英国。而混业经营是证券投资、银行以及其他多种金融业务相互结合、相互渗透的一种经营方式。混业经营以德国、瑞士、法国等欧洲大陆国家为典型代表。20 世纪 30 年代以前，是银行业的平稳发展时期，政府对金融机构的监管较松，商业银行可经营各种金融业务。20 世纪 30 年代后，由于受世界经济危机的影响，美国银行大量倒闭，对经济造成了极大的冲击。美国政府把经济危机和金融恐慌的主要原因归咎于商业银行经营投资业务，支持过度的股票投机，于是在 1933 年制定了旨在限制商业银行从事证券业务的《格拉斯—斯蒂格尔法案》，规定商业银行和投资银行业务必须严格分开，实行分业经营。

与英美等国实行的分业经营制度形成鲜明对照的是，德国在巨大的银行垄断的状况下，实行的是全能银行制度，即混业经营制度。商业银行可以从事各种金融业务，即不仅可以提供短期的商业性周转贷款，还可以提供中长期固定资产贷款，同时也可以从事证券投资与信托等业务。

进入 20 世纪 90 年代，金融分业经营体制在全球遇到了前所未有的挑战，英、日等相继放弃了这一制度，银行的跨地区综合化经营成为一种趋势。通过 1980 年和 1982 年广泛的金融自由化措施，美国长短期金融方面的限制有所放松。美国在 90 年代初期通过了跨州设立机构的法案，并于 1999 年 11 月 4 日通过了《金融服务现代化法案》，废除了以分业经营为特征的《格拉斯—斯蒂格尔法案》。允许银行、证券、保险等行业互相渗透，参与彼此市场竞争。这意味着在美国实行了近 70 年，并由美国传播到世界各地从而对国际金融格局产生了重大影响的分业经营制度走向了终结，这一转变符合经济全球化、金融全球化和金融自由化的趋势，符合金融业分散风险、增强竞争力以及为企业提供多元化一条龙服务的要求。在英国，法律上不存在对银行业务的限制，但由于金融业的传统观念根深蒂固，长短期金融以及银行业务与证券业务分离的体制基本上一直延续下来。

金融业的分业经营制度实践，导致了银行金融机构和非银行金融机构之间竞争的加剧。在美国现代金融史上，由于中央银行的控制重点是商业银行，因此，与其他各类非银行金融机构相比，美国的商业银行处于不利地位，它们的净利润在长期内呈下降趋势。而非银行金融机构在竞争中则处于有利地位，并且它们也不受“Q 条例”利率上限的约束。因此产生了 20 世纪六七十年代的资金“脱媒”现象，即资金绕过商业银行体系的体外循环现象。这些体外循环的资金被大量集中于非银行金融机构，以逃避中央银行的管制。这对中央银行的金融监管提出了严峻挑战。可见，由政府管制引发的金融制度演变在美国金融业发展的历史上表现得特别明显。

（三）金融创新始终是金融制度演变中最活跃的因素

金融创新是指金融内部通过各种要素的重新组合和创造性变革所创造或引进的新事物，是为盈利动机推动、缓慢进行、持续不断的发展过程。金融创新的形式和内容多种多样，大致可归为三类：金融制度创新、金融业务创新和金融组织创新。金融制度创新包括各种货币制度创新、信用制度创新、金融管理制度创新等与制度安排有关的金融创新；金融业务创新包括金融工具创新、金融技术创新、金融交易方式或服务创新、金融市场创新等与金融业活动相关的创新；金融组织创新包括金融结构创新、金融业结构创新、金融机构内部经营管理创新等与金融业组织结构相关的创新。

金融创新是一个既古老又现代的话题，它并不是现代金融发展的专利。自从货币信用产生以来，金融创新就一直伴随着金融的发展，而金融业也在金融创新的推动下不断发展和完善。甚至有人说，一部金融发展史，就是一部金融创新的历史。自从20世纪30年代美国颁布《格拉斯—斯蒂格尔法案》和“Q条例”开始，金融创新就不断围绕着管制和规避管制的主题而展开着。

20世纪60年代的金融创新，是金融业在趋利动机的驱使下，顺应当时经济金融形势的要求而产生的变革。其首要动机是当时金融业激烈竞争的压力。为了吸收存款，金融机构甚至非金融机构之间展开了激烈的竞争，从而引入了各种新型金融工具，拉开了金融创新的序幕；其次是为了规避法规的约束和金融管制；再次是金融机构在六七十年代为了规避利率、汇率剧烈波动的风险；最后是由于计算机和信息技术的发展，为金融创新提供了技术支持。信息技术的发展，降低了金融业的成本，促进了金融创新的发展。

进入20世纪80年代以来，金融创新的发展更为突出和明显。金融创新对金融工具的影响主要体现在推动金融工具品种和数量的扩张，以及交易成本的降低等方面。以美国为例，这方面既有银行金融机构创造的新型金融工具如CD、NOW、MMMF、MMDA等，又有非银行金融机构的创新工具，如各类新型保险单、各类新式基金的股份等，还有大量的衍生金融工具，如金融期货、期权、互换等。此外，还有技术创新带来的工具创新，如电子货币、网上银行、互联网金融等。这些特色各异的新型金融工具，为投资者提供了足够大的选择空间，使投资者能很容易进行组合投资，有效地分散或转移投资风险。同时，金融创新降低了金融工具的发行成本及持有和保管成本，便利了金融工具的交易，使各类金融资产间可方便转换，大大降低了金融工具的交易成本。

金融创新对金融机构的影响，主要表现在机构扩张和业务趋同方面。首先，金融创新造就了一批新型金融机构，促进了非银行金融机构的发展。这些新型金融机构有的是出于满足金融需求的变化而诞生的，如各类投资基金等资本市场中介机构；有的是由于技术创新在现有金融机构中的应用，如ATM 可以 24 小时为客户提供零售银行业务，POS 机使顾客在商场购物免去了携带现金的不便，以及电话银行、网络银行和互联网金融的出现等，它们所提供的是金融服务方式的创新。其次，金融创新改变了金融机构的割据局面，使金融机构的业务日益趋同化和多元化。传统的业务分工和机构分工的界限不断被金融创新所打破，商业银行和非银行金融机构之间的业务区别已越来越小。金融创新促进了金融机构的混业经营趋势，这将会进一步加剧金融机构之间的竞争。目前，金融机构的服务功能已不再局限于传统的信用中介和信用创造，除存、贷、结算等传统基本业务外，还向证券、租赁、房地产和信托等方面拓展，业务领域大大拓宽。此外，信贷资产证券化业务，将间接金融中介机构与资本市场紧密联系在一起。

20 世纪 80 年代以来金融创新的发展，极大地改变了现代金融发展的一些主要特征。金融创新的出现，一方面促进了金融机构经营管理观念的创新，另一方面可能会导致金融体系不稳定。20 世纪 80 年代和 90 年代是金融深化特别是金融创新的不断推进时期，但也是货币金融危机频繁爆发的时期。金融创新在繁荣金融工具品种、降低交易成本、提高金融效率的同时，也极大地加剧了金融业自身的风险，从而也使经济风险及经济生活中的不确定性增大。

金融衍生工具是风险管理的工具，它既具有较高的收益，同时又具有极大的损失危险。但近年来，金融衍生工具在一定程度上已从风险管理的工具日益演变成为投机的工具。英国巴林银行和日本大和银行事件充分证明了这一点。因此，在实践中如果脱离实质经济而片面强调金融创新的发展，则会导致金融资产数量过度膨胀，金融体系的不稳定性或内在脆弱性可能会同时增加，这将给金融发展安全带来严重的负面影响。因此，对于金融衍生工具的交易和发展，各国管理当局应进行统一的协调、规划和管理。

无论是发展中国家还是发达国家，都存在着金融自由化或市场化的问题，因为相对其他产业，金融业在各国都是被管制较严的一个产业，自由化或市场化进程落后于其他产业，这是由金融业的特殊性和重要性所决定的。20 世纪 70 年代是世界金融业纷纷放松管制，走向金融创新和自由化进程的时期。金融发展在发展中国家主要表现为金融深化的过程，而在发达国家则主要表现为金融创新的过程。如果说金融深化主要是由政府主导推动的金融制度创新导致的，那么，金融业务则主要是金融微观主体推动的业务创新形成的。所以，金融发展既需要上层建筑的制度创新，又需要微观过程中的金融机构和金融业务的创新。金融创新在现代金融发展中具有至关重要的作用。它为金融发展提供了深厚而广泛的微观基础，是推动金融发展的直接动力。

创新概念最先是由著名经济学家熊彼特于 1912 年在他的著作《经济发展理论》中提出的，指新的产品的生产、新技术或新的生产方法的应用、新的市场开辟、原材料新供应来源的发现和掌握、新的生产组织方式的实行等。金融创新正是循着这一思路提出的。

国外金融创新理论研究的主要内容首先集中在探讨金融创新的动因方面，美国经济学家西尔伯（Silber，W. L.）提出了金融创新的约束诱致假说。他认为金融创新是微观金融组织为了追求最大化利润、减轻外部对其本身实施的金融压制而采取的自卫行动，金融机构是通过改变它所面对的机会来规避这些约束的。他认为金融压制主要来自两个方面：一是政府的外部金融压制；二是内部强加的压制，指金融业制定的一系列资产负债管理制度及行业内部规定。因此金融机构将会从机会成本角度和金融机构管理影子价格与实际价格的区别中来寻求金融创新，并且只有与约束相对应的影子价格在一定的时期内持续上升，才能导致金融创新。而美国经济学家凯恩（Kane，E. J.）把市场创新和制度创新看作是相互独立的经济力量与政治力量不断斗争的过程和结果。金融机构对政府管制所造成的利润下降和经营不利做出的反应就是进行创新。通过创新钻管制的漏洞，逃避管制。以便把由此所造成的潜在损失减少到最低限度。而政府对市场创新的反应就是再次改变管制的手段和规则，以便重新在宏观上取得对金融活动的控制权。但政府也可能承认旧制度在现实中已经失效，转而承认既存的市场创新成果，随后再根据已变化了的市场基础制定新的管制措施。因此，静态的均衡几乎是不存在的，管制与金融创新总是不断交替进行，这是一个动态的自由与管制博弈的过程。凯恩认为，许多形式的政府管制实质上相当于隐含的税收，这些管制限制了金融机构的获利机会。政府的管制和由此产生的金融机构的规避行为，是以政府和微观金融主体之间的博弈方式进行的，其根源在于微观金融主体和政府之间的利益冲突。

希克斯（Hicks，J. R.）和尼汉森（Niehans，J.）1976 年提出了金融创新的交易成本理论，他们认为：金融创新的支配因素是降低交易成本。降低交易成本是金融创新的首要动机，交易成本决定了金融业务和金融工具是否具有存在的实际价值。金融创新实质上是科技进步导致金融交易成本下降的结果。金融交易成本是指买卖金融资产的直接费用，包括各方转移金融资产所有权的成本、经纪人的佣金、借入和支出的非利率成本等。希克斯认为交易成本是作用于货币需求的一个重要因素，不同的货币需求会产生对不同类型金融工具的要求，交易成本高低使得微观主体对货币需求的预期发生变化。交易成本降低的发展趋势使货币向更为高级的形式演变，从而产生新的交易媒介和金融工具。不断降低交易成本就会刺激金融发展，改善金融服务。因此，可以说金融创新的过程就是不断降低交易成本的过程。

此外，制度学派的诺斯（North，D.）、戴维斯（Davies，L. E.）等主张从金融发展史的角度来研究金融创新，认为金融创新是与社会制度紧密相连的，金融创新是一种与经济制度相互影响、互为因果的制度变革。他们认为，在管制极严的计划经济体制和完全没有管制的纯粹自由市场经济体制下，没有金融创新的空间。全方位的金融创新只能在受管制的市场经济中才会存在。当金融创新行为对当局的货币政策构成威胁时，则会促成当局采取一系列有针对性的制度创新。在制度学派看来，金融体系中任何因制度变革引起的变动都可以认为是金融创新。

金融创新是与规避管制和降低交易费用的努力紧密相连的，其与科技进步如计算机技术的发展也具有相当密切的关系。在金融制度变迁的过程中，技术进步的作用也是不可低估的，如电子计算机的使用和信息技术的发展，极大地降低了金融产品的交易费用，即改变了（金融）资源的相对价格，从而间接地影响到金融制度变迁的进程。如果没有计算机和信息技术的发展，80 年代以来的金融创新是不可想象的。可以预见，随着人类社会和经济的发展，仍不断会有新的金融创新工具涌现出来。

需要指出的是，2008 年的金融危机被认为在一定程度、一定层面上源于金融的过度创新和金融监管过度宽松的共同作用。如果金融创新严重脱离实体经济和企业的基本需要，不为广大投资者和市场参与者所了解，它所迎合的是狂热市场中的投机需要，而监管部门放松监管，最终只能使金融创新演变为击鼓传花的游戏，将会形成巨大的泡沫，直至泡沫破灭，导致信用危机和流动性危机，最终演化为全球性的金融危机。因此，我们必须处理好金融监管和金融创新的关系，使金融创新位于有效监管之下。

三、金融理论发展与金融制度演进

国家管理经济的实践源于凯恩斯的货币经济理论，凯恩斯继承和发展了维克塞尔（Wicksell，K.）的经济理论，认为市场经济并不能自动地使供给必然等于需求，储蓄决策与投资决策主要是由不同的人做出的，而且没有什么机制保证储蓄量与投资量会必然相等，市场并不能自动地出清。因而需要国家干预经济生活，使储蓄和投资能够联系起来，用看得见的手来弥补看不见的手的缺陷。凯恩斯主义经济学在“二战”后长达 30 年左右的时间里占据了统治地位。然而 20 世纪六七十年代资本主义世界普遍存在的“滞涨”问题，使货币主义、供给学派和理性预期学派等新古典宏观经济学派先后兴起，他们试图恢复古典经济学的传统命题，重新强调市场机制的自动调节作用。

针对发展中国家的货币经济问题，20 世纪 70 年代罗纳德·I. 麦金农（Mckinnon，R. I.）和爱德华·S. 肖（Shaw，E. S.）提出了金融压抑和金融深化理论。他们对发展中国家金融发展与经济增长的关系进行了研究，详细地分析了发展中国家货币金融的特殊性，认为发展中国家存在着金融压抑问题，因此应实行金融深化和金融自由化的战略，减少或取消政府对金融的管制。他们两人的理论被称作“金融深化论”或“金融中介论”。

他们认为传统的金融理论是以发达国家的经济为基础，只适用于发达市场经济国家。而发展中国家的经济金融有自己的特征，即市场化程度低，市场机制不健全，金融市场特别是资本市场非常落后，经济的货币化程度低，存在着现代金融机构与落后的传统金融机构并存的二元金融结构，政府对金融实行严格管制，金融业缺乏竞争，金融机构难以有效地吸收社会闲置资金并将其分配到投资领域。低储蓄—低投资—低产出—低收入—低储蓄，这一链条导致发展中国家形成了“贫困陷阱”。政府对金融的干预和管制形成了金融机构垄断或被压制的局面，损害了金融机构与金融市场自我进化的机制，形成“金融抑制”，而这种“金融抑制”制约着金融业的成长和经济的发展。他们认为，发达的金融中介能够充分地吸收储蓄，并使之有效地转化为投资，而实现这种转化最好的工具就是引入各种金融资产，金融中介比率的提高就是金融深化的表现。发展中国家应放弃政府对市场机制的过度替代，取消对金融业的各种管制，实行金融自由化，促进金融业竞争，充分发挥市场机制的资源配置功能。

金融深化和自由化理论在发展中国家金融改革的实践中得到了广泛体现，如韩国、新加坡、泰国等新兴市场经济国家实行金融超前发展战略，取得了经济金融的赶超性发展，即是对其理论的实际运用。但同时金融深化和自由化理论在实践中也暴露出了许多问题，由于各国经济发展水平、经济市场化程度和金融市场发育程度不同，金融深化和自由化理论对不同国家而言只具有相对意义。鉴于拉美一些国家完全取消利率限制后导致的金融混乱，本书认为应提倡渐进的自由化措施。同时金融自由化并不等于放弃政府对银行和其他金融机构的监督。70 年代以来，以中国为代表的东亚各国采取了渐进的市场化改革方案，取得了令人瞩目的成就。

英国经济学家雷蒙德·W. 戈德史密斯（Goldsmith，R. W.）在 1969 年出版的《金融结构与金融发展》一书中强调了金融结构与金融发展对经济增长的引致效应。他认为，以金融工具和金融机构多样化为表现方式的货币替代进程，实质上就是金融发展的现实路径。金融发展意味着金融结构的变化。金融结构就是指各种金融工具和金融机构的相对规模，它既包括金融与实质经济的配比关系，又包括各类金融工具和金融机构在金融资产中的比例关系。戈德史密斯的分析主要是围绕金融相关率这个指标展开的，他还分析了自由企业经济和中央政府管制的混合经济对金融结构的不同影响。他认为金融发展实质上就是金融结构的优化和金融市场效率的提高。金融结构优化包含两层含义：一是金融工具种类与规模的扩张；二是金融机构类别与构成的优化。金融工具的多样化发展有助于提高金融中介效率，而金融工具多样化依赖于金融机构的多样化发展。发达的金融结构对经济增长的促进作用，是通过提高储蓄、投资总水平和有效配置资金这两条渠道实现的。因此，发展中国家经济金融的发展取决于其金融结构的优化与合理。

不难看出，麦金农和肖主张的金融深化有助于增加国内储蓄并促进储蓄向投资的转化；有助于促进国内金融发展，进而实现经济的发展。他们强调金融自由化或市场化是金融发展最深刻的动力。戈德史密斯的金融结构论着重强调了金融机构与金融工具的数量和多样化，并强调金融机构类别与构成的优化。本书认为，在金融自由化进程中伴随着金融工具、金融机构和金融市场的不断进化。就金融发展的方式和内容看，金融自身的发展一般是从金融工具和金融机构两个方面来标度的，而金融在这两个方面的多样化发展，就孕育了金融功能的扩张及金融政策的相应调整，表现出金融发展对经济发展越来越复杂的作用过程。货币外延的扩大、金融机构和市场作用的增强、金融功能的扩张这三个方面，以及由此带来的金融资产、金融机构的多样化扩张和金融政策的适应性调整，是金融发展的历史路径。

20 世纪 90 年代中期以来，理论界在反思金融抑制、金融深化以及金融自由化的过程中认为，对发展中国家经济或转型经济而言，金融抑制将导致经济发展的停滞不前和落后，而推行金融自由化和金融深化，由于受到客观条件制约，很难收到预期效果，甚至会导致金融动荡。以斯蒂格利茨（Stiglitz, J. E.）为代表的新凯恩斯主义经济学家从不完全信息市场的角度提出了“金融约束论”。金融约束论运用信息经济学理论对发展中国家的金融市场和金融体系进行了研究，经济中普遍存在着由信息不对称导致的逆向选择和道德风险以及代理行为等因素导致了金融市场失灵。金融市场失灵本质上是信息失灵，它导致了金融市场交易制度难以有效运行，因而必须由政府通过具有正式约束力的权威制度来保证市场机制的充分发挥。政府可通过金融约束政策为金融部门和生产部门创造“租金机会”，并通过“租金效应”和“激励作用”来有效解决不完全信息问题。即政府通过控制存款利率使其低于竞争性均衡利率水平（但保持实际利率为正），从而为银行创造了获取租金的机会。政府这种选择性干预将有助于金融的发展。金融约束论认为在金融管制之下，仍可按照市场经济的原则有效配置经济金融资源。政府通过为微观主体即银行机构创设租金的方式，来激励和调整微观主体的行为，促进其改善融资市场的信息不完全状况。

对于发展中国家来说，金融约束可以成为国家在保证市场效率的前提下干预经济的手段，而且与过度金融自由化所带来的消极影响相比较，金融约束是与金融渐进改革相适应的。金融约束是发展中国家从金融压抑走向金融深化从而推动金融发展的中间环节和过渡阶段。应该说，金融约束理论的提出，为发展中国家特别是经济体制转型国家在金融自由化过程中如何实施政府干预提供了理论依据和政策框架。

总之，金融理论的发展为金融创新提供了一定的理论指导，而金融发展又反过来促进了金融理论的发展。金融理论的发展与金融创新的实践是一个相互促进的过程，并不一定先有金融理论，然后才有金融创新实践，也可以是金融创新先行，然后产生新的金融发展理论，或二者同时进行。金融发展有其自身的特殊性和规律，它不是被动地适应经济金融理论的发展，而是对理论具有反作用。

第二节　河南省金融业供给现状

实体经济对金融的需求既有量上的需求，又有结构及效率方面的需求，金融有效供给是服务实体经济的先决条件。本节将从总量、结构、政策、地方金融发展等方面分析河南省金融服务的总体状况。

一、实体经济概况

（一）实体经济的提出

实体经济（real economic）是指物质的、精神的产品和服务的生产、流通等经济活动。包括农业、工业、交通通信业、商业服务业、建筑业等物质生产和服务部门，也包括教育、文化、知识、信息、艺术、体育等精神产品的生产和服务部门。实体经济始终是人类社会赖以生存和发展的基础。

“实体经济”并不是一个专用术语。次贷危机爆发以后，美联储在政府公开报告中，多次提到“实体经济”，与之相关联的是除去房产市场和金融市场之外的部分，就美国经济数据的构成来看，其中包括制造业、进出口、经常账户、零售销售等的部分被美联储笼统地概括为“实体经济”。需要注意的是，美联储所关注的“实体经济”指标往往同时反映大量中小企业的运行态势。

综上所述，实体经济是一国市场稳定运行的最广泛基础，“实体经济”指标的偏差往往在社会生活的各个领域均有所反映，并直接与民生疾苦和企业生存联系在一起，越是在经济结构经历深刻变革的时期，“实体经济”的稳定运行对于维护社会经济秩序往往越重要。实体经济就是指那些关系到国计民生的部门或行业，典型的如机械制造、纺织加工、建筑安装、石化冶炼、种养采掘、交通运输等。实体经济的特点可以归纳为：有形性、主导性、载体性。

（二）实体经济市场主体

实体经济一般存在于社会生产中较基层的领域，包括实在的和精神上的产品、物流运输等，涵盖了衣、食、住、行各个方面。其市场供给方的主体大致可分为三类，企业、个体工商户和农民专业合作社。市场监管局要求，企业、个体工商户及农民专业合作社应当按要求报送上年年度报告。

（三）三大市场主体现状

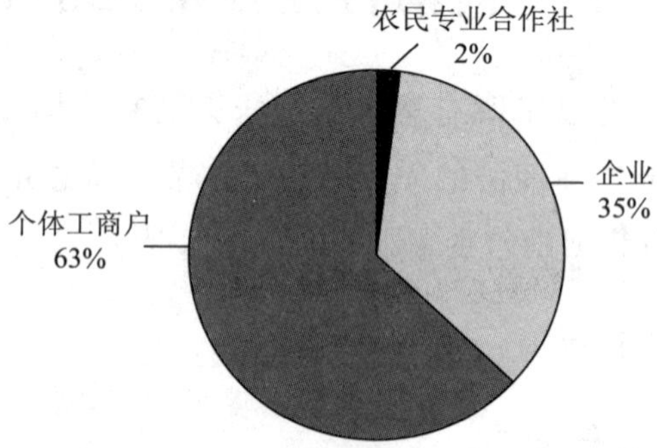

图 2-1　截至 2016 年第一季度三种类型市场主体户数占比

资料来源：Wind 资讯。

截至 2016 年第一季度，全国新登记市场主体 301.1 万户，比上年同期增长了 10.7%；注册资本（金）8.8 万亿元，增长了 68.9%。其中：企业 106.3 万户，增长了 25.9%；个体工商户 187.8 万户，增长了 3.2%；农民专业合作社 7 万户，增长了 25.0%（如图 2-1 所示）。

截至 2015 年 12 月，企业、个体工商户、农民专业合作社三种类型市场主体的资产金额累计数值分别为 168. 33 万亿元、3. 7 万亿元、3. 42 万亿元。可见，对于实体经济的影响和发展途径的探讨，应重点关注企业。

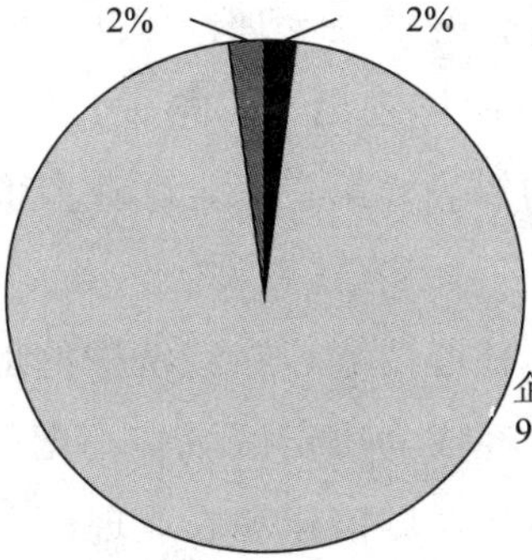

图 2-2　截至 2015 年 12 月三种类型市场主体资产占比

资料来源：Wind 资讯。

由图 2-2 可知，企业在国民经济中的占比极大。所以，探讨实体经济的主要成分、运作模式、风控和创新，可以企业为主要代表来进行具体的数据分析和案例分析，以期实现论述的最终结果。

二、金融产业发展特点

（一）概念界定

对于金融体系概念的界定，可以从制度要素构成、构成主体、具体功能等角度分别加以阐述。

（1）从制度要素构成来看，金融体系包含银行体系、货币制度、借贷制度和保险制度。1984 年，中国人民银行开始肩负起中央银行的职能，并于同年从商业银行中分离了出来。后来，金融体系分工合作趋势越来越明显，完整的金融发展体系也日渐形成。我国的银行业逐步走向了专业化发展阶段。

（2）从构成主体来看，金融体系包括金融市场和金融机构，具体而言，金融机构又包括银行、证券、保险、信托等。

（3）从具体功能来看，金融体系为金融消费者提供各种金融服务，包括支付清算、经济资源跨期配置、解决激励问题、跨行业及跨国界转移、融通资金和股权细化、信息提供等功能。

金融作为现代市场经济的一个主要推动力，不仅在现代经济增长因素分析中得到了理论支持，而且在现代经济发展的历程中也得到了实践验证。金融对经济增长的贡献度是对金融发展等理论的实证考察。现代经济中金融对经济的贡献主要通过三个方面体现出来：第一，促进了要素投入量的提高；第二，促进了劳动生产率的提高；第三，金融业产值增长对经济发展的直接贡献。

金融业作为经济发展的核心要素，在经济中的地位越来越重要，特别是在区域经济发展中，金融已经成为决定区域核心竞争力的关键因素。河南省经济建设的核心是促进工业化、城镇化和农业现代化“三化”协调发展，金融发展在其中起着关键作用。首先，金融发展在中原经济区建设中的资金融通和经济助推作用；其次，金融发展本身可以提高中原经济区金融服务业占 GDP 的比重，有利于改善区域产业结构、扩大就业。因此，应当建立有效的金融体系和金融政策组合以最大限度地促进经济增长，以及合理利用金融资源以实现金融的可持续发展并最终实现经济的可持续发展。金融发展不应仅仅只是金融资产不断积累和丰富的过程，更应该是建立合理的金融制度、实现金融资源合理配置的过程。

（二）金融产业特征

金融服务产业具备一般产业的基本内涵，但与其他产业部门相比，其自身具有以下特征：

第一，金融服务产业是一个风险集中的产业。金融服务产业是宏观经济政策调控经济运行的主要载体，在当今这样一个国内和国际竞争加剧的时代，金融服务产业正处于大变革的过程之中。信息技术、放松管制和金融自由化的影响已经彻底改变并在不断重塑着金融服务业领域，而且这种趋势还将持续下去。金融作为现代市场经济发展的核心，已经成为各个国家和地区经济发展的重要推动力。金融发展是一个地区经济发展的重要子系统，各个地区金融结构的布局关系到经济的发展水平。因此，必须建立专门的监管机构，保证金融服务产业的稳健成长。

第二，各层级金融中心的发展具有明显的地域性特征。为便于金融商品交易而特定安排的金融市场设置的空间布局指明了金融资源在地域间运动的方向性。经济发展成熟的地区才具备建立金融市场的条件，并能依托金融市场形成各种层级的金融中心。

第三，金融服务产业经营主体——金融机构的基本职能是通过提供不同的金融商品和金融服务满足市场需求。尽管不同的金融机构提供的金融商品和服务有所不同，但对于提供多样化的金融商品和支付机制、降低交易成本、控制并减少风险这样的基本产业职能是相同的。

第四，金融产品的非物质化属性。金融产品可以不采取任何具体的物质形式，不同的金融产品之间的差别主要体现在具体的产品创新、构思、运作方式，以及法律规则等方面。随着金融创新的不断发展，金融产品的非物质化特征表现得越来越突出。但所有的金融产品始终还是代表着一定数量的货币资金这一本质属性。

第五，金融产业更多地具有信息资源特征。传统金融服务产业的功能是资金融通的中介，而现代金融服务产业则具有越来越多地与信息生产、传递和使用相关的功能，特别是由于经济活动日益“金融化”，金融信息越来越成为经济活动的重要资源之一。金融服务产业传统上是劳动密集型产业，而随着金融活动的日趋复杂化和信息化，金融服务产业逐渐演变成了知识密集产业和人力资本密集产业，信息资源的多寡在现代金融服务产业中已经成为决定金融企业创造价值的能力以及金融企业生存和发展前景的重要因素。

三、金融发展政策分析

（一）普惠金融政策

2013 年，党的十八届三中全会明确提出“发展普惠金融”。2015 年《政府工作报告》中提出“大力发展普惠金融，让所有市场主体都能分享金融服务的雨露甘霖”。2015 年，基于国际上普遍重视普惠金融规划设计，国务院印发了《推进普惠金融发展规划（2016—2020 年）》（以下简称《规划》）。

大力发展普惠金融，有利于促进金融业可持续均衡发展，推动经济发展方式转型升级，增进社会公平和社会和谐，是我国全面建成小康社会的必然要求。《规划》提出要健全多层次的金融服务供给体系，创新金融产品和服务手段，加快推进金融基础设施建设，完善相关法律法规体系，发挥政策引导激励作用，加强普惠金融教育和金融消费者权益保护。要把防风险放在十分重要的位置，坚持监管和创新并行，加快建立和适应普惠金融发展的法制规范和监管体系，提高金融监管有效性。《规划》提出到 2020 年，要建立与全面建成小康社会相适应的普惠金融服务和保障体系，特别是要让农民、小微企业、城镇低收入人群、贫困人群和残疾人、老年人等及时获取价格合理、便捷安全的金融服务。

为促进普惠金融发展，将会加大金融监管、财政、税收等政策的支持力度。一是完善货币信贷政策。积极运用差别化存款准备金等货币政策工具，鼓励和引导金融机构更多地将新增或者盘活的信贷资源配置到“三农”和小微企业等领域。二是健全金融监管差异化激励机制。以正向激励为导向，从业务和机构两方面采取差异化监管政策，促进银行业金融机构将信贷资源更多投向小微企业、“三农”、特殊群体等普惠金融薄弱领域。积极发挥全国股份转让系统、区域性股权市场、债券市场和期货市场的作用，引导证券投资基金、私募股权投资基金、创业投资基金增加有效供给，进一步丰富中小企业和“三农”的融资方式。三是发挥财税政策作用。立足公共财政职能，完善、用好普惠金融发展专项资金，重点针对普惠金融服务“市场失灵”的领域，遵循保基本、有重点、可持续的原则，对普惠金融相关业务或机构给予适度支持。四是强化地方配套支持。要求地方各级人民政府要加强政策衔接与配合，共筑政策支撑合力。鼓励地方财政通过贴息、补贴、奖励等政策措施，激励和引导各类机构加大对小微企业、“三农”和民生尤其是精准扶贫等领域的支持力度。对金融机构注册登记、房产确权评估等给予政策支持。

（二）科技金融政策

2016 年 4 月，为完善科技金融服务模式，支持科技创新创业企业（以下简称“科创企业”）发展，就银行业金融机构加大创新力度，开展科创企业投贷联动试点，中国银监会、科技部及中国人民银行联合发布《关于支持银行业金融机构加大创新力度开展科创企业投贷联动试点的指导意见》。

全面贯彻党的十八大和中共十八届三中、四中、五中全会精神，按照党中央、国务院决策部署，坚持创新、协调、绿色、开放、共享的发展理念，努力探索符合中国国情、适合科创企业发展的金融服务模式。通过开展投贷联动试点，推动银行业金融机构基于科创企业成长周期前移金融服务，为种子期、初创期、成长期的科创企业提供资金支持，有效增加科创企业金融供给总量，优化金融供给结构，探索推动银行业金融机构业务创新发展。

试点地区应当具备以下条件：①科技资源较为丰富，科创企业聚集，创新创业生态系统较为完整；②地方政府对科技创新支持力度大，对科创企业的管理和服务体系比较完备，已提供或承诺提供有效的风险分担机制等政策支持；③社会诚信度较高，信用环境较好；④区域内银行业金融机构管理稳健，经营状况良好。

（三）绿色金融政策

2016 年 8 月，中国人民银行、财政部等七部委联合印发了《关于构建绿色金融体系的指导意见》。目前，我国正处于经济结构调整和发展方式转变的关键时期，对支持绿色产业和经济、社会可持续发展的绿色金融的需求不断扩大。应从经济可持续发展全局出发，建立健全绿色金融体系，发挥资本市场优化资源配置、服务实体经济的功能，支持和促进生态文明建设。

绿色金融是指为支持环境改善、应对气候变化和资源节约高效利用的金融活动，即对环保、节能、清洁能源、绿色交通、绿色建筑等领域的项目投融资、项目运营、风险管理等所提供的金融服务。绿色金融体系是指通过绿色信贷、绿色债券、绿色股票指数和相关产品、绿色发展基金、绿色保险、碳金融等金融工具和相关政策支持经济向绿色化转型的制度安排。

构建支持绿色信贷的政策体系，完善绿色信贷统计制度，加强绿色信贷实施情况监测评价。探索通过再贷款和建立专业化担保机制等措施支持绿色信贷发展，推动银行业自律组织逐步建立银行绿色评价机制，推动绿色信贷资产证券化。研究明确贷款人环境法律责任，支持和引导银行等金融机构建立符合绿色企业和项目特点的信贷管理制度。将企业环境违法违规信息等企业环境信息纳入金融信用信息基础数据库，建立企业环境信息的共享机制。

（四）互联网金融政策

2012 年 4 月，国务院办公厅印发的《互联网金融风险专项整治工作实施方案》中指出，规范发展互联网金融是国家加快实施创新驱动发展战略、促进经济结构转型升级的重要举措，对于提高我国金融的普惠性、促进“大众创业、万众创新”具有重要意义。打击处置一些违法经营金额大、涉及面广、社会危害大的互联网金融风险案件，鼓励和保护真正有价值的互联网金融创新。

重点整治以下几个方面：①P2P 网络借贷平台应守住法律底线和政策红线，落实信息中介实质，不得设立资金池，不得发放贷款，不得非法集资，不得自融自保等。②股权众筹平台不得发布虚假标的，不得自筹，不得“明股实债”或变相乱集资，应强化对融资者、股权众筹平台的信息披露义务和股东权益保护要求等。③房地产开发企业、房地产中介机构和互联网金融从业机构等若未取得相关金融资质，不得利用 P2P 网络借贷平台和股权众筹平台从事房地产金融业务；取得相关资质的，不得违规开展房地产金融相关业务。④通过互联网开展资产管理及跨界从事金融业务、第三方支付业务，以及互联网金融领域广告等行为，都要依法遵守相关规定。

四、河南省金融产业发展现状

（一）河南省金融业总体概况

1. 存贷款状况

截至 2016 年末，河南省金融机构人民币各项存款余额共计 53977.62 亿元，同比增长 13.3%。在资金较为充裕的情况下，金融机构资产配置多元化趋势明显，金融机构积极参股城镇化、PPP 基金或者通过通道类业务向企业提供资金支持等，带动股权及其他投资增加，银行多元化经营趋势明显。人民币各项贷款余额共计 36501.17 亿元，广义信贷有较大幅度增长。一方面，个人住房贷款持续快速增加。另一方面，企业中长期固定资产贷款增加较多，主要投向基础设施建设领域，有力地支持了全省固定资产投资增长。

2. 资本市场融资

2016 年资本市场发展成效明显，多个板块实现集中突破。截至 2016 年 12 月底，河南省已有 108 家境内外上市公司，发行股票 110 只。其中境内上市公司数为 74 家，境外上市公司数为 34 家，全省通过股票市场募集资金总额达2984.70亿元，境内上市公司市值达到8714.75亿元。2016年全年通过股票市场首次发行和再融资募集资金442.85亿元。新三板上市企业数达到342家；四板市场融资2.62亿元；债券市场融资1438.7亿元。

3. 保险业、信托业发展

截至目前，河南省保险行业继续保持着健康快速发展的良好势头。2016年，全省保险机构累计实现保费收入1555.15亿元，位居全国第六，中部六省第一，比上年增长24.54%。2016年末，全省保险赔付支出548.03亿元，同比增长22.41%。保险密度为1330元/人，保险深度达3.4%。2016年，河南省开始实施“引金入豫”工程，达成408亿元保险资金投资协议，保险资金助力投资加大支持实体经济发展。农业保险工作取得进展，全省小麦、水稻、玉米三大作物承保覆盖面同比大幅提升，农业保险保费增速居于全国首位。

河南省共有中原信托和百瑞信托2家信托公司。截至2015年末，中原信托管理信托规模余额1251.8亿元，分配信托收益104亿元。百瑞信托资产总价1581.77亿元，主要资产运用于发放贷款。

（二）“金融豫军”在地方经济建设中发挥着重要作用

“金融豫军”指由河南省当地政府组建成立的及当地民间资本组建成立的地方性金融机构组织。“金融豫军”发展到现在已经涵盖了银行业、证券业、保险业，具备了比较完整的金融体系，对地方经济发展发挥着重要的作用。“金融豫军”组建以来，资产规模不断扩大，紧跟当地政府的政策规划，特别是在普惠金融、涉农金融等方面发挥了驻豫金融机构难以替代的作用，但“金融豫军”整体规模仍然较小，管理水平和风险控制能力也不高，将会对其进一步助推地方经济发展形成阻碍。

1. 资产规模持续增长

驻豫金融机构大多是全国性的金融机构，由于体制各方面的原因，它们在河南省吸收的大量资金外流严重，扮演了金融资源的“抽水机”角色，与当地经济的联系没有达到一个非常紧密的状态。而“金融豫军”作为本土金融机构，从根源上来讲就是为了服务于地方经济的发展，随着它们资产规模的提升，它们对地方经济的支撑作用也越来越大。

截至2016年6月末，河南省区域性中小型银行和农信社的人民币各项存款达到了17826亿元，首次突破了30%，在全省金融业存款中的比重不断攀升；人民币各项贷款余额10220亿元，在全省金融业贷款中的占比为29.9%。如表2-1所示，在2015年全国金融500强榜单中，“金融豫军”共上榜了八家金融机构，分别是中原银行、郑州银行、洛阳银行、平顶山银行、焦作中旅银行、中原证券、百瑞信托和中原信托，其中郑州银行和洛阳银行较2014年提升了两个名次，分别位列第73名和第66名。在英国《银行家》公布的2016年全球1000家大银行中，中原银行、郑州银行和洛阳银行均榜上有名，其中中原银行排名最为靠前，名列第210位，郑州银行和洛阳银行也进入了前500强。

表2-1　2015年中国金融500强榜单中的“金融豫军”

名称	总资产（亿元）	排名
中原银行	3061.47	66
郑州银行	2656.223	73
洛阳银行	1667.07	100
平顶山银行	536.66	219
焦作中旅银行	412.85	256
中原证券	389.13	265
百瑞信托	61.79	446
中原信托	51.31	461

2. 成为推进普惠金融发展的主力军

大型金融机构由于规模较大，其服务对象主要是大客户，倾向于大公司、大企业、大集团，对于小微企业和“三农”发展及普惠金融的支持比较有限，而“金融豫军”的资产规模较小，而且在布局方面也下沉较深，对于县域和基层的辐射能力较强，服务对象主要是小微企业、“三农”等。“金融豫军”在推进普惠金融方面具有得天独厚的优势，这是全国性的金融机构所无法替代的，如农信社和城商行，长期以来为作为农业大省的河南提供了大力的支持，得到了社会各界的普遍认可，成为普惠金融的供给主体。

从河南省居民贷款结构上就可以对比出大型商业银行和本土银行法人金

融机构经营重点的不同。如图 2-3 所示，截至 2016 年 6 月末，河南省地方法人金融机构个人短期经营性贷款全省占比为 63.70%，小型企业贷款全省占比为 61.30%，而微型企业贷款全省占比更是高达 77.40%，可见，在对于小微企业提供资金支持方面，地方法人型金融机构已经成为主力军。不仅如此，在涉农贷款方面，地方法人金融机构也成为供给主体。2016 年 6 月末全省地方法人金融机构涉农贷款全省占比达到了 46.9%，在支持“三农”经济发展方面，地方法人金融机构也发挥着主导作用。

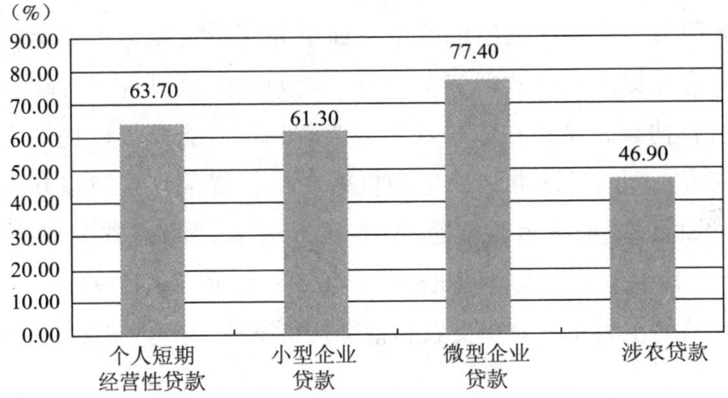

图 2-3　截至 2016 年 6 月末河南省地方法人金融机构各项贷款全省占比

总体而言，在个人贷款、小微贷款、微企贷款、“三农”贷款等普惠金融方面，“金融豫军”发挥的作用越来越大，已经成为普惠金融的供给主体。

3. 扎根当地，创新水平不断提高

地方法人金融机构业务下沉较深，在金融产品与服务创新上贴近当地，充分结合当地经济发展的实际情况，考虑当地客户群体的实际金融需求，有针对性地提供各类具有当地特色的金融产品。在这方面，兰考开展的普惠金融改革成效显著，其通过不断探索服务方式，目前已取得了金融服务与创新成果多达 20 余项，例如农村金融自助服务站、农房财产权抵押贷款、惠农金融一网通以及创新金融扶贫模式等。在创新水平方面，中原银行自组建之日起就确立了“科技立行”的发展战略，组建以来也是大力进行研发投入，支持科技创新的发展，目前中原银行已经建立了多家研发中心，包括北京和上海研发中心，而且已经开花结果，该行以德国 IPC 调查技术为基础，整合开

发了“中原微贷”等十多种系列产品，包括“兴旺快贷”“信益贷”“鼎好贷”等，为全省数万家小微企业融资难、融资贵问题的解决提供了很大的帮助，该行重点培育的“永续贷”也已经上线，对于推进市民贷款和小微贷款便捷化、标准化具有重要的意义。

4. 贴近政府规划，支持区域经济发展

“金融豫军”是河南省委、省政府的战略布局，多数都有地方政府及国有资本出资组建的背景，所以它们在发展过程中能够与政府的规划相协调。以中原银行为例，该行时刻紧跟河南经济发展规划，不断为政府规划提供相应的综合金融服务，并且在供给侧改革方面也为河南省做出了突出贡献，为在改革中受困企业提供了有效的资金支持。例如，中原银行与省政府国资委签署了战略合作协议，承诺在未来 3 年内为省属国有企业累计提供超过 300 亿元的综合融资。同时，地方法人金融机构在执行货币政策调控方面的表现也非常突出。如图 2-4 所示，截至 2016 年 6 月末，河南省全省再贷款总额 172.6 亿元，其中地方法人金融机构借款 161.0 亿元，占比 93.3%，成为河南省再贷款供给的主力军，对于支农和精准扶贫发挥了重要的支持作用。

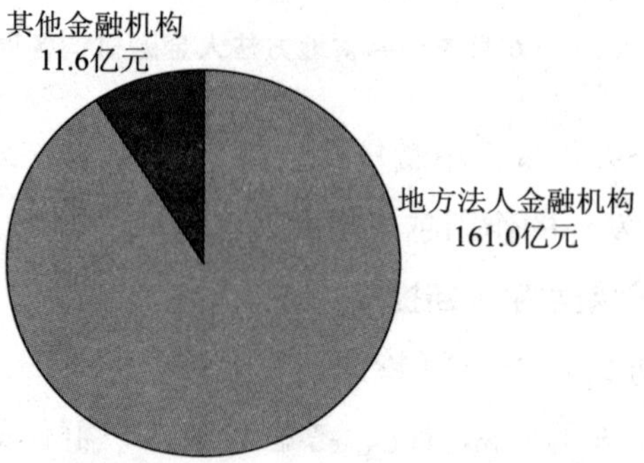

图 2-4　截至 2016 年 6 月末河南省地方法人金融机构再贷款余额全省占比

河南省围绕建设“金融大省，诚信河南”的目标，采取多种措施，整顿金融市场秩序，处置和化解各类风险，金融环境处于历史最好水平。目前，河南省各类金融机构相互竞争、优势互补、共同发展。到 2016 年，河南省共有省级分行地方法人等银行业金融机构近 200 家，省级保险公司 63 家，村镇银行 77 家，外资银行 2 家，证券公司及分公司 52 家，期货公司 2 家，信托公司2家，资产管理公司4家，农村信用社（含联社）105家，农村商业银行38家。共有各类银行业金融机构网点12769个，银行业从业人员197914人。中原银行作为本土金融机构的领军企业，以50.92亿美元的一级资本，位列“世界1000家银行排名”第210位，在国内上榜的119家银行中位居第31位，告别了“小、散、弱”，服务全省经济社会发展的能力持续增强。

未来，河南省将着重发展中小企业金融机构，如鼓励民间资本发起设立民营银行、金融租赁公司、金融消费公司等。经过十余年的发展，河南省已初步形成了银行、证券、期货、保险、信托、产权交易等各业并举，功能较为完备，运行比较稳健的金融机构体系。

第三节 河南省金融发展与经济增长的互动关系分析

金融是现代经济的血液，是经济社会发展的活力之源。金融业与地方经济发展相辅相成，一方面金融业有力地支持了地方经济的发展，另一方面地方经济的发展又培育壮大了金融业。河南省金融发展的动力机制，首先表现在河南省经济发展对金融业发展的相互依赖和相互促进关系上。

一、金融发展与经济增长相互作用的机制分析

（一）金融发展对经济增长的影响

经济增长总是伴随着一定程度的金融发展：经济发展水平较高的国家，相应地也会拥有较为完善的金融体系、发达的金融市场、繁多的金融产品。而经济发展水平较低的国家，其金融发展水平也相应较低。这是因为经济的活力主要来源于资源配置的高效率，金融在资源配置中发挥着核心作用，是搞活经济的关键。

理论研究和大量的实证研究表明，金融发展与经济增长之间存在着积极且紧密的联系。但是也有许多研究文献表明这种影响的程度和方向在不同区域的表现是不同的。例如我国东部地区金融发展对经济增长的影响要大于中、西部地区。这是因为中国特别是中、西部地区金融市场化程度仍较低，金融部门还不能充分发挥其为经济配置资源、促进交易的功能。金融发展对经济增长的影响作用也体现为正反两个方面：一方面，金融发展减少了信息与交

易成本，有利于促进资金融通，提高储蓄率以及投资转化率，优化资源配置进而推动经济增长；另一方面，在特定情况下过度的金融发展会积累大量风险，进而抑制经济增长。多数文献表明我国东部地区金融发展对经济增长具有促进作用，而中、西部地区的金融发展对经济增长反而可能起到抑制作用。还有一些研究发现金融发展对经济增长没有显著影响，也就是说，金融发展不是经济增长的原因，可能只是经济增长的内生结果。本书仅就金融发展对经济增长的积极影响进行研究。

帕加诺（Pagano，1993）利用内生增长模型——AK 模型，建立了金融发展对经济增长作用机制的分析框架。对该模型进行简化：假设一个没有政府的封闭经济，人口规模不变，整个经济体系只生产一种商品，或被投资或被消费，如果该商品被用于投资，每期的折旧率为 δ 。这时，我们可以构造一个连续时间框架下的宏观经济模型，在模型中，总产出是总资本存量的线性函数：

$$y_t = Ak_t \tag{2-1}$$

其中，y_t 表示 t 时期的产出，k_t 表示 t 时期的资本投入数量，A 表示资本的边际生产率。

方程（2-1）两边对时间 t 取微分，得：

$$\frac{\mathrm{d}y_t}{\mathrm{d}t} = A\,\frac{\mathrm{d}k_t}{\mathrm{d}t} \tag{2-2}$$

方程（2-2）两边同时除以 y_t ，得到经济增长率的表达式：

$$g_y = \frac{\mathrm{d}y_t/\mathrm{d}t}{y_t} = A\,\frac{\mathrm{d}k_t/\mathrm{d}t}{y_t}$$

由假设可知 t 时期的总投资水平 I_t 为：

$$I_t = k_{t+1} - (1-\delta)k_t$$

所以：

$$g_y = A\,\frac{I_t}{y_t} - \delta \tag{2-3}$$

在一个没有政府的封闭经济中，金融市场的均衡条件是：总储蓄率 S_t 等于总投资率 I_t，即储蓄完全转化为投资。但由于金融市场的主要作用就是促进储蓄向投资的转化，所以在加入了金融部门的内生增长模型中，要放弃原有模型中总储蓄 S 等于总投资 I 的均衡条件，认为储蓄漏出是合理的，即金融市场非均衡。假定储蓄—投资转化率为 φ ，则有：

$$\frac{I_t}{y_t}=\frac{\varphi S_t}{y_t}=\varphi s \tag{2-4}$$

其中，s 表示储蓄率。将方程（2-4）代入方程（2-3）得：

$$g_y = A\varphi s - \delta \tag{2-5}$$

从方程（2-5）可以看出，金融发展可通过以下三个方面影响经济增长：

1. 资本产出效应——通过提高资本的边际生产率 A 促进经济增长

金融发展有利于促进金融中介以及金融市场的发展和完善，一方面，降低信息与交易费用，使投资者能够利用充分透明的信息做出投资决策，实现对金融资源的合理配置，从而使资金流向资本边际生产率最高的企业和项目中去，使得那些最具潜力的企业能够得到足够的资金进行技术革新和产品生产。另一方面，金融体系在外部对企业和投资项目进行监督，有利于企业改善经营状况，进而提高资本产出效率，促进有效资本形成。金融发展可以通过多种渠道提高资本的边际生产率：

第一，通过促进创新和技术进步提高生产率。首先，金融体系通过降低交易成本，提高专业化水平来促进技术进步。亚当·斯密认为专业化是促进生产率提高的最主要因素。金融体系通过向社会提供交易媒介、建立支付与结算系统，降低了产品和服务的交换成本，促进了分工与专业化，推动技术创新，提高生产率。其次，金融体系通过风险管理功能促进创新和技术进步。在竞争激烈的市场经济中，企业只有通过不断创新才能获得或者巩固自己的市场地位。创新不仅需要大量的研发资金，而且需要承担巨大的风险。金融体系可以将资金分散地投资于大量技术创新企业，实现投资风险的分散化，同时通过风险分散把某一家企业承担的创新风险由整个社会共同承担。金融市场和金融机构的存在与发展增强了资产的流动性，降低持有长期资产的流动性风险。金融机构也可以通过二级市场金融资产的交易、提供资产组合管理和信贷期权等，规避或降低投资风险，并引导金融资源向创新项目和收益率高的项目集中，提高了资本的边际生产率。最后，金融中介可以代替投资者去评估项目、公司、经理人和市场情况，利用自身的信息优势获取信息，更好地评估和甄别各种投资项目。银行信贷部门一般都会对公司经营状况、管理人员资历和投资项目的价值进行考察和评估以决定是否向企业提供贷款。

股票市场通过严格的信息披露机制保证股东和公众能及时了解上市公司的经营状况和财务状况。这些金融安排保证金融资源流向具有先进生产技术的企业和有价值的投资项目。

第二，金融通过促进资源合理配置提高生产率。首先，资源合理配置是推动生产率提高的重要外部因素。高度发达的金融市场能够连接所有者和管理者的利益，搭建生产、流通、分配和消费各个环节贯通的桥梁，给资本集中、转移和重组提供便利，也改变着生产、经营部门的融资比重。社会资源的优化配置便是在众多生产、经营部门的融资比重变化中实现的。其次，金融体系通过对企业和投资项目进行监督，提高资源配置效率。这种合理的金融安排确保管理人员追求企业利润最大化而不是自身利益最大化，促进管理者与股东利益保持一致，防范代理人成本问题。

第三，金融通过促进人力资本积累提高生产率。资本边际生产率中的资本既可以是物质资本，也可以是人力资本。资本对产出的贡献既可以来源于资本的直接作用，也可以来源于由资本积累间接导致的知识溢出。金融的发展可以使总劳动力中的就业人数增加，提高劳动力就业率。一方面，金融部门直接吸纳了大量就业人员；另一方面，金融通过直接融资和间接融资促进产业部门资本投入量的增加以吸纳更多的就业人数，带动产业结构的变迁，促进更大规模的资本形成和实现更高水平的就业。

2. 投资效应——通过提高储蓄—投资转化率 φ 促进经济增长

金融发展的投资效应集中体现在金融体系的储蓄向投资转化的效率上。功能良好的金融体系能够向社会提供高质量的金融服务，大规模地将社会储蓄转化为投资，促进资本形成。金融发展可以通过多种渠道提高储蓄—投资转化率：

第一，金融体系把储蓄转化成投资的过程中，因为金融部门经营成本和利润的存在，并不能把吸收的储蓄完全转化成投资。随着金融的发展，金融市场竞争日趋激烈、金融部门经营效率不断提高、金融创新层出不穷，促使金融交易成本下降，储蓄—投资转化率上升。

第二，金融体系比较发达的地区，金融机构运作有效，金融压抑程度相对较低，能够形成以市场为导向的多元化的储蓄向投资转化的渠道，给予资金供给者和需求者多种选择。因此，金融部门能够在储蓄增加的同时，使贷款利率维持在一个较低水平上，促使储蓄最大限度地转化为投资，增加资本总投入量。同时，资本市场的高度发达和高效率会使投资者在利益的驱动下自发地将储蓄投向资本市场，提高投资水平的同时有效地改善投资质量。

第三，金融是促进消费增长的“助推器”，通过发展消费信贷，推进各层次群体融资和投资，推动城乡居民消费增长，以达到消费、投资协调拉动经济增长的目的。另外，金融业发展不仅可以直接增加第三产业产值，而且可以带动信息、物流、商贸等服务业的发展，提升服务业的整体水平，从而更好地实现第一、第二、第三产业协同增长。

3. 储蓄效应——通过提高储蓄率 s 促进经济增长

金融服务的储蓄效应是指由于储蓄率的提高增加了可用资本量，为生产规模的扩大提供了资本积累。影响储蓄率的因素有很多，主要包括该地区居民可支配收入水平、实际利率以及居民储蓄倾向等多方面。如果区域内存在大量的金融中介机构并拥有发达的金融市场，就可以降低储蓄动员的交易成本和信息成本。金融部门通过储蓄动员创造出种类繁多的金融产品，这些工具使普通投资者有机会持有分散化的证券，从而提高资产流动性。

（二）经济增长对金融发展的影响

1. 经济发展与金融发展相互关系模式

一般认为，在经济发展初期，金融与经济增长的关系模式为“供给主导型”，金融的发展会促进经济的发展。而当金融促进经济增长达到一定规模后，经济部门就会反过来引领金融部门发展，表现为金融对经济的“需求跟随型”。

金融体系通过提供金融产品和金融服务，促进实体部门生产、分配、交换、消费环节的顺利实施，提升实体经济部门的运转效率和生产水平，这时金融与经济的关系模式表现为“供给主导型”。在金融业发展的过程中，我们不能只看到其发展的规模和速度，而要提高金融效率来发挥金融的促进作用。人们对于金融的需求与经济的发展阶段有关，社会经济越发展，人们所需要的金融服务就越多。随着社会经济的不断发展，人们所需要的金融服务也呈现出阶梯状上升的态势。在满足衣食住行等必要生活消费以后，人们开始追求个人财富的保值增值，随着公司规模和业务的扩张，简单的融资也难以满足公司的发展需求。客户的多样化需求促使金融机构创新出更为丰富的金融产品和服务，呈现出金融为满足经济需求的“需求跟随”的特点。

从两个阶段来看，在此过程中地方经济与地方金融呈现一种相互促进的态势，在经济发展初期，必须要发挥地方金融在资金供给方面的作用，促进生产部门生产规模的扩大和生产效率的提高，进而提升整个地方经济的体量。在第二个阶段，地方经济已经增长到了较高的水平，简单的、传统的金融服务已经难以满足经济发展的需求，这就促使金融部门产生了创新的外在动力，不断创新出新的金融工具来满足实体经济部门的需求，在这个阶段，地方经济扮演了带动地方经济金融创新发展的角色。

2. 经济增长是金融发展的物质基础

雄厚的经济实力不仅提供了一个良好的市场条件和社会生活环境，也是巨大资金需求和供给的前提。一般来讲一个国家经济发展水平直接影响着居民的收入，而居民的收入状况决定了消费需求的总体水平。如果居民的收入状况普遍很低，人们的购买能力极其有限，无力支付固定的进入费或交易费，或者有能力支付也因为交易量太小、每单位交易所负担的交易成本太高而得不偿失，从而没有对金融产品和服务的需求。只有当经济发展到一定阶段后，居民才能支付得起金融服务的“固定进入费”，金融市场才得以形成。随着经济的不断发展，居民的收入状况普遍较好，购买能力普遍较强，产生了对高级金融产品和服务的需求，金融机构才有动力去进行金融创新，投资开发出一些高附加值的产品。

经济增长从需求和供给两方面影响着该地区的金融发展。一方面，经济增长越快，企业因为技术改造、技术创新，扩大规模等原因产生的融资需求越大，对金融服务的需求也就越大。专业化分工的不断深化也要求更多的交换和更好的交易手段，进而带动了金融的发展。另一方面，经济增长提高了经济效率，而经济效率的提高会不同程度地提高金融市场的投资者和融资者的满意程度，进而促进金融发展。

二、河南省金融发展与经济增长互动关系的实证分析

（一）指标选择与数据说明

由于影响经济增长的因素有很多，为了分析金融发展与经济增长间的互动关系，需要综合考虑金融部门和实体经济部门的因素，本书选取了河南省

1985—2016 年地区生产总值（GDP）这一具有代表性的指标以反映经济发展水平，选取金融机构人民币各项贷款余额（LOAN）以反映信贷规模。本书原始数据均来源于《中国统计年鉴》及部分商业性数据库。由于对原始数据进行对数变换不会改变原数列的数量关系，并能消除可能存在的异方差现象，因此，对两变量取自然对数，记为 lnGDP 和 lnLOAN，此时变量的含义变为地区生产总值增长率和金融机构各项贷款余额增长率。本书的计量过程均通过 Excel 和 EViews7.2 软件进行处理。

GDP 和 LOAN 数据根据居民消费价格指数进行调整。以 2005 年为基期，通过关系式“当年 GDP（LOAN）/当年的价格指数与 2005 年价格指数的比值”进行计算，然后取对数，得出数据，来研究河南省经济增长和贷款增长之间是否存在线性关系和相互促进作用。由于对数据取对数可以消除其异方差性且不改变时间序列数据的性质和彼此之间的协整关系，因此本章直接对各个变量取对数，得到对数化后的时间序列数据。

（二）描述性统计分析

在实证分析前，先对金融发展指标和经济增长指标的变动趋势特征作一个直观的比较。首先对信贷投放与经济增长趋势作了一个大致描述，通过 EViews7.2 软件对原始数据进行处理，得到以下 1986—2016 年数据的时序图（如图 2-5 所示）。

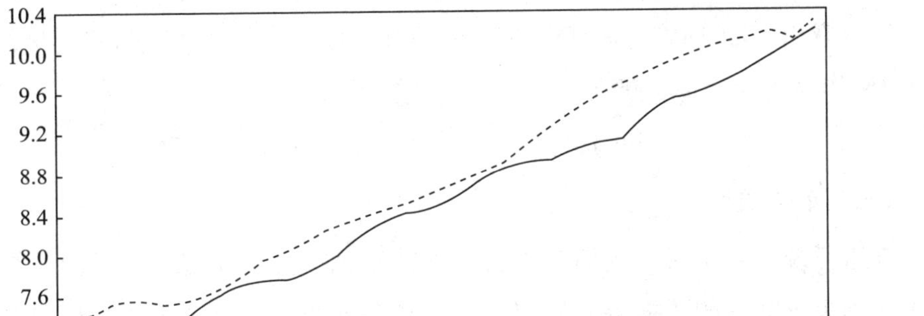

图 2-5 lnGDP 和 lnLOAN 的线性时序图

从图 2-5 中可以看出，1986—2016 年，lnGDP 和 lnLOAN 均呈现了显著的上升趋势，而且变化趋势较为一致，因此，初步推断二者具有较强的相关关系。这表明河南省金融发展和经济增长都保持着比较稳定的发展速度。两条线大致平行，说明二者长期保持着相对稳定的变化趋势。

同样地，用 EViews7. 2 软件做出 lnGDP 和 lnLOAN 之间的线性关系图（如图 2-6 所示）。

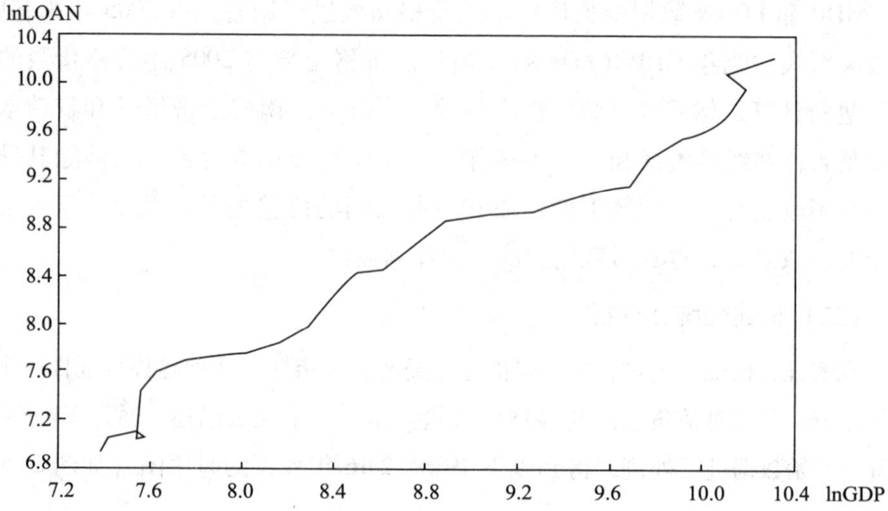

图 2-6　lnGDP 和 lnLOAN 的线性关系图

可以看出，lnGDP 和 lnLOAN 近似呈线性，以 lnGDP 作为被解释变量，以 lnLOAN 作为解释变量，建立一元线性模型如下：

$$\text{lnGDP} = \alpha_i + \beta_i \text{lnLOAN} + \mu_i$$

（三）单位根检验

在进行统计分析时，我们首先需要清楚数据序列的平稳性。故此，依据样本序列去推断它的数据生成过程是平稳还是非平稳，是差分平稳还是趋势平稳，是时间序列分析重要的基础工作。单位根检验是 Dickey 和 Fuller 在一系列论文中提出的检验时间序列平稳性的一种方法，其原假设是单位根过程，备择假设是平稳或趋势平稳过程。因此，我们用单位根检验来检验时间序列 GDP 和 LOAN 的平稳性。

首先，检验 lnLOAN、lnGDP 的平稳性。从图 2-6 中可以看出，lnLOAN 和 lnGDP 都呈现出了明显的线性增加的变化趋势，以下将对其进行单位根检验。

按 SIC 准则确定滞后模型参数为 0，检验的结果如表 2-2 所示。

表 2-2　lnLOAN 和 lnGDP 的 ADF 检验结果

变量	检验形式（c，t，k）	ADF 统计量	1%	5%	10%	P 值
lnGDP	（c，t，0）	-4.103680	-4.296729	-3.568379	-3.218382	0.0156
lnLOAN	（c，t，0）	-4.887672	-4.296729	-3.568379	-3.218382	0.0024

注：检验形式中，c 为常数项，t 为趋势项，k 为滞后阶数。

如表 2-2 所示，lnGDP 的 ADF 统计量为-4.103680，相应的 P 值为 0.0156。即在 5%的显著水平下，不能拒绝原假设，lnGDP 不存在单位根，数据存在漂移项和趋势项。同理，lnLOAN 的 ADF 统计量为-4.887672，小于三个显著水平的统计量，相应的 P 值为 0.0024。即在 5%的显著水平下，不能拒绝原假设，lnLOAN 不存在单位根。

运行 EViews7.2 软件，用最小二乘法（OLS）对这两组数据进行回归，数据输出结果与图 2-6 结构基本吻合。数据输出结果如下：

T 值	1.963549	34.06837	
P 值	0.0589	0.0000	
R^2	0.974804	Adjusted R^2	0.973964
F 值	1160.654	（P 值　0.000000）	

（四）统计学检验

1. R^2 和 $\overline{R}^2$ 检验

可决系数 R^2 反映了样本回归直线与样本点的“总体接近”程度，R^2 越高，即 Y 与 X 的样本相关程度越高，表明样本点的分布越靠近样本回归直线；反之，则反是。因此，R^2 也是度量解释变量与被解释变量之间相关程度的一个指标。但是，可决系数 R^2 存在一定的缺陷，于是利用自由度去调整可决系数以建立模型的综合评价模型的优劣指标，即调整的可决系数 $\overline{R}^2$ 能更好地检验模型的拟合优度。

由 OLS 法估计模型的输出结果中，R-squared 和 Adjusted R-squared 分别表示 R^2 和调整的 R^2，即 $\overline{R}^2$，其样本值分别为 $R^2=0.974804$，$\overline{R}^2=0.973964$。表明在被解释变量的变异中，解释变量的变异解释了其中的 97.48%，模型的拟合优度较高。可决系数 $R^2=0.974804$，表明若河南省的贷款增长 1 元，预计河南省的 GDP 将平均增加 0.974804 元。

2. 格兰杰因果关系检验

运用格兰杰因果关系检验来确定河南省信贷增长与经济增长之间是否存在着因果关系，是经济增长带动了信贷增长抑或是信贷增长促进了经济增长。

首先确定 VAR 的滞后阶数。根据 SIC 标准确定出最佳的滞后阶数为 2。

表 2-3　格兰杰因果检验结果

原假设	观测数	滞后期	F 值	P 值	结果
lnLOAN does not Granger Cause lnGDP	30	2	3.61409	0.0418	拒绝原假设
lnGDP does not Granger Cause lnLOAN	30	2	3.13698	0.0609	拒绝原假设

从表 2-3 中可以看出，河南省于 1985—2016 年设定 95%的置信条件，基于 EViews7.2 的分析，在滞后 2 期时，对于“贷款增长不是经济增长的 Granger 原因”假设，其正确的概率为 4.18%，于是即认为贷款增长是经济增长的 Granger 原因，也就是说，河南省贷款增长促进了经济的发展。类似地，在 90%的置信条件下，对于“经济发展不是贷款增长的 Granger 原因”假设，其正确的概率为 6.09%，于是也可以认为经济增长是贷款增长的 Granger 原因，也就是说，河南省经济发展带动了贷款的增长。

（五）结论与建议

金融发展对经济增长的影响，一直是备受关注的话题。本书在现有文献的基础上，以数据模型分析为依托，实证检验了河南省经济增长和贷款增长之间的相关关系，研究结果表明：

1. 河南省金融发展与经济增长之间存在长期稳定的关系

长期稳定的均衡关系一直存在于贷款和 GDP 之间。这说明，在研究期内河南省金融资产增长与 GDP 增长保持了相对稳定的变化趋势。原因可能是研究期内金融与经济政策比较平稳，金融发展和经济增长都保持了相对稳定的增长速度，使得二者能够保持相对稳定的关系。

2. 河南省贷款增长与经济增长之间具有双向促进作用

河南省金融发展与经济增长两者之间互为因果关系：经济增长会拉动金融发展，而金融发展会促进经济增长。金融发展与经济增长之间的因果关系非常重要，因为不同的因果关系意味着不同的政策含义。河南省金融发展与经济增长间双向的因果关系表明在未来的中原经济区建设中，必须注意经济与金融的协调发展，以达到金融资产合理配置、产业结构优化的目的。

3. 金融发展质量和效率不高，金融资源的优化配置作用有限

造成这种现象的原因有以下几点：

（1）缺乏多层次的资本市场，大一统的信贷投放形式不能满足中小企业种类各异的融资需求。因此，发展多层次资本市场，建立中小企业融资平台，为非国有企业创造良好的融资环境，引导金融资源流向生产经营效率高的非国有经济，是发挥金融促进经济增长功能的有效途径。

（2）政府干预过多。由于我国特殊的国情，政府对金融资源支配能力较强，如果政府通过干预间接金融的信贷决策给国有企业提供贷款支持，将会使经济效率下降。政府的职能主要在于维持公平的市场竞争环境，而不应直接干预金融市场或金融机构的决策。因此，在未来金融发展过程中，减少政府对金融资源配置的过度干预是十分重要的。

基于以上结论，本书提出以下政策建议：

（1）确保信贷投放的平稳增长，提高信贷使用效率。

信贷投放的稳定增长和使用效率的提高，是确保经济增长的重要条件。各类金融机构要保证信贷资金的投放力度，确保各类经济主体发展的资金需求，特别是对于在融资市场处于劣势地位的中小企业，金融机构应淡化资产担保传统理念，创新融资方式，简化信贷流程，更好地为中小企业服务，努力提高资金使用效率。

（2）金融政策要偏向经济转型升级，支持绿色产业发展。

在当前形势下，绿色健康产业逐渐成为支撑经济增长的重要支柱，并成为国家产业结构调整的重要方向。金融政策应围绕经济发展方向做出相应调整，加大金融推动经济转型的力度和效率。促进绿色产业发展，需要发挥金融配置资源的杠杆作用。加快信贷结构调整步伐，引导资金流向，银行信贷要投向符合国家生态文明发展的项目。鼓励企业投保环境污染责任险，从而提升环境管理水平。金融机构应大力发展绿色金融，信贷政策要向促进产业升级转型倾斜，向绿色产业发展倾斜。改变现有以高投资谋求高增长的粗放型经济增长方式，逐步建立金融发展与经济增长互相促进的良性循环体系。未来我国经济将保持稳定增长，产业结构将不断优化，形成新的竞争模式，产业转型升级将成为我国企业与地区经济的普遍特征。

（3）金融服务要向实体经济倾斜，促进产业升级。

长期以来，我们忽视了作为基础产业的实体经济的发展，理论界也习惯于就金融论金融，以至于模糊了金融的本来面目。因此，在目前供给侧改革的大背景下，金融领域自身也要进行供给侧改革。金融发展要回归服务实体经济的本源，要克服现实中普遍存在的资金“避实就虚”的现象。金融服务支持实体经济发展应主要从以下几方面着手：第一，加快信贷结构调整步伐，引导资金流向，促进产业转型升级和经济发展方式的转变；第二，促进科技和金融有效结合，建立科技资源与金融资源对接的机制，形成多元化、多层次、多渠道的科技投融资体系；第三，搭建民间资本与实体经济对接的平台，开展民间借贷供求信息登记、发布、公证等配套服务，使民间借贷规范化和阳光化，鼓励和引导民间资本投入实体经济领域。

（4）金融服务要支持企业自主创新。

第一，扩大直接融资比重，以产融结合促进经济转型发展。平台融资、金融超市、互联网金融已成为金融创新的土壤，为创业资本与新兴产业接轨创造了条件。第二，除了在各层次全国性交易所上市融资外，还可以通过代办股份转让系统、地方产权交易所等，引导科技投融资体制改革和科技创新激励机制的实现。新三板、地方产权交易所的设立将拓展资本市场，从而为企业自主创新的融资提供便利。第三，知识产权质押融资机制可为科技型企业提供融资来源。第四，引导和激励社会资本建立中小企业信用担保机构，解决中小企业由于担保抵押品不足产生的融资难问题。

（5）金融服务支持新型农业经营体系构建。

第一，加大推广林权、渔权等权利抵（质）押的力度，扩展抵押担保物的范围；第二，加快土地流转，农民通过转租、转包和土地入股等方式得到长期收入；第三，创新多种金融工具，如惠农卡、农贷通等，从而满足农户、经济组织和企业的资金与结算需求；第四，扩大政策性农业保险覆盖范围，鼓励发展特色农产品保险，推广“信贷+保险”产品。

（6）金融服务支持新型城镇化建设。

首先，城投公司主要通过发行公司债来筹措资金，以更具市场化、约束性的方式进行城市基础设施建设运营；其次，开展基础设施资产证券化业务，解决城镇基础设施建设中滚动发展的资金问题，盘活城建资金存量。

从根本上说，区域金融业的发展取决于区域经济发展过程中对资金与金融服务的强大需求。所以要寻找新的经济增长点、保持河南经济规模的稳步增长，优化产业结构、促进产业升级，大力发展高新技术产业和高端服务业，促进经济的持续增长。在金融发展方面，要采取优惠政策扶持金融业发展，充分发挥金融机构的主体作用，合理利用资源优势，完善金融市场结构、丰富金融市场产品、增强金融市场功能，积极推进中小企业融资平台建设，大力发展风险投资和产业投资基金，使河南金融业保持活力与竞争力，推动金融产业稳健发展并使其功能得到充分发挥。

第三章 供应链金融与实体经济发展

供应链金融是结合产业链而产生的一种金融服务创新方式，主要服务于存在产业链关系的企业融资。中小企业是实体经济的重要组成部分，但存在着“融资难、融资贵”障碍。本章解读的供应链金融即是基于中小企业和“三农”发展的融资困境给出的一系列解决方案，对实体经济的发展意义深远。

第一节 供应链金融发展历程

供应链金融是基于企业或部门的产销环节，将信息流、资金流、商流和物流进行统筹糅合，通常是对供应链上下游的供货商和分销商这类中小企业进行融资支持。金融机构出于规避风险和提高效率的目的，使供应链金融在最近几年得到了快速的发展和应用。

一、供应链概述

（一）供应链基本概念

供应链是指产品生产和流通过程中所涉及的原材料供应商、生产商、分销商、零售商以及最终消费者等成员通过与上游、下游成员的连接组成的网络结构。也即是由物料获取、物料加工，并将成品送到用户手中这一过程所涉及的企业和企业部门组成的一个网络。

从供应链的结构模型可以看出，供应链是一个网链结构，节点企业和节点企业之间是一种需求与供应的关系。因为供应链节点企业组成的跨度（层次）不同，供应链往往由多个、多类型甚至多国企业构成，所以供应链结构模式比一般单个企业的结构模式更为复杂。供应链管理因企业战略和适应市场需求变化的需要，其中节点企业需要动态地更新，这就使得供应链具有明显的动态性。供应链的形成、存在、重构，都是基于一定的市场需求而发生的，并且在供应链的运作过程中，用户的需求拉动是供应链中信息流、产品、服务流、资金流运作的驱动源。节点企业可以是这个供应链的节点企业，同时又是另一个供应链的节点企业，众多的供应链形成交叉结构，增加了协调管理的难度。

内部供应链是指企业内部产品生产和流通过程中所涉及的采购部门、生产部门、仓储部门、销售部门等组成的供需网络。而外部供应链则是指企业外部的，与企业相关的产品生产和流通过程中涉及的原材料供应商、生产厂商、储运商、零售商以及最终消费者组成的供需网络。供应链一般包括物流、商流、信息流、资金流四个流程。四个流程有各自不同的功能以及不同的流通方向。二者共同组成了企业产品从原材料到成品到消费者的供应链。可以说，内部供应链是外部供应链的缩小化。如对于制造厂商，其采购部门就可看作外部供应链中的供应商。它们的区别在于外部供应链范围大，涉及企业众多，企业间的协调更困难。

1. 物流

这个流程主要是物资（商品）的流通过程，这是一个发送货物的程序。该流程的方向是由供货商经由厂家、批发与物流、零售商等指向消费者。由于长期以来企业理论都是围绕产品实物展开的，因此目前物资流程受到人们的广泛重视。许多物流理论都涉及如何在物资流通过程中在短时间内以低成本将货物送出去。

2. 商流

这个流程主要是买卖的流通过程，这是接受订货、签订合同等的商业流程。该流程的方向是在供货商与消费者之间双向流动的。目前商业流通形式趋于多元化：既有传统的店铺销售、上门销售、邮购的方式，又有通过互联网等新兴媒体进行购物的电子商务形式。

3. 信息流

这个流程是商品及交易信息的流程。该流程的方向也是在供货商与消费者之间双向流动的。过去人们往往把重点放在看得到的实物上，因而信息流通一直被忽视。甚至有人认为，国家的物流落后同它们把资金过分投入物质流程而延误对信息的把握不无关系。

4. 资金流

这个流程就是货币的流通，为了保障企业的正常运作，必须确保资金的及时回收，否则企业就无法建立完善的经营体系。该流程的方向是由消费者经由零售商、批发与物流、厂家等指向供货商。

（二）供应链活动

根据供应链的概念，它涵盖了从原材料的供应商开始，经过工厂的开发、加工、生产至批发、零售等过程，最后到达用户之间有关最终产品或服务的形成和交付的每一项业务活动。因此供应链的内容也涵盖了生产理论、物流理论和营销理论等三大理论。

供应链活动主要包括：商品的开发和制造，需求预测和生产计划，商品生产和质量管理，商品的配送。传统上，企业是以一种小规模、单一组织形态而存在的，企业之间会发生大量的交易，这就产生了巨大的交易成本。随着社会生产力的发展，一些实力较强的企业就以产权投资的形式控制其上、下游企业，在其扩大规模的同时，达到了市场内部化、降低交易成本的目的。这就是纵向一体化产生和迅速发展的原因。

但随着企业集团规模的迅速扩张，企业的组织成本大幅提升。表现在：一方面，企业的效率越来越低，企业适应市场变化的能力也越来越低。以致到后来，市场需求向小批量、多品种、多规格方向发展，市场竞争也越来越激烈。另一方面，电子商务和物流无论是硬件方面还是软件方面都有了根本的发展，这就导致企业原来的市场交易成本大幅降低。这两方面的因素使得供应链取代纵向一体化成为一种必然。

二、供应链金融起源

随着社会化生产方式的不断发展，市场竞争已经从单一客户之间的竞争转变为供应链与供应链之间的竞争。处于供应链中上游的中小供应商，绝大多数都是中小企业，很难通过“传统”的信贷方式获得银行的资金支持。为了维持自身在其所属供应链的正常运营，提高供应链资金运作的效力，降低供应链整体的管理成本，“供应链融资”系列金融产品应运而生。

供应链金融巨大的市场潜力和良好的风险控制效果，自然吸引了许多银行介入。深圳发展银行、招商银行是最早开始这方面的信贷制度、风险管理及产品创新的银行。2001年下半年，深圳发展银行在广州和佛山两家分行开始试点存活融资业务（全称为“动产及货权质押授信业务”），年底授信余额即达到20亿元人民币。利用特定化质押下的分次赎货模式，并配合银行承兑汇票的运用，结算和保证金存款合计超过了20亿元。之后，从试点到全系统推广，从自偿性贸易融资、“1+N”供应链融资，到系统提炼供应链金融服务，该行于2006年在国内银行业率先推出“供应链金融”品牌，迄今累计授信出账超过8000亿元。2008年下半年开始，严峻的经济形势导致企业经营环境及业绩不断恶化，商业银行都开始实行信贷紧缩，但供应链融资在这一背景下却呈现出逆势而上的态势。随后，围绕供应链上中小企业迫切的融资需求，国内多家商业银行开始效仿发展“供应链融资”“贸易融资”“物流融资”等名异实同的类似服务。时至今日，包括四大行在内的大部分商业银行都推出了各具特色的供应链金融服务。2016年，据不完全统计，我国供应链金融市场规模目前已经超过10万亿元，预计到2020年可达近20万亿元，市场空间巨大。

供应链金融可以帮助银行实现差异化竞争、开拓中小企业市场，可以使其利用高附加值的服务绑定核心企业和客户集群。帮助核心企业提升整个产业链的效率。核心企业也可以作为资金提供方，为供应链成员尤其是中小企业提供资金，满足核心企业产业转型升级的需要，通过金融服务变现其长期积累的专业和资源。

银行开展供应链金融业务最明显的优势是资金、支付结算手段、客户资源和金融专业性。核心企业由于多年的行业积累，开展供应链金融服务具有先天优势，且开展此服务的初始成本很低。但是核心企业会局限在自身供应链内的可能性很大，开展自身行业生态之外的供应链金融业务难度高于银行。因此银行基于商户管理、结算管理和传统的信贷数据的积累，可以实现与核心企业错位的合作和竞争。

三、国内外供应链金融的发展历程对比

供应链金融在欧美诞生于20世纪80年代，逐渐形成了一个供应链金融体系。1990年左右，西方国家的很多企业（包括家乐福、沃尔玛）都实施了供应链金融计划，2003年ORBIAN成立。2008年金融危机之后，供应链金融获得了爆发式的增长，欧美的大型公司，尤其是世界500强中的大部分公司，在2008年前后都实施了供应链金融计划，典型的如沃尔沃、宝马、卡特彼勒，而且不是自己放贷。2016年欧美的供应链金融进入了一个成熟的阶段。

美国供应链金融产生于19世纪末，时值美国工业全面超越英国、德国成为世界第一工业强国之时。从模式上讲，其供应链金融经历了三个阶段。

第一阶段，以银行为主导的金融机构向产业的渗透。这一时期，金融监管相对宽松，以银行为代表的金融企业开始向传统产业进行渗透。产业链中企业融资则更加依赖于已经渗透进来的商业银行。从本质上讲，这仍是发展不完全的供应链金融模式，商业银行对于产业链上下游把控力的优势并没有真正建立起来。

第二阶段，核心企业登上供应链金融舞台。美国金融监管趋紧后，金融机构向产业的渗透开始受到限制，供应链金融模式面临变革，真正意义上的供应链金融模式随着核心企业实力的增强而最终确立，核心企业成为供应链金融的核心。这种模式下，核心企业具备了信用优势和业务信息优势，纷纷成立金融部门帮助中小企业解决融资难问题，产融结合切入供应链金融。

第三阶段，核心企业模式受到制约。进入21世纪后，美国供应链金融模式发展日趋稳定，甚至出现负增长。供应链金融仅服务于主业的定位成为其发展的最大限制因素，同时出于资金来源和风险的考虑，核心企业也在逐渐收缩和自身主业不相关的金融业务。

再来看中国，从2010年开始中国的供应链金融开始萌芽，我国的供应链金融是伴随着互联网金融和消费金融一起发展起来的。据统计，截至2015年供应链金融市场规模已经超过10万亿元，预计到2020年可达近15万亿元，存量市场空间巨大。从社会需求大环境来看，经济下行时期，中小企业融资压力增大，供应链金融所提供的服务对于有效解决中小企业“融资难”问题、服务实体经济等方面具有非常重要的作用。

我国的供应链金融也经历了三个阶段：

第一阶段，“1+N”模式。以银行为主导的线下模式，其中“1”是供应链中的核心企业，“N”是其上下游的中小企业，银行基于此对中小企业提供融资服务。

第二阶段，“1+N”模式的线上版本。通过大数据、信息平台等对供应链金融的各参与主体，实现物流、信息流和资金流等的糅合，在线上给予中小企业融资等金融服务。

第三阶段，“N+1+N”模式。是在核心企业、上下游中小企业和物流平台之外出现的“第四方”，打造出一个综合性的大服务平台，构建出“N+1+N”模式，完整地服务于整个供应链的生产、分销和物流业务。

对比国外的供应链金融发展阶段，基于核心企业拓展的金融服务业务和模式，仍有很多需要思考和改进的地方，比如在针对上下游企业的融资业务和风控等方面。

四、供应链金融需求主体分析

供应链金融中的核心部门包括金融机构、核心企业等，金融机构根据核心企业对其供应链中的中小企业给予增信，然后对中小企业给予授信，并以预付账款、应收账款和存货等作为质押物。如此，形成以整条供应链为基础的信贷融资模式。

（一）中小企业发展现状

中小企业可划分为中型、小型、微型三种类型，具体标准根据企业从业人员、营业收入、资产总额等指标，结合行业特点等制定。其中，小微企业是小型企业、微型企业、家庭作坊式企业、个体工商户的统称。小微企业在税收上的概念和其他部门略有不同，主要包括三个标准，一是资产总额，工业企业不超过3000万元，其他企业不超过1000万元；二是从业人数，工业企业不超过100人，其他企业不超过80人；三是税收指标，年度应纳税所得额不超过50万元。符合这三个标准的才是税收上说的小微企业。以下将分别从企业户数、资产规模、就业人数、纳税金额及贷款余额五个方面对我国大、中、小企业的发展现状进行一个总体描述，时间截止到2014年12月，数据均来源于 Wind 资讯。

（1）企业户数。截止到 2014 年 12 月，大型企业 7149 户，中型企业 22546 户，小型企业 40092 户，微型企业 43984 户（如图 3-1 所示）。

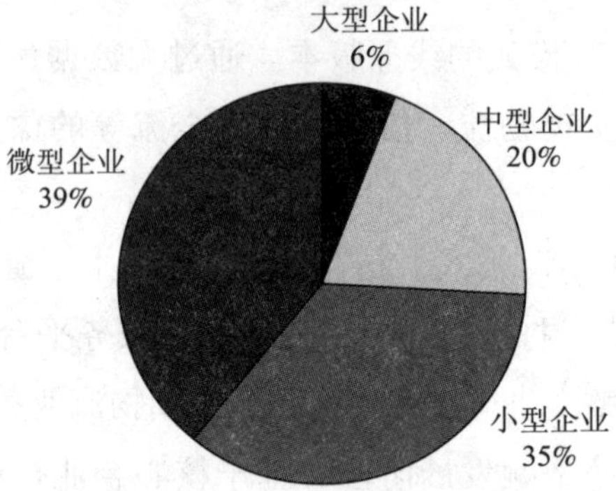

图 3-1　截至 2014 年 12 月四种类型企业户数占比

资料来源：Wind 资讯。

（2）资产规模。大型企业 21. 39 万亿元，中型企业 12. 07 万亿元，小型企业 13. 24 万亿元，微型企业 9. 47 万亿元（如图 3-2 所示）。

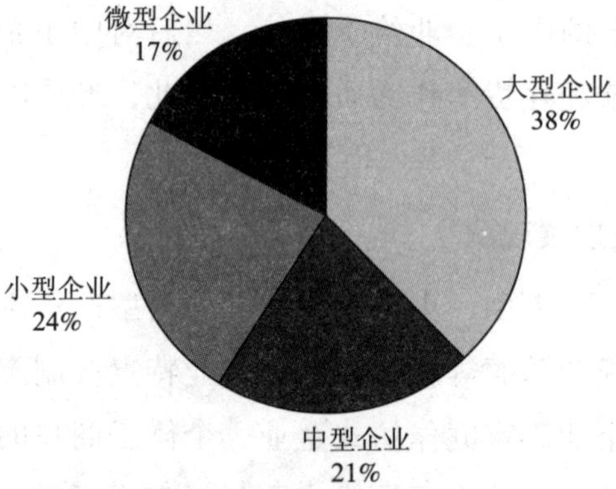

图 3-2　截至 2014 年 12 月四种类型企业资产规模占比

资料来源：Wind 资讯。

（3）就业人数。大型企业 1964. 9 万人，中型企业 746. 5 万人，小型企业 324. 9 万人，微型企业 70. 5 万人（如图 3-3 所示）。

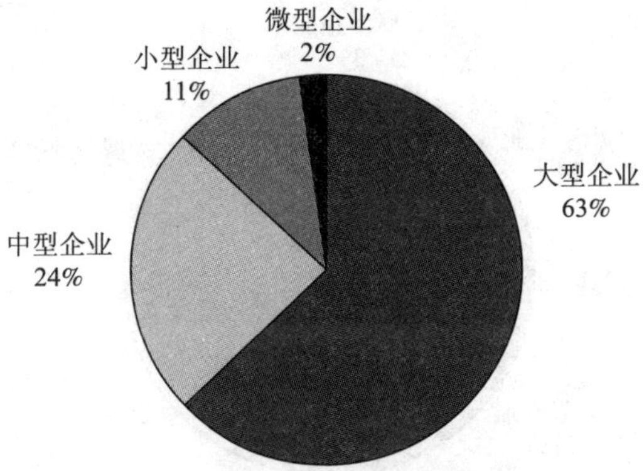

图 3-3　截至 2014 年 12 月四种类型企业就业人数占比

资料来源：Wind 资讯。

（4）纳税金额。大型企业 12520. 57 亿元，中型企业 2790. 47 亿元，小型企业 3758. 87 亿元（如图 3-4 所示）。

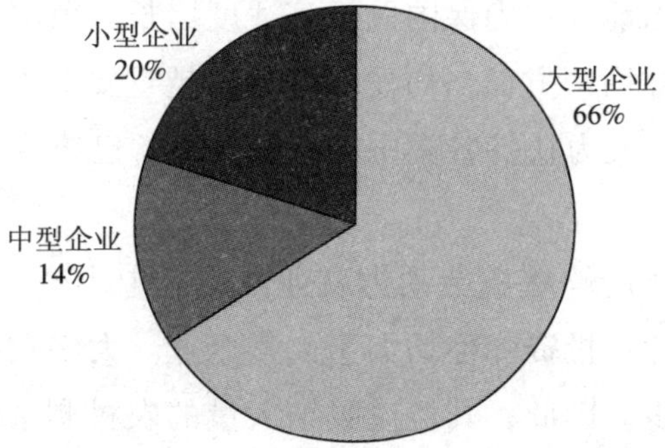

图 3-4　截至 2014 年 12 月三种类型企业纳税金额占比

资料来源：Wind 资讯。

（5）贷款余额。大型企业 22. 95 万亿元，中型企业 17. 36 万亿元，小型企业 13. 53 万亿元，微型企业 1. 47 万亿元（如图 3-5 所示）。

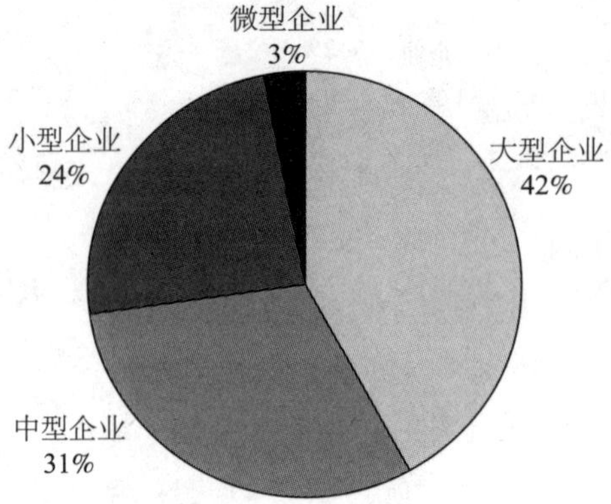

图 3-5　截至 2014 年 12 月四种类型企业贷款余额占比

资料来源：Wind 资讯。

（二）中小企业的重要作用

中小企业是推动国民经济发展、构造市场经济主体、促进社会稳定的基础力量。特别是在当前，在确保国民经济适度增长、缓解就业压力、实现科教兴国、优化经济结构等方面，均发挥着越来越重要的作用。为此，正确指导国有小企业改革，大力扶持各类中小企业发展，已成为当前一项刻不容缓的战略任务。

第一，中小企业能够缓解劳动力就业压力。中小企业多为劳动密集型，就业容量和就业弹性、投资弹性均大于大型企业。大多数中小企业技术起点较低，所需投资较少。因此，其可以吸纳大量的农村剩余劳动力，这样有利于推动农村工业化和城市化发展进程。此外，中小企业相较于大型企业就业门槛较低，对于求职者的学历限制较少。

第二，中小企业可以振兴地方经济，协调区域经济和谐发展。我国一些地级市、县的主要经济支柱就是中小企业。只有充分发挥中小企业在地方经济中的作用，才能振兴地方经济，推动地方经济发展。在我国东部沿海地区，中小企业已经成为地方经济的主力军，已经形成了特色的中小企业群。在经济不发达的中西部地区和乡镇农村，中小企业的建立可以提高当地居民的人均收入，缩小地区间和城乡间的收入差距。

第三，中小企业是大型企业发展之本。大型企业的发展离不开中小企业的支撑，需要众多中小企业为之服务。中小民营企业的发展有利于大型企业进行合理的产业、产品结构调整，改变“大而全”的生产结构，以便更好地发挥自身的优势，专门从事规模较大的生产。中小企业的生产结构则具有“小而精”的特点，这使其业务更具专业化，有利于发挥自身优势，以满足客户的个性化需求。

可见，随着我国市场化程度的提高以及国内外贸易环境的变化，中小企业在经济运行中的作用日益重要，中小企业呈现了数量加速扩张和质量渐进提升的趋势。但由于其自身的特殊性，中小企业的发展受到了各方面的制约，而融资问题首当其冲。中小企业与大企业相比仍是一个弱势群体，其生存和发展仍面临着很多的困难。亚太经合组织（Asia-Pacific Economic Cooperation，APEC）指出，全世界的中小企业发展一般存在着五大困难，即市场准入难、资金融通难、人才引进难、信息共享难和科技应用难。因此，应把大力推进中小企业发展作为政府的一项重要战略任务。

（三）中小企业传统融资渠道

中小企业在发展过程中普遍受到融资难的困扰，中小企业融资难的原因有很多，一方面是中小企业自身的原因，主要包括企业规模普遍偏小，缺少可供抵押的资产，缺少有效的信用担保体系。抗风险能力偏弱，大多处于创业初期阶段，企业倒闭、破产的可能性都相比处于发展成熟的大企业高。经营管理能力不强，公司法人治理结构不完善，公司内部管理特别是财务管理制度普遍不健全等。另一方面是外部原因，国有商业银行对金融资源的垄断造成中小企业融资受到限制，股票、债权等资本市场门槛相对较高，形成了对中小企业的进入阻碍。

1. 商业信用

商业信用是具有合作关系的企业在商品买卖过程中互相提供的一种信用，由于其过程不需要金融中介机构参与，因此被称为“自然性”的债权债务关系。商业信用融资相比于其他融资方式，具有诸多优势，如融资程序比较简单，操作成本比较低廉，绝大部分商业信用融资是不需要任何形式的担保的，而且在相应的优惠期内还付款还能享受一定的折扣，这就极大地降低了中小企业的融资成本，提高了融资的可行性和融资的效率，能够加快中小企业的资金周转。商业信用融资作为企业融资的一种特殊类型，它所依托的就是企业与企业之间的商业信用，这中间没有其他金融主体的介入，具有非付息性，所以这种融资形式既可以拓宽中小企业的融资渠道，也可以在保持中小企业财务杠杆水平不变的同时，有效降低财务风险，是非常有利于中小企业健康发展的。对于规模普遍偏小、缺少可供抵押的资产、抗风险能力偏弱的中小企业来说更加有利，是解决中小企业融资难的有效途径。

但与此同时，商业信用存在着诸多弊端：一是融资偿还期限短。商业信用的信用期多为 2 个月，相较于其他融资方式，偿还期限短，尽管具有一定灵活性可与对方协商争取更多宽限时间，但此项规定对于中小企业现金流量管理提出了相当高的标准。二是融资受整体经济环境影响程度高。商业信用融资是一种自然性融资，其本身与企业购销双方交易过程密不可分，这决定了它易受市场整体经济环境的影响，当存在买方市场，买方会拒绝用预付账款手段。当存在卖方市场，卖方会减少赊销增加现销。

2. 银行信贷

在企业的发展过程中，银行的融资是其最主要的资金来源。但银行的信贷业务受中国人民银行、银监会等金融监管机构的严格监控，在对企业融资时需经过严格的审核和风控流程。银行一般考虑到自身的收益和成本等因素后，会选择规模较大的企业或公司对其进行融资，由此导致了能得到银行信贷的中小企业少之又少。其中的原因有以下几点：

银行与中小企业之间的信息不对称，导致银行的经营理念和方式不利于中小企业。银行是经营货币的特殊企业，资本的逐利性决定了银行经营必须遵循安全性、流动性、营利性的原则。一方面银行有主动放贷以提高其资金效益的主观愿望，另一方面又需谨慎放贷以确保资金的安全。中小企业信息透明度低、融资资信程度低、企业财务制度不健全、财务管理水平低下、财务信息披露不规范，且中小企业出于种种目的，常常隐瞒真实的财务信息，这些造成了企业信息的不透明，直接影响了银行向中小企业放贷的意愿。另外，银行在放款之前都要进行必要的调查，中小企业与大型企业的发放程序、经办环节等大致相同，而中小企业每笔贷款的数额较小，这意味着在为中小企业和大型企业提供相同规模资金的前提下，对中小企业放贷银行需要付出更高的成本。

中小企业产权制度的不稳定性，导致其很难获得长期信贷资金。从组织形式上来看，目前我国的中小企业基本上为家族式企业。企业内部组织简单化、管理人格化的现象非常突出。管理者尤其是企业创业者的个人魅力往往成为维系企业管理稳定性的关键因素。中小企业产权制度安排的不稳定和短期性，导致银行很难拥有其相对稳定性及可靠性都较强的内部信息，故中小企业只能获得一些短期的流动资金，很难获得长期资金。长期稳定的资金来源的缺失往往又加剧了中小企业的流动性风险。

信用担保制度的缺陷是导致中小企业融资难的又一个重要原因。信用担保制度是保障中小企业信贷融资的重要制度。中小企业信用担保是一种弥补市场失灵的手段，是一种信誉证明和资产责任结合在一起的金融中介行为。信用担保发挥了类似于抵押物的作用，在中小企业抵押物品不足、缺乏信用记录的情况下，通过融资担保机构的介入来弥补市场失灵。然而我国信贷市场中小企业信用担保制度的现状与中小企业的发展需求是极不相称的。政策性信用担保机构通常缺乏有效的风险分散渠道，商业性担保机构自身盈利能力弱，可持续发展能力较弱。目前，我国绝大多数信用担保机构为中小企业提供的担保品种基本上仅限于流动资金，很少有设备、技术改造之类的长期贷款担保。

3. 发行债券

党的十八届三中全会明确指出，“发展并规范债券市场，提高直接融资比重”。近年来，我国债券市场发展在降低社会融资成本、促进实体经济发展等方面发挥了积极作用。2014 年，我国各类债券发行额达到 11.87 万亿元，存量达 35.64 万亿元。中小企业通过债券市场融资面临如下问题：

发行主体较少。目前能够通过债券市场成功融资的中小企业数量较少，仅限于少数优质中小企业，中小企业债券发行规模较小，而对于量大面广、对资金需求迫切的中小企业而言，贡献非常有限。现有的债券市场规则是建立在有利于大型国企、政府融资平台的基础之上的，且没有遵循按价格（利率）配置资金的市场原则，债券发行的行政色彩较浓。

融资成本较高。中小企业债券的票面利率通常较高，高于同期的银行利率水平。融资成本除了基本的利息支出外，还包括发行过程中产生的信用评级费、承销费、律师费、资产评估费、审计费等中介服务费。融资成本不仅表现为名义上的财务成本，更重要的是发行过程中的隐性成本和时间成本。

在债券发行过程中，协调成本很高，而政府隐形担保容易导致中小企业的“寻租行为”。同时，债券发行手续烦琐，程序冗长，这与中小企业对资金需求的特点不相匹配。此外，参与发行的承销商、担保机构或增信公司获得的收益和成本不对等，缺乏积极性。中小企业债券的投资主体较为单一，除短期融资债、中期票据外，其他债券整体流动性等方面也较差。

政策保障不到位。近年来，为缓解中小企业融资难，政府出台了许多支持政策，但是有关债券及中小企业债券的相关制度不到位。从目前中小企业债券发行来看，私募债券、集合债券等大量发行，其中一个重要原因就是地方政府在债券发行、交易以及违约方面的行政干预。但是从市场化角度来看，政府通过行政手段直接参与债券发行将会影响我国债券市场的健康发展，导致市场的风险调节功能丧失。

导致中小企业债券市场发展缓慢的原因是多方面的。从制度环境而言，市场监管职权高度分割、债券投资者权益保护制度不足、信用评级体系尚不完善。同时，当前的信息披露、市场准入、投资者保护与流动性等方面也存在“短板”。

在大多数发达国家，企业直接融资占比超过一半以上，而我国中小企业直接融资比例还不足5%。直接融资比例过低、渠道过窄，已成为制约我国小微企业成长的明显“短板”，债券市场为中小企业提供便利且低成本的融资功能仍有待加强。

第二节　供应链金融模式和应用

预付账款、应收账款和存货导致企业资金周转不畅，甚至资金链断裂促进了供应链金融的发展。因此引入金融机构，在核心企业增信的条件下，对上下游中小企业给予授信。

一、中小企业供应链金融服务的基本模式

（一）预付账款融资模式

预付账款融资模式可同时实现下游中小企业的杠杆采购和核心企业的批量销售。中小企业以预付账款作为抵押物，大大提升了融资便利度，有效缓

解了全额购货带来的短期资金压力，同时金融机构对中小企业进行融资，是以核心企业承诺回购为前提，即将个体的风险分散到整个产业链，以金融机构指定仓库的既定仓单为质押，大大降低了金融机构的信贷风险，并为金融机构带来创收，实现了多方共赢。

通过海尔的供应链金融模式对其进行具体的分析。以海尔为核心的产业链，对下游的大量经销商进行融资，其中最主要的贷押融资模式就是预付账款融资模式。得益于海尔旗下的电商平台日日顺，产生了大量的过往交易记录和线上线下融资业务，促使该预付账款融资模式有序、快速发展（如图3-6所示）。

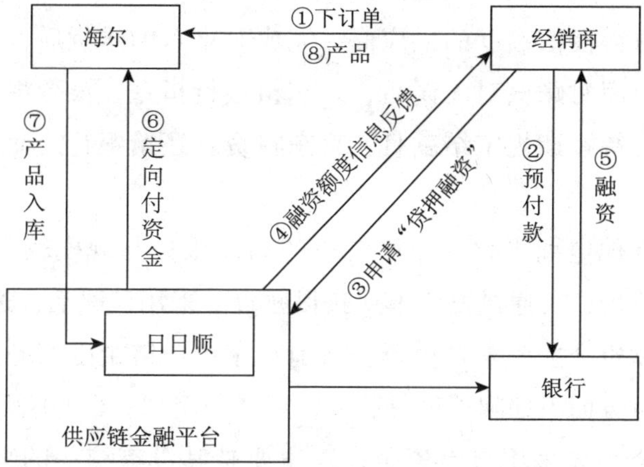

图 3-6　预付账款融资模式

预付账款融资是发生在采购阶段的供应链金融模式，是在核心企业承诺回购的前提下，下游中小企业向银行申请以卖方在银行指定仓库的既定仓单质押的贷款额度，并由银行控制其提货权为条件的融资业务。主要模式就是贷押融资和信用融资，实现物流、资金流和信息流的融合。

（二）应收账款融资模式

应收账款融资模式是资金提供方受让上游供货商在经营活动中形成的应收账款，并为供货商提供应收账款账户管理、应收账款融资、催收等一系列金融服务。通过转让应收账款，供货商可以获得销售回款的提前变现，加速流动资金周转。这类融资业务又被称为保理业务，有保理池融资业务，正、反向保理业务，融资租赁保理业务等。

在电商行业供应链管理中，在将现金变成货物，再通过电商平台将货物变成应收款，进而变成现金的过程中，资金短缺一直是供应商共同面临的难题。通常正常贷款需要抵押，无抵押贷款则需要支付高额利息，中小企业从银行获得短期贷款的难度很大。

京东商城供应链金融平台的运作，结合京东商城供应商的评价系统、结算系统、票据处理系统、网上银行及银企互联等电子渠道，针对采购、入库、结算、融资这四个主环节，盘活库存加速资金周转，以解决供应商资金短缺的问题。在应收账款融资中，京东商城扮演供应商与银行之间的授信角色，融资的资金由银行来发放。供应商获得授信，即用京东的信用做担保，从银行获得授信。取得授信额度的供应商，完成对京东的送货后，即可与京东对账。京东与供应商对账核对无误后，京东给银行指令，银行将贷款金额提前给供应商结清。待账期规定结款日，京东将贷款还给银行，而供应商要支付给银行利率。

京东相对其他电商平台，依靠统一的物流服务与规模较大商户的入驻，信用凭证容易体现，可通过物流单据获得融资。采用“平台+贷款+银行”的融资模式，贷款资金主要来自银行。目前京东供应链金融服务的年利率相对优惠，但在支付方面不如阿里信贷服务，后者采用“平台+小额贷款”的融资模式，借贷资金主要采用自有资金；这主要是其没有统一的物流服务对接，信用担保凭证出具困难（如图 3-7 所示）。

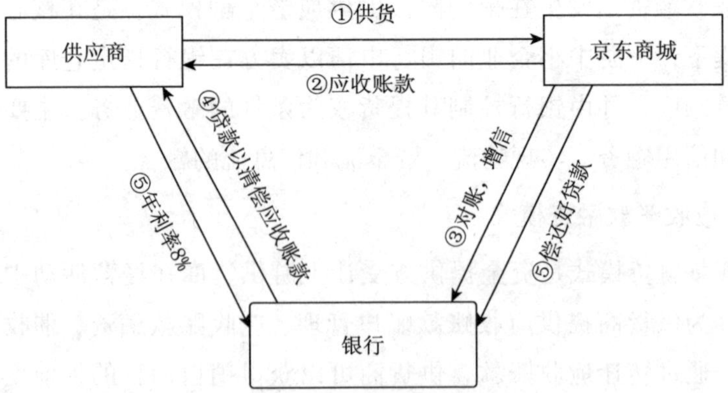

图 3-7　应收账款融资模式

根据操作方式的不同，也可分为有追索权的保理、无追索权的保理；折扣保理、到期保理。有追索权的保理是指供应商将应收账款的债权转让给银行（保理商），供应商在得到款项之后，如果购货商拒绝付款或无力付款，保理商有权向供应商进行追索，要求偿还预付的货币资金。当前银行出于谨慎性原则考虑，为了减少日后可能发生的损失，通常情况下会为客户提供有追索权的保理。无追索权的保理则相反，是由保理商独自承担购货商拒绝付款或无力付款的风险。供应商在与保理商开展了保理业务之后就等于将全部的风险转嫁给了银行。因为风险过大，银行一般不予以接受。

折扣保理又称为融资保理，是指当出口商将代表应收账款的票据交给保理商时，保理商立即以预付款方式向出口商提供不超过应收账款 80%的融资，剩余 20%的应收账款待保理商向债务人（进口商）收取全部货款后，再行清算。这是比较典型的保理方式。到期保理是指保理商在收到出口商提交的、代表应收账款的销售发票等单据时并不向出口商提供融资，而是在单据到期后，向出口商支付货款。无论到时候货款是否能够收到，保理商都必须支付货款。

（三）存货融资模式

存货融资模式，是中小企业借助第三方物流或仓储公司对抵质押商品进行监管，向金融机构得到流动性支持，从而降低其库存商品的资金占用和使用成本，通过存货融资可以实现生产销售和流动性充裕两者之间的平衡。主要的存货融资模式包括有质押担保融资和信用担保融资。

顺丰作为国内知名物流企业，面向的是市场中各类客户，其仓储部存储量较大，因此其较早地意识并实施了存货融资供应链金融。2015 年前后，顺丰集团组建了金融服务事业群，顺丰金融的使命就是能够协助完成物流、信息流、资金流三流合一的过程，为消费者、机构客户提供更好的金融服务体验。目前，顺丰的供应链金融已基本形成，包括基于货权的仓储融资、基于应收账款的保理融资、基于客户经营条件与合约的订单融资和基于客户信用的顺小贷。四个产品基本涵盖了与快递物流有关的金融服务。物流系统的构成包括顺丰速运、顺丰仓配、顺丰供应链以及顺丰家。信息流和资金流方面，由历史交易数据、支付交易数据、物流系统信息以及征信引入，来自于 B2B

交易过程中沉淀下来的数据，用于金融服务的评级和评估。商流方面，主要包括顺丰优选、顺丰海淘等。顺丰的供应链金融服务是在以上基础上构建起来的。

顺丰金融信贷产品，仓储融资。2015 年 3 月全国上百个仓库为电商商家提供分仓备货，同时推出顺丰仓储融资服务。优质电商商家如果提前备货至顺丰仓库，不仅可以实现就近发货，还可凭入库的货品拿到贷款。庞大的物流配送网络，密集的仓储服务网点，再加上新兴的金融贷款业务，形成了完整的物流服务闭环。这一模式极大地提高了客户的服务满意度和客户黏性。在客户信用评级的基础上，将顺丰仓储中的商品作为抵押，从而获得质押贷款，满足了客户商品采购等临时性资金需求，让客户在使用顺丰分仓备货的同时享有可灵活调整的信贷额度，以解决资金短缺之急，并能灵活地随借随还，最大限度降低客户资金使用成本。根据企业的资质和抵押的货品情况，顺丰给予的贷款额度为 100 万~3000 万元。

顺丰仓储质押业务可以实现动态质押，仓储数据实时在线更新功能，从而在仓储质押业务方面实现动态变动授信额度的功能。与以往在仓单质押过程中需要提供很多数据相比，提供了非常精准的服务基础。

在客户使用仓储融资产品期间，通过仓储 WMIS 管理系统监测客户每天的货流量和货值，进行动态记录，根据监测到的数据给客户提供变量的、流动性的融资。打通仓储和金融的信息，做到利用数据调整精准的额度，顺丰提供给客户的授信模式更为成熟和灵活，也大大降低了成本。顺丰的仓储融资服务还可选择不同的贷款模式，包括先款后货、先货后款、随借随还，为轻资产的电商客户提供了更大的优惠。覆盖客户，让网中的客户受益、纳入金融服务范围，是行业竞争的必然结果。顺手赚、顺手付等金融产品相继面世，四大供应链金融产品也陆续有了稳定发展，顺丰的金融业务正在稳步推进，各项产品的成长速度也在加快，这些创新产品和服务必将为顺丰的业务发展提供更为广阔的空间。随着互联网日新月异的发展，并迅速渗透至物流和金融领域，把三者合一是顺丰的必然选择，金融服务的介入填补了顺丰在物流金融领域的空白。顺丰在充分理解电商客户的轻资产性的基础上来设计金融产品，正逐渐向轻资产的方向和模式转变（如图 3-8 所示）。

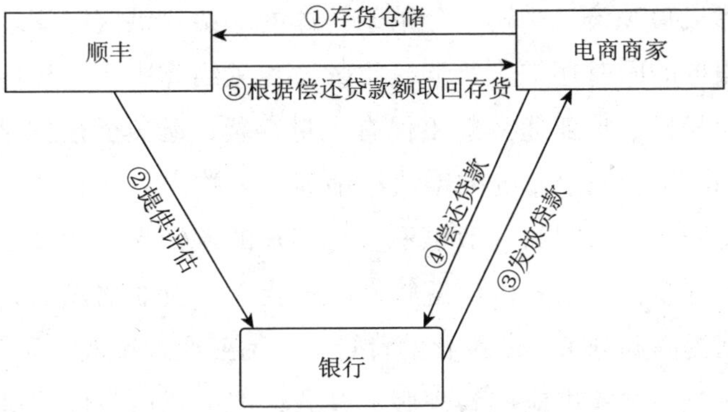

图 3-8　存货融资模式

（四）一站式供应链金融服务

一站式供应链金融可以给供应链金融平台带来丰厚的差价收益，在采购阶段，因为先对供货商垫付货款，然后又收到核心企业收货付款，这中间不仅有时间间隔带来的时间成本收益，而且两种货款之间也形成了较高的差价；此外，同时给供货商和核心企业在物流、资金流和信息流上提供服务和便利，吸引和聚集了大量的相关客户，提高了自身的市场占有率。怡亚通是当前该种供应链金融模式的先行者，其规模也最大。其代理企业所有的非核心业务，收取货物成交额 1%~5%的服务费，不仅缩短了企业和市场之间的距离，而且提高了效益，这正是一站式供应链金融服务价值所在。

怡亚通，创立于 1997 年，先后经历了“单一代理通关”和“IT 物流”等第三方物流模式，在此基础上逐步导入供应链管理模式。率先在国内推出“N+1+N”的供应链金融模式。由国际咨询机构埃森哲首次提出的供应链管理，即主要由第三方物流演变而来的第四方物流，其主要职能在于通过咨询、IT 技术等手段，对买卖双方以及第三方物流提供商的资产和行为进行合理的调配和管理，提供完整的解决方案，并对供应链各个环节、各个方面的运作做出调整。

相较于本土传统的供应链管理服务商，怡亚通最大的特征在于其一站式供应链管理服务。传统的供应链服务商，大多只是在供应链单个或多个环节上提供专业服务，如物流服务商主要提供物流运输服务，增值经销商主要提供代理销售，采购服务商主要提供代理采购等。怡亚通则通过整合供应链的各个环节，形成集物流、采购、分销于一体的一站式供应链管理服务，在提供物流配送服务的同时还提供采购、收款及相关结算服务。与传统的增值经销商和采购商相比，怡亚通一般不保有大量存货，避免了存货风险，降低了存货成本；同时，相较于传统的增值经销商和采购商只在有限范围内为企业提供结算支持服务，采购商一般也不参与客户的营销支持活动，怡亚通的业务范围则大了许多。一站式供应链管理服务代表了行业的发展方向，在社会接受程度不断提高和分工不断细化的背景下，怡亚通近年来实现了快速增长。

如果仅仅是一站式供应链管理服务模式，那怡亚通与传统供应链服务商的区别只是服务链的延伸，并没有实质性的突破。在一站式供应链管理服务的产业基础上开展金融业务的模式，才是公司的核心价值所在。怡亚通的产融运作模式，使其俨然像一家小型银行，将银行借贷资金通过供应链管理服务方式投放给客户，并从中赚取“息差”。同时，针对外汇结算业务开展金融衍生交易对冲外汇风险，不断提高应收款周转次数以获取更高的息差收益。

金融业务的开展，依托的载体是一站式供应链管理服务中的两项核心业务，即分销和采购。怡亚通获得采购商的委托合同后，即在其客户资源信息系统内选择合适的供应商，并通过电汇、信用证或保函方式代客户垫付货款，其后将货物运送至客户时收取货款。而对分销商（生产商）而言，当怡亚通为其承运货物时，怡亚通代采购商预付货款，使得分销商（生产商）能够及时收回资金，投入下一轮再生产。据招股书披露，怡亚通的代付额度通常占总业务量的20%~30%。而通过代付业务，采购商不仅可以及时有效地获得生产所需物资，而且避免了预付大量资金的风险。怡亚通代付款项采取以交易额量为基准的浮动收费法，而且这种双赢的收费模式成为了怡亚通盈利模式的核心之一（如图3-9所示）。

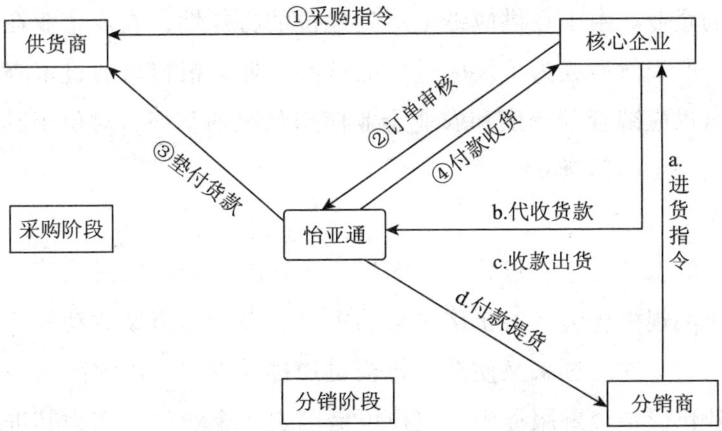

图 3-9　一站式供应链金融服务模式

二、“三农”供应链金融模式

农业供应链金融模式将供应链金融的原理应用到农业产业链中，从整个农业产业链的角度认识农户贷款的风险，可以有效缓解农户融资困难和农村金融抑制加剧的困境。农业供应链金融是近年来出现的一种新型融资方式，它是指商业银行等金融机构从农业产业链出发，以产业链上的农业企业为支撑点，利用农业企业的信用为农户的信用增级，通过设计科学的信贷协议和产品，将单个主体的不可控风险转变为供应链整体的可控风险，并用来满足产业链各环节融资需求的一种系统性融资安排。

（一）农业供应链金融参与主体

农业供应链金融是在对产业链内部交易结构进行分析的基础上，将信贷资金引入农业产业链，利用核心农业企业的信用为农户的信用增级，达到克服农业生产自身特质性风险的目的。因此，农业企业、农户和金融机构构成了农业供应链金融的三个基本参与主体。

1. 农业企业

在现代农业产业链中，农业企业因其实力强、固定资产充足、风险相对可控，往往承担了组建农业产业链的任务。例如，国内最知名的农业企业中粮集团在 2009 年提出“全产业链”革命，计划将内部所有企业与农户纵向打通、横向协同，从而将中粮打造成为一个以消费品引领的、上下游结合、产业链打通的企业。由于在供应链上所处地位的特殊性，农业企业在农业供应链金融中理所当然地成为了供应链中的核心企业。银行可通过审查整个供应链，基于对供应链管理程度和农业企业信用状况的掌握，对位于其上、下游的农户提供一定的信贷支持。

2. 农户

在传统的农产品生产过程中，农户由于缺乏充分的金融支持，很难获得农业产业化的规模优势，对于诸多自然灾害、农产品市场波动等不可测因素近乎无能为力。这反过来又使金融机构更加排斥农户，以致陷入一种恶性循环。在农业供应链金融服务中，农户可借助农业企业的信用为其进行信用增级，直接由农业企业为农户贷款提供担保。由于有农产品未来的收入账款及农业企业的信用作为保障，商业银行等金融机构可以为农户提供短期融资等服务，解决农户资金周转问题，在风险相对可控的情况下实现对农户贷款的目的。

3. 金融机构

农业供应链金融作为一种农村金融创新，为银行等金融机构开拓农村金融市场、提高支农比重提供了一种新的模式。农业企业的介入使得商业银行减少了搜寻与选择的成本，并在一定程度上减轻了信息不对称所造成的逆向选择及道德风险；增级的农户信用以及可控的风险水平在一定程度上保证了金融机构开展农户贷款的收益性，刺激金融机构下移业务重心，扩大服务范围，从而改变长久以来只关注大企业和大客户的业务结构，促进金融资源的流动和均衡配置。

（二）农业供应链金融模式

黑龙江省肇东市龙江银行大力发展农业供应链金融，依据不同的农业产业特点及产业链的有关产业，注入金融因素，创新地组建了五种模式。

1. “五里明” 模式

“五里明”模式是以地名命名的一种模式。龙江银行第一次实践是在2007年，当时以林甸县的马铃薯加工企业为核心的农业供应链贷款，以核心企业作担保，发放农户贷款191万元，用于种植马铃薯。由于农户种植马铃薯质量未达标，收益不好，有些农户不能及时偿还贷款，担保企业代偿了14

万元本息。经分析研究得知是由于农户未掌握种植马铃薯的技术。为此，积极与东北农业大学进行合作，引进技术，培训农民。在农民充分掌握了种植技术后，马铃薯产量提高了 40% ，质量也达到了标准，最终实现了农户增产增收，偿还贷款有了保障，形成了良性循环。经探索初步形成了“公司 + 合作社 + 农户 + 银行”的模式。后在肇东市五里明镇，以中粮肇东生化能源为试点企业，经不断创新和完善，最后形成了“核心企业+ 上下游企业 + 农户+ 政府 + 银行 + 保险 + 科技+ 其他的开放式”的农业供应链模式，后被称为“五里明”模式。

2. “公司 + 农户（养殖）+ 银行” 模式

“公司 + 农户（养殖）+ 银行”模式是以肇东市文国冷冻食品有限公司为核心的内循环模式，即资金封闭式运行模式。文国公司成立于 1997 年，注册资金 800 万元，员工 280 余人，固定资产达 3000 万元，公司下设饲料加工厂、孵化场、分割鸡批发商店、兽药经销店，另有冷冻库 2 座，可储存 4000 吨冷冻食品，可为农户提供鸡雏、饲料、兽药、鸡肉保低价收购，形成了“一条龙”服务体系。龙江银行利用公司与农户稳定的购销关系，以合同、协议等方式，为公司提供资金支持，在促进企业发展的同时，实现资金在体内循环，降低了风险，实现了多赢。

3. “协会 + 农户（棚室种植）+ 银行” 模式

肇源县福兴乡复兴村以棚室种植蔬菜、瓜果为主。该村成立了蔬菜生产专业合作协会，注册资金 448 万元，现有棚室 1000 余栋，社员 264 人。在经营管理上，该协会实行统一技术、统一种植、集中销售，农户与协会进行结算，根据协会与农户情况，龙江银行采取农户联保、协会担保、保险公司承保的“三保险”方式进行运作。龙江银行的贷款在协会（合作社）、农户、银行之间封闭运作。协会在销售收入中扣除本息，降低了贷款风险，实践证明此模式可行。

4. “协会 + 农户（肉牛养殖）+ 银行” 的模式

肇州县朝阳乡共和村是肉牛养殖村，肉牛存栏 5600 多头，全村共有 1000 多户农民，其中养殖规模较大的有 150 多户，最大养殖户规模达 300 余头。该村成立了养牛协会，协会负责统一购牛、统一防疫、统一销售，为会员贷款进行担保。龙江银行为农户解决资金需求，科研院所提供技术指导。龙江银行利用协会组织性较强的特点，在协会的担保下，以合同、协议等方式，通过现金流的“体内循环”，即实现了贷款资金在协会、养殖户、银行之间封闭运行。

5. “收储公司 + 农户 + 银行” 模式

肇东市海城乡地处城乡结合部，该乡与中粮（肇东）已有多年的合作关系，商品粮食大多卖给中粮集团。该乡有耕地 11 万亩，其中种植玉米 9 万亩左右，年产粮食 1.3 亿斤。农民所需资金 50%靠贷款，平均每户贷款 4000～5000 元，全乡贷款为 2700 万～3000 万元，近 70% 为种植业贷款。海城乡种粮农户一般与中粮签订订单，龙江银行为持有订单的农户发放贷款，秋收后农户向中粮出售玉米，中粮按订单收购玉米，并协助龙江银行收回贷款本息。贷款发放、玉米订单的履行和贷款回收都由政府协调组织，资金在公司、农户、银行之间封闭运行。这样，大大降低了资金风险，保障了贷款资金安全，同时农户也得到了资金支持，促进了农业生产的发展。

目前，农业供应链金融尚处在初探阶段，我国农村的金融环境仍不容乐观，供应链金融业务的发展还很不成熟。因此，要将农业供应链金融服务的理论构想充分有效地转换为实际应用，尚需各方共同努力，创造一系列的条件以促进农业供应链金融服务的发展。

（三）加强农业供应链金融建设

1. 发展农业产业链，培育核心企业

农业产业链的发展不仅是现代农业发展的要求，也是整个农业供应链金融形成与繁荣的前提，而农业企业是组建农业产业链的核心。因此，各级政府及涉农部门应积极培育农业核心企业，引导农民与农业企业合作形成农业产业链，加快发展农业产业化经营。一方面，要采取各种措施鼓励成立大型农业企业，以农业企业的发展带动农户的发展，将分散的小农经济纳入到社会化、组织化、市场化产业链之中；另一方面，要加强建设规模化、专业化、机械化、集约化生产的农业园区，实现农业生产的统一管理与产品的统一销售。农业产业链的发展，将为农业供应链金融服务模式的开展创造巨大的契机。

2. 加强金融创新，完善服务模式

按照中共中央国务院发布的《关于促进农民增加收入若干政策意见》的

要求，金融机构要从农村实际和农民需要出发，按照有利于增加农户和企业贷款，有利于改善农村金融服务的要求，加快改革和创新农村金融体制。有关部门要针对农户和农村中小企业的实际情况，结合农业企业的信用，为农户的贷款提出多种担保办法，探索实行动产抵押、仓单质押、权益质押等担保形式。按照中国人民银行、银监会、证监会、保监会发布的《关于全面推进农村金融产品和服务方式创新的指导意见》，各类金融机构应结合地方实际，与当地大型农业企业合作，进一步探讨农业供应链金融服务的模式与具体操作方法，大力推进对农村的信贷支持。

3. 强化法律保障，维护各参与方的利益

发展农业供应链金融，需要营造一个良好的供应链金融生态环境，其中最重要的是法律环境。法律具有规划性、强制性、稳定性的特点，它的颁布实施对市场各参与方的合法地位、合法经营及合法利益具有保护作用。同时，法律作为一种行为规范，也对各参与方起着约束的作用。农业供应链金融作为一种商业性金融活动，各参与方仅仅依靠相互之间的信任是不够的，必须依照相关法律法规保护各参与方的权益，形成稳定的契约关系，才能促进农业供应链金融长期持续发展。

4. 加强政策引导，构建相关支持体系

一方面，政府应进一步深化对农业的税收优惠，加快推进相关配套措施改革，巩固农村税费改革成果，对农户、农业企业提供信贷扶持政策，对农业产业链中的各类农业企业给予一定的税收优惠，对各种农业服务组织、科研机构实施合理的扶持政策，以推动农业产业链的发展。另一方面，应加强农业科技推广体系的建设，把最新的农业科研成果传授给生产者，实现农业科技向现实生产力的转化，通过开展多种形式的教育和培训计划，提高农户参与农业产业链的能力。同时，应增加对粮食主产区的资金投入与技术支持，使粮食主产区成为农业供应链金融的示范基地，带动全国范围内农业供应链金融的推广与实践。

三、海尔供应链金融模式解读

海尔供应链金融的主要业务是预付账款融资模式，是基于其庞大的下游分销商和其自身综合先进的金融管控而发展起来的。海尔供应链金融在同行业内发展较早，最早提出了供应链金融垂直细分的发展前景。此外，海尔的预付账款融资做得也较为成功，不仅是融资规模很大，对下游中小企业的实际帮助也最多，其自身已经具备诸多优势。

（一）海尔预付账款融资模式

2014 年，海尔集团战略推进企业的互联网思维，即企业的平台化，通过互联网平台实现用户的个性化。平台化战略的推进意味着海尔在经营中需要向两个方向发展：一是海尔电器作为公司的渠道和运营中心，提供社会化的综合渠道服务中心；二是青岛海尔作为制造中心，打造智慧家庭创新平台。而为了实现上述两点，就需要减少为客户提供服务过程中不必要的中间环节以实现渠道扁平化，在提高分销效率的同时，能够使供应链更加敏捷地应对市场的变化。去除中间环节后的海尔销售线条下原有的末端经销商直接与工厂生产环节对接，根据对自身销售情况的判断制定销售计划直接向海尔工厂订货。

在这个销售模式下，海尔的生产效率得到了一定程度的提升，但下游经销商的资金问题却成为了该模式推进的掣肘。根据海尔与经销商的交易习惯，经销商在采购时须按总货款的一定比例向海尔拨付预付款，经销商在支付这笔预付款后，海尔才会组织生产，到期后经销商还款赎货。这在传统的经销模式下，问题并不显著，这是因为在多级经销状态下，位于上层的经销商往往因为较大的经营规模和较充分的自有资金能够应对海尔的要求。而去中介化之后，海尔下游销售体系已将生产供货与供应链末端的中小微经销商直接对接，这些对于无论在销售规模还是资产状况方面的实力均较弱的中小微经销商而言，面临的资金压力非常巨大，加之这些企业没有充足的资产或抵押物作为担保，很难从银行获得资金或将面临高昂的融资成本。

2014 年 4 月 25 日，海尔与中信银行、平安银行签订战略合作协议，以海尔日日顺为基础联合第三方金融机构对下游经销商进行供应链融资支持，通过互联网将产业与金融整合在一起。

日日顺创始于 2000 年 9 月，是海尔集团旗下的在香港联合交易所有限公司主板上市的公司。主要从事海尔及非海尔品牌的其他家电产品的渠道综合服务业务，也从事研究、研发、制造及销售以海尔为品牌的洗衣机和热水器。

日日顺品牌是海尔电器集团的渠道综合服务业务品牌，定位为互联网时代用户体验引领的开放性平台。日日顺品牌核心业务是四网融合的平台型业务，即虚网、营销网、物流网和服务网。“虚网”指互联网，通过网络社区与用户互动，形成用户黏度。“实网”指营销网、物流网、服务网，依托线下“实网”的优势，日日顺物流目前已成为中国最大的全国性物流网络之一，尤其在三四级市场具备较强的优势。

日日顺 B2B 电子商务平台作为日日顺对外信息展示和承接业务上下游交易管理的核心平台，实现了客户订单、财务等交易、交互由线下到线上的转变。其核心定位为：日日顺官方信息发布渠道平台，包括企业新闻、财务报告、业务公告、行业资讯等信息；商品的展示和信息查询平台，向用户提供商品展示和信息的核心渠道，包括商品名称、型号、描述、图片、营销信息、保修信息等；日日顺经销商订单处理的核心渠道，经销商自助下单和订单跟踪管理的渠道，同时相关的返利、合同、报表等一系列功能也将通过 B2B 电子商务平台实现。

得益于移动互联和大数据技术的发展，作为交互用户体验引领下的开放平台，日日顺可以将其拥有的客户群体和规模庞大的经销商数据与中信银行或平安银行平台连接，成为银行授信的重要依据。海尔与银行的合作，整合了银行的资金、业务以及技术的专业优势和海尔集团分销渠道网络、交易数据和物流业务等要素的雄厚积淀，通过日日顺的交易记录，将产业与金融通过互联网的方式整合到一起，开拓了针对经销商的“货押模式”和“信用模式”两种互联网供应链金融业务。

这两种互联网供应链金融产品的差异在于“货押模式”是针对经销商为了应对节日（如“五一”“十一”、春节等）消费高峰，或者抢购紧俏产品（品种），或者每月底、每季末为了完成当月或季度计划获得批量采购折让而进行的大额采购实施的金融解决方案。“信用模式”则是针对经销商当月实际销售而产生的小额采购实施的金融解决方案。

“货押模式”的具体操作流程为：第一，经销商通过日日顺 B2B 官网向海尔智慧工厂下达采购订单；第二，经销商需先将 30% 的预付款付至银行；第三，经销商随后向海尔供应链金融申请货押融资，海尔供应链金融将信息传递至银行，并提出建议额度；第四，银行审核后付款至经销商监管账户，海尔供应链金融将资金（70%敞口）定向付至海尔财务公司，财务公司通知智慧工厂排产生产；第五，工厂生产出产成品后，发货至日日顺物流仓库，货物进入质押状态；第六，当经销商实际需要产品时，向海尔供应链金融申请赎货，然后将剩余货款归还银行；第七，海尔供应链金融在获取全额资金支付信息后，通知日日顺仓库，货物解除质押；第八，日日顺物流配送到经销商，通知经销商提货。

"信用模式"是海尔供应链金融和商业银行基于经销商的业务信用而提供的金融解决方案，其具体业务流程为：第一，经销商需要向海尔提供当月的预订单（当月的意向订单），之后根据预订单海尔智慧工厂进行产品生产；第二，海尔供应链金融和银行根据经销商的信用状况提供全额资金，并定向支付至海尔财务公司；第三，财务公司准许工厂发货，工厂则通过日日顺物流配送至经销商处；第四，经销商收到货物后支付款项至商业银行。

海尔供应链金融平台上线后，海尔日日顺B2B平台上的经销商不用抵押、不用担保，不用跑银行办手续，通过平台上的"在线融资"窗口，即可实现资金即时到账，不仅方便快捷，效率高，还能享受到同大企业一样的优惠利率，大大减少了利息支出。目前，海尔互联网供应链金融的"货押模式"利率为年化5.7%左右，而"信用模式"则为年化8%左右，海尔互联网供应链金融则通过商业银行代收获取1%的服务费。

海尔供应链金融和中信银行协同创新，充分利用银行票据管理的优势，还提供了银行承兑汇票模式，从而使经销商能零成本获得资金。例如，在"货押模式"下，经销商在支付30%的首付后，可以向海尔供应链金融和中信银行申请开票，在支付开票费后，银行在线开具承兑汇票，并付至海尔财务公司，之后经销商打款从日日顺物流赎货。在整个过程中，中信银行不收取任何融资费，只是需要经销商承担5‰的开票费和代海尔供应链金融收取的1%的服务费，而与此同时经销商还能享受30%首付款的存款利息。

海尔与京东、苏宁的区别在于：京东和苏宁做的是电商的供应链金融，对传统企业的供应链金融缺少抓手。而海尔的业务与京东和苏宁的重合率很低，主要开展贸易性的、销售端的供应链金融服务。通过30多年的发展，海尔集团的产业链上积累了大量的用户、商户，包括它的供应商、大众物流、日日顺以及其自有的生态体系，这些经营积淀既是其自身所具有的其他P2P

平台难以模仿的差异化优势，又使其产业链风险的掌控变得较为容易、可操作。海尔利用自身产业优势连接金融服务，可以调动上下游的大量资源，为供应链上下游的中小微企业提供资金。

（二）海尔供应链金融的风险控制

将供应链金融互联网化，海尔和各利益相关方均可免去时间和空间的限制，及时掌握业务动态，将整个供应链运营掌握在手中。针对供应链金融的前台和后台，基于互联网的在线供应链金融发挥了及时、透明、对称的信息优势，促进了供应链金融的发展。但由于贷款申请完全在网上完成，银行无法像传统融资服务那样根据具体情况考量中小型经销商面对的风险，同时，因为该类经销商资金链受整体市场和所处环境影响较大，若发生到期强行提货或是由于经营不善不能到期打款提货的情况，银行的信贷违约风险和损失就将会产生。针对这种情况，海尔和商业银行进行了相应的风控措施的设计。

首先，海尔供应链金融与商业银行之间需具备良好的合作关系和系统对接，海尔会将所有经销商近 3 年的销售数据传递给商业银行，从而便于商业银行分析判断经销商的经营状况和能力，确定相应的信用额度。

其次，对于“货押模式”，其定位的客户往往是销售周期明显的家电经销商。因为有货物质押作为客户的违约损失担保，该类融资服务模式对经销商的经营年限和年销售规模要求相对较低。第一，在经销商申请贷款时需要按照 30%的比例缴纳首付款，或是拥有部分自有资金，这样在一定程度上可以降低客户道德风险动机。第二，作为监管方的日日顺物流、海尔财务公司、日日顺 B2B 平台以及供应链金融需要签署四方协议，明确每个利益相关者的责权利，控制经销商的交易信息，降低信贷风险。第三，如果经销商逾期未赎货，由日日顺负责将货物调剂销售并优先归还银行授信。

最后，针对风险暴露更大的“信用模式”，合格客户的年销售额需在 1000 万元以上，且由于申请借款的都是规模较大、信用较好的优质经销商，因此银行和日日顺更加重视经销商的资质，海尔经销商只有拥有大于三年的销售记录才能通过额度审批。另外，通过与平台数据的实时交互，银行得以监控经销商真实全面的交易信息和数据。且随着企业交易的重复进行，这些信息、数据得以不断累积和完善，从而建立起一套动态可监控、全生命周期的商业数据体系，而这便是银行为中小微经销商提供商业信用融资服务的基础。此外，“信用模式”每笔融资金额一般都在5万元左右，通过小额动态循环，海尔供应链金融和商业银行能够借助于大数据原理控制相应的风险。

对于该模式下各参与方而言，银行通过对一家海尔统一授信，并且建立完善的风险控制机制来管理海尔的经销商，既能减少对不同经销商分别设计供应链金融产品的成本，又可通过针对标杆复制的手段在短时间内以几何级数的方式增加客户数量。

在海尔去渠道化的进程中，其供应链体系中的层级经销商被简化，海尔直接与下游的中小经销商进行订单对接，大量中小规模的经销商通过传统融资模式融资难、融资贵的问题凸显。银行抓住这个契机与产业紧密结合，使供应链上的企业可以借助银行实现信用延伸和风险变量的转移。

第三节　供应链金融风险控制和创新

供应链金融作为一种基于产业链条上的全新金融服务创新模式，整合了资金流、物流和信息流，同时兼具金融和产业两大属性。而其本质仍是金融帮助实体经济运转进行融资，所以资金来源和风险控制这两大金融的核心问题，同样也是供应链金融的核心问题。

一、供应链金融的风险来源

资金来源的渠道、融资业务的工具多样化程度，既体现了不同模式的供应链金融运行平台，也是供应链金融助推实体经济发展的动力。较之更重要的是，基于供应链金融平台的风险识别和风险控制。风险控制能力是实现业务增长、资本回报和风险暴露之间的平衡，追求运营的高效率和资源的优化配置，追求自身利益和价值最大化的保障。对于切入供应链金融的各类型业务主体而言，开展供应链金融服务的关键之处在于其是否能够识别融资项目的风险，并对相关的风险进行准确的定价。因此，能否通过各种渠道收集和整合足够的供应链交易信息，进行风险识别，管控融资风险是实现供应链融资的首要前提和保障。

（一）中小企业供应链金融风险来源

中小企业不同的融资模式，对应着不同的供应链金融融资平台。预付账款融资模式，以海尔集团和其旗下的日日顺融资平台为案例对象，是基于传统企业产业链构建的供应链金融模型。融资方为传统商业银行，通过核心大企业对下游中小企业进行增信，然后控制中小企业的提货权而形成了预付账款融资业务。商业银行的管理核心，除存贷业务外，还包括对风险的识别和控制，这里的风险主要是指市场风险，即利率、股市和商品价格造成的风险；核心企业存在信用风险和道德风险，供应链金融的业务都是基于核心企业对上下游中小企业的增信，然后后者才能得到银行的授信，一旦核心企业的信用出现问题，必然通过产业链传递到整个行业；中小企业存在信用风险，其只是说明部分资产和管理优质的中小企业得到核心企业的增信，但并没有改变中小企业本身固有缺陷，资金、管理、人才和抗风险能力等方面都存在"短板"，所以该风险依然存在。另外，还存在着业务操作风险，由于供应链金融是在互联网环境里，对物流、信息流和资金流的大数据进行控制和管理，操作的环节众多，所以对严密性和规范性的要求必然较高。

应收账款融资模式，以京东商城及其供货商为案例对象，是基于以电商平台为核心的供销产业链构建的供应链金融模型。融资方是银行等金融机构，也有阿里巴巴创建的供应链金融模式，融资资金来源于自有资金。不论融资方是来自于供应链的外部，还是来自于内部，都是以实际交易形成的应收账款为质押，对上游的中小型企业进行融资，提高中小企业运作资金的流动率。融资方根据供货商在电商平台上过往的交易信息、借贷信息等数据给予授信，此过程中的风险除了市场风险、核心平台的风险、上游中小企业的信用风险和业务操作风险等，还包括贸易背景真实性风险。在融资过程中，交易背后的应收账款、核心电商平台的信用担保等是授信融资实现自偿的根本保证。一旦出现伪造交易账款凭证，或融资对应应收账款的存在性和合法性出现问题，或质押物权属和质量出现问题，或买卖双方虚构交易恶意套取融资方资金等问题出现，最终都会给整个供应链金融融资带来巨大的风险。

存货融资模式，以顺丰及进行仓储的电商商家为案例对象，是基于以物流平台为核心的仓储和运输链构建的供应链金融模型。融资方是银行等金融机构，在顺丰给出真实的仓储凭证后，将优质的电商商户的仓储货物作为抵押物，并以此提供融资。融资方获得利差收益，顺丰物流客户的满意度和客户黏性得到提升，仓储客户的资金使用成本得以减少。除了前两种模式所述的风险以外，存货融资模式还会出现物流监管风险。银行等融资方通过核心物流平台，间接地获取质押物所有权信息、质量信息、交易信息等。由此自然会导致信息不对称，可能会出现物流监管方为了自身利益而损害融资方的利益，或因为其经营不当而造成抵押物的损毁，或者伪造出入库登记单，在未获得融资方同意的情况下，擅自处置质押物等情况，导致整个供应链金融隐藏着巨大的风险。

一站式供应链金融服务，以怡亚通的一站式供应链管理服务为研究对象。怡亚通的供应链金融业务同时渗透到采购阶段和分销阶段，即对核心企业的上下游中小企业同时给予融资，并对物流配送给予资金和仓储两方面的支持，站在“第四方”的角度进行供应链金融服务。这种服务囊括了预付账款融资模式、应收账款融资模式、存货融资模式等，对供应链金融平台而言无疑是获得了这个区域内所有的供应链金融收益，但也同时承担了所有可能的风险。此外，这种模式还存在着自身内部的风险。首先，怡亚通占据了一个行业中的所有供应链金融业务和资源，可能为了吸引更多的客户，对自身过度“包装”，甚至会进行类似互联网产业的“烧钱式”营销，存在着自身资金链断裂的风险。其次，怡亚通对上下游的中小企业同时提供融资服务，可能在中间设立资金池，或是发布虚假标的，因此很难致力于风控和正常运营。最后，其可能更倾向于规模发展业务量和客户，从而忽视对于风险的掌控。

（二）“三农”供应链金融风险来源

农业供应链金融最主要的风险是信用风险，其会受到诸如经济危机、宏观政策等系统性因素的影响，但是更多的影响因素是非系统性的，如经营能力、财务状况、税收规划、投资方向、还款意愿、风险偏好等。还款违约风险主要取决于债务人的个体特征，这就造成农业供应链金融的信用风险分布是不对称的，使得银行的收益和损失也是不对称的。在正常情况下，银行的收益是顺利收回贷款本金前提下贷款的利息收入，这部分收入是固定不变的，不会随着企业的经营绩效而发生改变；然而损失的程度却是无法限制的，取决于农业中小企业是否违约。农业供应链金融的信用风险可能会给银行带来较为严重的损失，主要原因如下：首先，贷款等信用产品的流动性差，缺乏二级交易市场；其次，信用产品一般不采取盯市的办法，通常在贷款违约发生前采用账面价值，因而其价格数据难以反映信用风险的变化；再次，由于信息不对称，直接观察信用风险变化比较困难；最后，贷款持有期限一般较长，即便到期出现违约，其频率也远低于市场风险的观察数据。

二、供应链金融的创新

（一）供应链金融发展的垂直细分趋势

供应链金融在不同行业的应用，必然衍生出不同的行业特性，这需要供应链金融向更垂直细分、更精准、更专业的方向发展，使供应链金融的综合服务更趋向平台化。作为以传统产业链为基础的海尔供应链金融，早期就已经倡导供应链金融的垂直细分，以便更好地对上游供货商中小企业和下游的分销商中小企业进行融资等一系列金融服务和支持，对自身所经营的产业进行具体的研究和新模式的开发，推出更多符合市场的融资业务，提供更加灵活和个性化的供应链金融融资产品。

每个行业都有其自身的行业属性和特点，因此不同产业链上的企业具有不同且多样化的金融服务需求。各供应链金融参与主体需要根据不同行业、不同企业的具体需求来为其定制金融服务。供应链金融参与主体要不断研究各自所经营的一条或几条产业链，在充分了解行业属性和特征的基础上，结合自身的专业分析和研究能力，为各垂直细分供应链上的企业提供个性化的供应链金融服务和产品。

（二）完善农业供应链金融市场

首先，应该培养农村产业链市场，从农产品生产到物流运输，到粗加工和精加工，再到市场销售，要有一套完善系统的市场运作和管理机制。可以响应国家政策号召，类似国家扶贫政策“精准扶贫”，结合当地的特色产业，对农户和乡镇及县级中小企业给予融资服务和支持；也可以针对某一地区的特色经济作物，比如产茶区，药材种植区，畜牧等，结合综合平台的供应链金融模式，形成产销一体化的现代化农业产业链。

目前，农村的信息共享平台发展尚处于起步阶段，尤其是融资、交易支付等现代金融服务机构，存在着明显的信息不对称。不论是农户和中小企业对商业银行，或是后者针对前者，内部信息量都远大于公开信息量。所以，建设网络信息共享平台，对双方的合作和农村产业链的发展均有着极大的积极作用。其中主要是乡镇中小企业和商业银行之间的信息交流，前者可以为后者提供最真实、最实时的财务信息，后者可以提供给前者最低成本、最便于融资的金融产品及衍生产品。

加强农业供应链核心企业对风险的防控能力，以加强整个产业链的抗风险能力。一是加大农业企业的技术创新，推动企业的成长壮大；农业企业的科技创新可以大大增加农产品的附加值，并且可以降低生产成本和能源消耗，在一定程度上减少对于自然环境的破坏。

二是运用电子信息手段建立农业企业间高效的信息传递渠道；高效的信息传递渠道，可以有效地避免农业供应链上企业的信息传递风险。通过电子化的信息平台，处于农业供应链上游的中小企业原料供应商和农户可以通过了解下游分销商对农业制成品的需求情况来确定原材料等的供应；下游企业也可以根据对上游供应企业的供应情况和库存情况的了解来安排自身的存货量以及生产计划，避免引起不必要的损失。通常情况，上下游企业之间通过先进的通信方式进行衔接就可以及时有效地处理各种突发状况，供应链的风险就会大大减小。

三是加大政府宏观管理的力度，推进社会信用体系的建立，完善农业供应链金融的法律制度。政府要加大对农业合作组织的政策扶持和资金投入力度，建设农业供应链金融的配套体系以为农业产业链上的企业进行融资创造良好的外部环境，对仓储物流企业的发展进行扶持，加强对仓库营业执照的审批；促进抵押物交易市场健康发展，建立完善登记制度，增加市场交易信息的公开、透明和可靠性。大力建设我国的信用体系，降低信贷市场的信息不对称，维护我国的信用秩序对于防范农业供应链金融的信用风险具有重要意义。我国的供应链金融发展的时间还比较短，发展水平还不够高，许多与供应链金融相配套的法律制度还不够完善，比如动产担保物权、权利质押的规定还不完善，严重阻碍了我国供应链金融业务的健康发展。所以，要加快农业供应链金融法律体制建设的步伐。

|第四章|

普惠金融支持“三农”发展

“普惠金融”概念的提出，以及普惠金融改革试验区的实施是以兼顾效率与公平为目标的中国特色现代金融体系的重要探索。推动传统金融的转型，推动金融更好地为社会和谐服务，金融服务在讲效率的同时也要兼顾公平，这是普惠金融理论的提出和进行普惠金融实践探索的重大理论意义和社会意义。

第一节　普惠金融内涵及意义

在现代社会里，金融是经济的核心，金融资源的获取可以为每个人或者每个处于成长期的企业构筑实现其蓬勃发展、实现其真正潜力的基础。从金融的一般属性来讲，金融本身就是一种资源，一种战略性稀缺资源。因此，要想实现社会公平，在金融资源的配置上应该进行公平性的安排。而从金融的特殊资源属性出发，金融更是一种资源配置方式和手段，金融可以通过自身这一资源的配置进而配置其他资源，金融资源配置得公平与否，直接关系到其他经济和社会资源的公平配置。因此，无论是从金融的一般属性出发，还是从金融的特殊属性出发，金融本来就应该是普惠的，每个个体都应该享有平等的金融资源获得渠道，这样才能实现资源的公平分配，才能有效实现社会公平。

一、普惠金融内涵

（一）普惠金融概念的界定

1. 普惠金融概念

普惠金融的基本概念强调共享理念，与金融排斥相对。但是，目前各方的表述并不统一。不同主体从不同维度对普惠金融进行了阐述，导致普惠金融的内涵及其指代或强调的金融产品或服务也不尽一致。

亚洲开发银行（2000）认为，普惠金融是指向穷人、低收入家庭及微型企业提供的各类金融服务，包括存款、贷款、支付、汇款及保险。英国国会下议院财政委员会（2004）认为，普惠金融是指个人获得合适的金融产品和服务，这些金融产品或服务主要是指各类人群可负担的信贷和储蓄。2005 年，联合国在推广“国际小额信贷年”时提出“普惠金融部门”（inclusive financial sector）的概念，强调通过完善金融基础设施，以可负担的成本将金融服务扩展到欠发达地区和社会低收入人群，向他们提供价格合理、方便快捷的金融服务，不断提高金融服务的可获得性。同时，明确了普惠金融体系的四大目标：一是家庭和企业以合理的成本获取较广泛的金融服务，包括开户、存款、支付、信贷、保险等；二是稳健的金融机构，要求内控严密、接受市场监督以及健全的审慎监管；三是金融业实现可持续发展，确保长期提供金融服务；四是增强金融服务的竞争性，为消费者提供多样化的选择。世界银行（2008）认为，普惠金融是指广泛获得金融服务且没有价格、非价格方面的障碍，其衡量指标是存款、信贷、支付、保险等金融服务的可获得性。印度普惠金融委员会（2008）认为，普惠金融是确保弱势群体和低收入阶层以低廉的成本获得金融服务和及时、足额的信贷。世界银行扶贫咨询专家组（CGAP，2011）认为，普惠金融是指所有符合劳动年龄的成年人，包括目前被金融所排斥的那些人，都能够从正规机构有效获得以下基本金融服务：信贷、储蓄、支付和保险。查卡拉瓦蒂（Chakaravathy，2011）认为，普惠金融泛指确保社会各群体获取所需要的合适的金融产品和服务，特指确保弱势群体和低收入群体以可负担的成本、公平和透明的方式得到主流金融机构提供的合适的金融产品或服务。普惠金融联盟（Alliance for Financial Inclusion，AFI）① 的相关材料认为，普惠金融是将被金融体系排斥的人群纳入了主流金融体系。

从普惠金融概念形成和发展过程来看，其重点关注“5+1”共 6 个因素，“5”即从现有表述中提炼的普惠金融基本概念的五个核心要素：可得性、价

① 截至 2014 年 6 月末，AFI 共有来自 90 多个国家的 119 个成员机构。中国人民银行、中国银监会均为 AFI 成员机构。

格合理性、便利性、安全性、全面性；“1”即面对特定的服务客体。当金融服务或金融产品至少符合“5”中之一、同时针对了普惠金融的特有服务客体时，就可以将其界定为普惠金融的经济行为范畴。

因此，普惠金融是指立足机会平等要求和商业可持续原则，以可负担的成本为有金融服务需求的社会各阶层和群体提供适当、有效的金融服务①。

2. 普惠金融五个核心要素

（1）可得性。它是普惠金融最基本的度量指标。在客观上，它指金融网点或金融产品在地域和空间上的覆盖密度；主观上，它指相关金融服务在总人口（或成年人）中的获得比率。

（2）价格合理性。这是针对金融服务或金融产品定价的指标。一是要具有一定的消费者剩余，即使消费者感觉价格优惠，或者不存在价格排斥和歧视；二是要具有一定的生产者剩余，即使金融机构成本可负担、商业可持续。

（3）便利性。在具有可得性的前提下，衡量获得金融服务的时间成本、空间成本和交易成本。

（4）安全性。在可得性前提下，一是相关金融服务的合法性；二是金融账户和托管资金的安全指数；三是发生纠纷时，对金融消费者和投资者正当权益的保护力度。

（5）全面性。在存、取、贷、汇、保险等基本金融服务可得的前提下，进一步强调服务的多样性。包括投融资、理财、担保、支付、结算以及征信、金融教育、权益保护等全方位的个人服务和公共服务体系。

3. 服务客体的界定

为了更好地界定普惠金融，必须明确它的服务客体。只有核心要素和服务客体同时符合要求，该金融服务才能被称为“真正”的普惠金融。普惠金融呼吁不断提高金融服务的覆盖面和渗透度，但是，正如世界银行《全球金融发展报告 2014：普惠金融》中所述，普惠金融并不意味着不惜一切成本和代价让所有人都获得贷款。

当前，我国普惠金融重点服务对象是小微企业、农民、城镇低收入人群、贫困人群和残疾人、老年人等特殊群体。

① 《国务院关于印发推进普惠金融发展规划（2016—2020 年）的通知》。

（二）普惠金融发展理念

普惠金融是为社会所有人，尤其是为低收入和贫困人口提供金融服务的金融服务体系，是让所获得的金融服务体现出实惠的特点，而非救济和施舍。普惠金融体现的是一种和谐金融的理念，体现了“金融权也是人权”的思想，所有人都能以可以承担的成本获得金融服务，有效地参与社会经济活动，进而实现全社会的均衡发展。这种理念与思想，源自一种深刻的洞察：纯粹的市场经济依据效率至上的原则配置资源，而不以追求平等或人人参与为其宗旨。按市场的内在逻辑，一部分交易者由于没有资源可供交易，或者由于交易的成本高于收益（交易摩擦系数过大），最终会被挤出市场。现实中，一个实际问题就是，贫困人群和社区难以获得金融资源，而这意味着贫困者即使愿意从事生产并参与市场，也会被排斥在外。

普惠金融理念更科学之处还在于，它提倡的克服上述缺陷的方案，是建设性的和温和的。它既不像19世纪以来的市场原教旨主义那样，对市场经济的内在缺陷视而不见或拒不承认，听任贫困者被当作“失败者”而“自然淘汰”，也不像20世纪以来的种种激进主义那样，抓住这些缺陷而否定市场，以低效、武断的方式代替市场来分配资源。与上述两种极端取向不同，普惠金融秉持“包容性”的价值取向、“造血”和“可持续”的扶助策略，通过政府、市场和社会组织的合作，以零敲碎打、渐进改良的方式，帮助贫困者获取适当的金融资源，从而把他们纳入全球经济的分工体系中来。

因此，普惠金融的发展理念包含如下几个特点：

一是强调公平合理的金融权。人们享有如同生存权、自由权、财产权等权利一样享有金融权。所有人都能以可以承担的成本获得公平合理的金融服务，从而有效地参与社会经济活动。

二是强调“普惠”所有人群。金融体系不能忽视落后地区、农村、中小企业和穷人的金融需求，也不能片面地强调照顾穷人等弱势群体。

三是强调提供全面的金融服务。普惠金融提供的金融服务，不仅包括贷款融资，还包括储蓄、投资、保险、汇兑等其他金融服务。

四是强调可持续发展。普惠金融强调以整个金融体系的参与，通过均衡配置资源，满足金融需求，实现金融体系的可持续健康发展。

（三）普惠性金融体系框架

普惠金融体系认同的是将普遍惠及一切人群的金融服务有机融于微观、中观和宏观三个层面的金融体系，过去被排斥于金融服务之外的低收入阶层和微型客户群体才能获益。

在客户层面，贫困和低收入客户是这一金融体系的中心，他们对金融服务的需求决定着金融体系各个层面的行动。在微观层面，金融体系的主体是零售金融服务和微观金融服务的提供者，它直接向穷人和低收入者提供服务。这些微观层面的服务提供者应包括从民间借贷到商业银行以及介于它们中间的各种类型。在中观层面，包括基础性金融设施和一系列的能使金融服务提供者实现降低交易成本、扩大服务规模和深度、提高技能、促进透明的要求。这涵盖了很多的金融服务相关者和活动，如审计师、评级机构、专业业务网络、行业协会、征信机构、结算支付系统、信息技术、技术咨询服务、培训等。这些服务实体可以是跨国界的、地区性的或全球性的组织。在宏观层面，如要使可持续性的小额信贷蓬勃发展，就必须有适宜的法规和政策框架。政府需要扮演一个重要角色，首先是在不违反金融机构基本规则的公平性和金融体系稳定性的前提下，应该给金融服务的提供者以创新的空间开发适当的金融产品和服务；其次是制定普惠金融政策如法律法规、激励政策和监管机制，保证金融机构具有适宜的生存空间，使它们有能力持续地提供适宜的金融产品和服务。

普惠性金融体系框架各层面内容如表 4-1 所示。

表 4-1　普惠性金融体系框架

客户层面	微观层面	中观层面	宏观层面
各类群体，其中贫困和低收入客户是这一金融体系的中心，他们对金融服务的需求决定着金融体系各个层面的行动	微观层面为零售金融服务的提供者，包括从民间借贷到商业银行以及介于它们中间的各种类型，它直接向穷人和低收入者提供服务	中观层面包括了基础性的金融设施和一系列的能使金融服务提供者实现降低交易成本、扩大服务规模和深度、提高技能、促进透明的要求，如审计师、评级机构、专业业务网络、行业协会、征信机构、结算支付系统、信息技术、技术咨询服务、培训等	宏观层面是有利于普惠金融发展的适宜的法规和政策框架，中央银行（金融监管当局）、财政部和其他相关政府机构是主要的宏观层面的参与者

二、普惠金融发展演变及发展普惠金融的意义

（一）普惠金融发展演变

普惠金融是伴随着金融服务而发展的。经济金融发展理论认为，金融服务的缺失是世界多数国家贫困人口无法脱贫的深层次原因之一。金融是具有经营风险的行业，因机构或业务准入条件的限制，客观上导致一些地区或一些人不能得到相应的金融服务。在探索如何为更广大的人群提供金融服务的实践过程中，人们不断地尝试、总结和创新，经历了最初的小额信贷阶段、微型金融阶段，发展到现在的为所有阶层的人群提供可持续的金融服务的普惠金融以及数字普惠金融阶段。

1. 小额信贷

小额贷款始于15世纪，意大利天主教堂为抵制高利贷，成立了典当行，服务社区穷人，以降低低收入群体获得金融服务的成本。18世纪20年代，爱尔兰一些慈善机构利用社会各界的捐赠，向低收入的贫困农户提供无息小额信用贷款，爱尔兰贷款基金会成立。19世纪，欧洲出现了一些规模更大、更加正规的储蓄贷款机构和信贷合作社，致力于向乡村和城市贫困人口提供金融服务。

2. 微型金融

微型金融始于20世纪70年代，穆罕默德·尤努斯教授在孟加拉国开展的小额信贷扶贫实验取得了巨大成功，孟加拉乡村银行等机构的运营模式被世界各国所效仿。到了20世纪90年代，小额信贷逐步推广到保险、汇款、信托等金融领域，开始向微型金融转变，微型金融是小额信贷金融多样化的结果。微型金融除提供信贷金融服务以外，还提供有如保险服务、汇款结算金等多样化的金融服务。

3. 普惠金融

2005年，联合国正式提出了涵盖微型金融，但内容更为广泛的“普惠金融”的概念，“普惠金融”译自英文“Financial Inclusion”，它的基本含义是：能够以可负担的成本，有效、全方位地为所有社会成员提供金融服务。从其内涵来看，普惠金融主要包括三个方面：一是普惠理念。其实质是信贷和金

融融资渠道等的公平性问题。每个人都应该有平等的享受金融服务的权利，无论是穷人还是富人。这样才能使每个人有机会参与经济的发展，才能实现社会的共同富裕。二是与金融有关的各方面创新。为了让每个人都能获得金融服务，应在金融体系内进行制度、机构和产品等方面的创新。三是社会责任。普惠金融担负着为传统金融机构服务不到的低端客户，如中低收入者、贫困人口和小微企业提供金融服务的职责。联合国希望通过微型金融的发展，以及传统金融体系的创新与转型，促进这样的金融体系的建立，从而进一步促进全球反贫困事业的发展。

4. 数字普惠金融

近十年来，互联网技术特别是移动互联网蓬勃发展，对金融的发展产生了深刻的影响。“普惠金融”和“数字”叠加，是普惠金融和时代特征相结合的产物，例如，肯尼亚的M-PESA业务、蚂蚁金服等互联网金融公司的创新，即给普惠金融带来了突破。数字普惠金融泛指一切通过使用数字金融服务以促进普惠金融的行为。它包括通过部署数字手段，为金融服务缺失或不足的群体提供一系列正规金融服务，匹配他们的需求，对客户而言成本可负担，对服务提供商而言商业可持续，其核心内涵是利用互联网技术来提高普惠金融水平。

当然，在普惠金融的发展过程中也存在着一些棘手的问题。其一，一些国家操之过急，或者率意而为，最终得不偿失。例如，泰国大力推行“万铢乡村基金计划”，结果却是社会成本远高于社会收益。其二，在措施不当或监管不力的条件下，发展普惠金融甚至会引发金融危机。2010年印度安得拉邦的小额贷款危机，就是发展中国家关于普惠金融的典型案例。鉴于美国次级住房贷款是向居无定所的低收入者提供服务，那么，2007年爆发的次贷危机也可被定性为发达国家的“普惠金融危机”。

回顾普惠金融体系的发展历程，不难发现普惠金融体系发生了四个变化：从公益到建立了可持续的商业模式；从局部地区到世界；从小微贷款到更为丰富的整个普惠金融体系（包括小微贷款、储蓄、支付、理财、保险等）；从人工到数字技术。其中也有几点重要启示：第一，发展普惠金融，既不能简单理解为面向低收入人群的公益活动，也不能完全等同于一般性的商业金融，要正确处理好履行社会责任和实现商业可持续之间的关系。第二，普惠金融具有小额、分散的特点，从个体的角度看风险外部性影响比较小，但微型金融点多面广，如果风险因素过多累积和无序扩散，也可能会系统性地影响金融稳定。第三，普惠金融与一般性的商业金融在服务对象、风险特征等方面的确存在着较大的差异，普惠金融的监督与管理显然不宜照搬一般性商业金融的做法，需要保持一定的弹性和适当性。

（二）发展普惠金融的意义

普惠金融体系的提出，具有重大的理论意义和实践意义，对于全球金融的发展和反贫困事业，产生了巨大的推动作用，具体体现在以下几个方面：

第一，普惠金融能够大幅度减少贫困现象。贝克等（Beck et al.，2012）利用跨国数据进行回归分析发现，促进普惠金融能实现收入公平、贫困减少，且金融体系越发达，收入不公平现象越少、贫困率下降得越快。研究发现，印度农村银行分支机构每增加1%，可使贫困率降低0.34%，产出增加0.55%，这主要归因于普惠金融使穷人更容易从事农业之外的工作。也有学者从金融产品角度论证普惠金融对减贫的意义，如使用贷款或储蓄可以增加消费、抵御健康问题冲击，或者帮助家庭购买耐用品、改善居住条件、支付教育费用等，保险等金融产品则有助于穷人管理风险。

第二，普惠金融能够促进经济包容性增长，增强社会包容性。普惠金融使人们能够获得和持有以金融财富、不动产、人力资本和文化形态存在的资产。资产效应通过保障经济稳定、提高受教育程度、改善卫生状况、降低压力、减少跨代贫穷的风险等影响人们的生活。赫加德和罗什尼（2012）认为，普惠金融意味着以可负担的成本向那些受金融排斥的弱势群体和低收入阶层提供金融服务，普惠金融不仅有助于经济发展，也有助于实现社会整体的包容性。

第三，普惠金融、金融消费者保护和金融稳定之间存在正相关关系。汉宁和詹森（2010）认为，普惠金融能提高金融效率与社会稳定。普惠金融带来的风险主要是机构层面上的，而非系统性的。机构风险处于金融市场风险底端，其特点是大量的弱势客户只有有限的余额且交易量小，尽管这些特征也可能给金融稳定带来风险，但总体上而言，普惠金融政策所带来的风险可以忽略不计。普惠金融的潜在风险可以通过更深和更多元化的金融体系所带来的重要动态效益（如金融机构资产多元化）加以补偿。罗伯特等（Robert et al.，2012）从微观与宏观两个层面解释了普惠金融与金融稳定的关系。微观方面，普惠金融增加了个人和居民家庭的储蓄，有助于建立财务更加健康的家庭和小企业部门。小额贷款损失与大额贷款损失相比具有更少的系统性风险。宏观方面，普惠金融能够提高金融中介效率，如增加社会储蓄规模（但是两位作者也指出与普惠金融相联系的储蓄积累并不总能导致一个更加有效的中介化，其效应关键取决于金融基础设施、监管、规则的质量），普惠金融带来的客户多样化可以使经济更有弹性和稳定性。金融发展和普惠金融还有助于缩小居民收入差距，能够带来更大的社会和政治稳定，反过来更加有利于金融稳定。金融排斥则会损害金融稳定。柯林斯等（Collins et al.，2009）认为，金融排斥对金融稳定具有负向作用，在金融排斥现象严重的国家，家庭和小企业所依赖的非正规金融服务是正规金融服务的不良替代品。

第四，金融消费者保护是普惠金融的重要内容。贝克等（Beck，2008）利用跨国数据进行回归分析后发现，促进普惠金融能使小企业和穷人更好地利用投资机会，充分实现自我保护。长期以来，人们对如何把金融消费者保护应用到面向贫困人口的金融服务中知之甚少。焦点问题之一是关于贷款利率上限的争论，支持者以保护弱势消费者的名义要求设定贷款利率上限，而反对者则认为此举无助于保护消费者利益，反而会导致信贷可获得性降低。在金融产品创新过程中，随着互联网金融的发展和数字金融技术的运用，金融消费者保护问题越发复杂。在金融消费者保护缺位的情况下，普惠金融所带来的经济增长积极作用可能会完全丧失或被严重削弱。

第二节　普惠金融在国内外的发展概况

普惠金融的发展在国外已经有一些比较成熟的做法和经验，总结和回顾这些经验，有利于我们借鉴他国之长，更好地开展国内普惠金融服务。

一、国外普惠金融发展的主要模式及经验

国际上，普惠金融产品的发放主体由最初的政府转变为政府、非政府组织和正规金融机构互补的多元化主体，普惠金融的模式日趋成熟。其经验对发展中国家具有一定的借鉴意义。

（一）国外推进普惠金融发展的主要模式

1. 孟加拉乡村银行模式

孟加拉乡村银行源于20世纪70年代的经济学家默罕默德·尤努斯博士的小额信贷试验，在此基础上成立了孟加拉乡村银行。它是一种“非政府组织”从事小额信贷的模式。其贷款的资金来源包括：政府的低息贷款、国际机构贷款，接受国内外慈善机构和基金会捐赠等非政府组织捐赠的资金；其客户包括：低收入阶级，贫困阶层，银行帮助其从事非种植项目，大多为手工业和其他副业；发放贷款机制主要是：采取“小组—中心—银行工作人员”的机制，一个中心约有40名会员，每5个人为一组，每组的成员互相评估、监督，并承担联保责任，在一人无法按时足额还贷的情况下，小组的其他成员要帮其还贷。这事实上是一种连带责任机制，它充分利用了农村内部社会资源，缓解了成员的逆向选择和道德风险问题。此外，为了提高资金安全性，还特别重视对农民的培训，提高农民的合作意识、理念和金融意识、管理知识等，从而有利于降低贷款风险，贷款偿还率达到98%。这种模式希望通过赋能的方式来改善农村的社会经济结构，以信贷杠杆撬动农村经济能力，使贫困群体脱贫致富。

2. 美国的社区银行模式

社区银行（Community Banks）的概念源自美国，泛指资产规模小于10亿美元，主要为经营区域内中小企业和居民家庭提供金融服务的地方性小型商业银行。社区银行最核心的策略就是基于人情关系基础为客户提供细致入微的人文关怀以及高质量的服务。社区银行主要面向当地家庭、农户以及中小企业。这些客户议价能力较低，社区银行可以通过低于大企业客户的利息吸纳存款，从而获取廉价且稳定的资金来源。同时，由于对社区情况比较了解，社区银行能够不断分析客户需求，一般会综合考虑借款人的性格、品质、家族历史和个人可自由支配的开支等个性化因素，采取灵活高效的方式为客户提供个性化且价格优惠的服务，并且通过大量的社区网点、自主存款设备以及电子银行等渠道和交叉销售的战略模式，为客户提供多项金融产品。

长期以来，美国政府十分重视社区银行在普惠金融体系中作用的发挥，以立法形式规定社区银行履行服务社区、服务低收入群体的义务。在1977年美国国会通过的《社区再投资法》中，明确规定社区银行“有持续和责无旁贷的责任”满足整个社区的信贷需求。为支持社区银行的发展，美联储在制定货币政策时，同样会考虑其对社区银行可能产生的影响。美国政府、金融监管部门从多方面鼓励、支持社区银行的发展，多角度对社区银行给予优惠，例如：规定社区银行不交存款准备金、免征各种税负、建立信用社存款保险等；建立监管方与社区银行的双向交流机制，及时倾听和理解银行方面的诉求；对社区银行进行科学精细的分类，实施差异化监管等。

3. 肯尼亚的 M-PESA 模式

M-PESA 是肯尼亚运营商 Safaricom 在 2007 年 3 月推出的手机转账业务，这项服务不需要用户拥有银行账户，这正符合肯尼亚仅有约 20%的成人有银行账户的现实。用户转账给肯尼亚境内的任何其他手机用户后，汇款接收方可以在任何 M-PESA 代理网点将其兑换成现金。在肯尼亚金融基础设施差，正规金融收费昂贵的背景下，为低收入家庭、偏远农村、中小微企业等弱势群体提供金融服务和产品的手机支付产品 M-PESA 应运而生，为无数原本无银行服务的低收入人群提供了高价值的金融服务，成为全球利用移动金融发展普惠金融的成功典范。起初，M-PESA 仅提供移动支付和转账业务，以解决穷人汇款之需；后来，M-PESA 逐步开办了转账、充值、购物、信用还款、理财等业务；目前，肯尼亚已有 70%的成年人在使用 M-PESA，3/4 的家庭中至少有一个人使用 M-PESA。M-PESA 的业务范围与银行基本相同，完全通过手机办理，其采用 STK（用户识别应用发展工具）技术，几乎任何手机都能为其提供支持，故 M-PESA 技术门槛较低。STK 技术能在手机上实现数据底层加密，加密算法相对复杂，数据安全由密钥保障，其安全性得到了金融、债券、电信等行业的普遍认可。

M-PESA 能够迅速兴起的一个重要原因就是监管的宽松。M-PESA 推出后，大体上处于比较自由的监管环境中，但肯尼亚央行也进行了适当的监管，如要求移动运营商 Safaricom 将 M-PESA 账户里的所有资金即客户备付金存放于商业银行，存款产生的利息须存放于一个非营利性的信托资金账户，Safaricom 不得挪用，并将 M-PESA 这种新业态纳入《反洗钱法》的适用范围。

4. 巴西的代理银行模式

根据巴西中央银行的定义，代理银行制度是一种在缺乏银行分支机构的地区为客户提供基础金融服务的方式和手段。与“金融服务外包”业务相类似，在代理银行模式下，金融机构与彩票投注站、药店、邮局、汽车经销商等商业实体签署协议，通过其商业网点提供部分基础金融服务，从而实现金融服务功能的延伸和拓展。在代理机构办理业务，不需要客户拥有银行账户，这就使得能够享受金融服务的人口数量翻了一番。在这种业务模式下，巴西允许代理银行在更大的范围，以更多的形式提供金融服务，巴西各大城市的零售商店、邮局、彩票销售点成为银行分支机构的补充。

代理银行模式有效地填补了金融服务领域的空白，提高了农村和低收入群体的金融服务可得性，降低了银行拓展金融服务的成本。代理银行模式不仅避免了银行设立和维持分支机构所带来的高额固定成本，而且降低了在农村和边远贫困地区开展小额交易时的单位成本。同时，农村的代理网点熟悉当地社区，相对银行分支机构具有较大的信息优势，能够更好地发挥甄别和监督功能，协助金融机构服务向农村社区延伸。

为推动微型金融业务的开展，从 2003 年起，巴西金融监管部门要求所有银行必须将其活期存款余额的 2%用于发放小额信贷。由于众多银行缺乏从事微型金融的经验和技能，通过特定的代理银行网点开展小额信贷业务成为了银行满足监管要求的重要手段。

5. 印度尼西亚的 BRI 模式

印度尼西亚的人民银行（Bank Rakyat Indonesia，BRI）是一家提供农村金融服务的国有商业银行，1983 年印度尼西亚进行金融改革期间成立了乡村信贷部。它在全国有四级机构，即总行、地域分行、地区支行和村行系统。依靠遍布全国的 3874 个各村信贷部和 400 多家村级服务站以及地区以上业务管理部门，BRI 小额信贷系统在完成扶贫项目的同时还降低了运营成本，仅用了 3 年时间就实现了营业收支平衡，5 年后开始盈利，并保持了较高的贷款回收率，成为印度尼西亚的小额信贷提供机构。目前，BRI 开展了贷款和储蓄两大业务，存贷款实行动态奖励机制，即储蓄利率随存款额度的增加而增加，贷款利率随着贷款额度的增加而减少，客户可以根据自己的现金流来确定还款期限。为满足不同储蓄群体的需求，BRI 设计了农村储蓄、城市储蓄、定期储蓄等产品，广泛动员民众储蓄来增加信贷资金。

（二）国外推进普惠金融发展的经验

美国社区银行的成功实践，以及巴西代理行业务、肯尼亚手机银行等发展中国家普惠金融模式的有效探索，对我国的普惠金融体系建设提供了丰富的可供参考的经验：

第一，注重顶层设计规划与法律制度建设。如美国1916年出台了《联邦农业贷款法》，并据此建立了联邦土地银行系统；1938年颁布了《联邦作物保险法》，并在之后对其进行了多次修正，以保障农业保险的实施；1977年通过了著名的《社区再投资法》，为中、低收入地区和低收入群体识别和挖掘可用的贷款机会，促进社区金融活动的发展。肯尼亚为实现普惠金融发展目标，2009年制定并颁布了“2030年远景规划”，提出要为贫困人口、低收入家庭及中小微企业提供在其承受范围内的金融产品和服务。

第二，强化组织机构建设与部门协作。20世纪90年代以来，巴西央行与财政部、社会发展部等部门在普惠金融制度框架建设、发展微金融等方面加强合作，同时积极参与全球普惠金融专家组的讨论，在信息收集技术方面与普惠金融联盟、世界银行扶贫协商小组等国际组织积极开展合作。

第三，鼓励适合需求的金融产品和服务模式创新。巴西允许代理银行在更广的范围，以更便捷有效的形式提供基本金融服务，各大城市的零售商店、邮局、彩票销售点均可成为银行分支机构的有效补充。肯尼亚拥有世界上最知名的手机转账和支付体系M-PESA，允许农村使用者将货币保存在虚拟的“贮值”账户里进行存取款，也可以通过手机将货币发送给其他移动电话用户、购买话费或者贮存货币等，将客户存储在M-PESA账户上的资金汇集到统一账户，委托商业银行集中管理。

第四，重视普惠金融服务监管与金融意识培养。自2007年起，印度尼西亚逐步加大了对消费保护、提升金融产品和服务透明度的投入，加强金融知识培训与教育；印度尼西亚央行专门设立了“消费者保护委员会”，从建立消费者投诉机制、成立独立的调解机构、加强金融产品信息透明化、加强消费者教育四个方面采取措施强化金融消费者保护。

（三）国外推进普惠金融发展的启示

“他山之石，可以攻玉”。充分借鉴国外普惠金融的发展经验，对于健全我国普惠金融体系，提升金融资源配置与供给的公平性，让我国广大人民群众平等地享受金融带来的便利具有重要意义。

首先是政策引领，拓宽普惠金融融资渠道。从国家政策层面鼓励金融机构加大对经济社会发展薄弱环节的资源倾斜，引导资金投向中西部地区，投向“三农”和小微企业，投向民生和就业等人民群众最关心、有最直接服务需求的领域，调整金融资源分配，提高金融资源使用效率，扩大弱势地区、弱势群体获得金融服务的途径。

其次是方式创新，提高普惠金融可获得性。借鉴肯尼亚手机银行和巴西代理银行的实践经验，创新性地以技术手段代替传统物理网点，以免除铺设物理网点的高成本。在不具备设立物理网点条件的边远贫困且金融机构空白地区，可以通过布设自助服务终端、转账电话、汽车移动金融等多种形式的电子服务渠道，推广应用手机银行、电话银行、网上银行等信息科技服务手段，使人民群众足不出户就能享受到小额取现、账户转账和信息查询等服务，满足其基础金融服务的需求。

再次是市场经营，实现可持续发展。尊重市场，充分发挥市场在资源配置中的决定性作用，将监管部门“有形之手”与市场“无形之手”结合起来，避免对于普惠金融领域微观事务的过多干预，而将监管重点放在解决市场失灵问题上，为市场有效配置资源和普惠金融健康发展创造一个公平有序的竞争环境。强化普惠金融的信息披露，让市场参与者获得及时、准确、充分的信息，从而充分了解、评估其产品设计、业务流程及内在风险，发挥好市场的外部监督作用。

最后是注重宣传教育，保护消费者权益。针对金融业特点推进金融消费者宣传教育工作，完善金融消费者权益保护法律框架，完善金融机构服务定价管理机制，严格规范金融服务收费行为，加大信息披露和透明度建设，加快推进监管升级，将消费者权益保护作为常态化工作，使广大金融消费者能够公平、公正地享受金融服务，不断提高消费者的风险防范意识。

二、中国发展普惠金融概况

（一）普惠金融在中国的发展历程

2013 年 11 月 12 日，《中共中央关于全面深化改革若干重大问题的决定》

正式提出“发展普惠金融”，这是普惠金融理念第一次被正式写入党的决议之中，并首次将“发展普惠金融”纳入“完善金融市场体系”，标志着普惠金融已经由企业行为上升为国家战略，成为我国金融改革目标和任务的重要组成部分。2015 年 12 月 31 日，为推进普惠金融发展，提高金融服务的覆盖率、可得性和满意度，增强所有市场主体和广大人民群众对金融服务的获得感，国务院印发了《推进普惠金融发展规划（2016—2020 年）》。2016 年 12 月 28 日，为探索以改革促进县域发展、创新金融支持扶贫和“三农”的新模式，首个国家级普惠金融改革试验区落户河南兰考县。《河南省兰考县普惠金融改革试验区总体方案》提出，将在兰考县形成多层次、广覆盖、有差异、可持续发展的金融组织体系，基本建成与普惠金融发展相协调的财政等配套政策体系，农村各类产权要素有效盘活，金融生态环境持续优化，金融服务覆盖率、可得性和满意度稳步提高，金融服务县域经济和“三农”、小微企业、贫困人群等社会发展薄弱环节的水平显著提升，为贫困县域探索出一条可持续、可复制推广的普惠金融发展之路。普惠金融发展路径越来越清晰，规模越来越大，可以总结和推广的经验也越来越多。总结 20 世纪 90 年代以来，中国普惠金融的发展历程，中国普惠金融实践的发展大致可划分为以下四个阶段：

1. 公益性小额信贷阶段（20 世纪 90 年代）

1993 年，中国社科院农村发展研究所的杜晓山在河北易县率先建立了中国第一家小额信贷机构——扶贫经济合作社，中国针对农村贫困人口的小额信贷实践探索由此拉开了序幕。这个阶段的小额信贷以扶贫为主，主要资金来源于个人或国际机构的捐助和软贷款，具有公益性质。

2. 发展性微型金融阶段（21 世纪初至 2005 年）

在农村小额信贷方面，1999—2002 年央行多次出台指导意见，农户小额贷款得以全面开展。同时，针对城市下岗职工的微型金融产品和服务业不断发展，2002 年 12 月，中国人民银行联合各部委印发了《下岗失业人员小额担保贷款管理办法》，对城市下岗职工获得微型金融担保贷款进行了详细规定。这个阶段，小额信贷需求的目的不再只是以扶贫为主，而是兼顾提高居民生活质量，促进城市就业；从提供金融产品和服务的主体来看，正规金融机构开始全面介入小额信贷。

3. 综合性普惠金融阶段（2005—2010 年）

2005 年，中央“一号文件”明确提出“有条件的地方，可以探索建立更加贴近农民和农村需要、由自然人或企业发起的小额信贷组织”，标志着中国的小额信贷进入了综合性普惠金融阶段。这个阶段，从资金供给方来看，小额信贷组织不断成立，为民营资本进入金融市场创造了条件，村镇银行业也随之迅速兴起。从资金的需求方来看，在农村农民和城市低收入者需求资金依然没有根本缓解的同时，小微企业的资金需求不断引起社会关注，银行的金融服务体系正逐步将小微企业纳入服务范围。从金融产品创新角度来看，由慈善性或发展性小额信贷阶段进入了提供综合金融服务阶段。从金融体系依托的工具角度来看，综合性金融服务不断有网络化、移动化趋势。

4. 创新性互联网金融阶段（2010 年至今）

2010 年之后，随着互联网和 IT 技术的革命性突破与大规模普及，普惠金融在中国获得了爆炸式发展。新兴金融业态的蓬勃发展倒逼着传统金融机构将更多资源投入互联网金融创新，通过利用互联网平台，使更多人享受到互联网支付、互联网借贷和互联网财富管理的便利。从实际效果看，互联网金融平台显著降低了信息不对称和交易成本，更多的人能自主参与到网上支付中来，从而使更多的人获得金融服务；更多的借贷交易顺利发生，从而使传统上不能获得贷款的低收入者和急需资金的人获得借贷资金；更多的人参与到财富管理中来，从而降低了财富管理的门槛，提高了财富管理的服务质量。

（二）中国发展普惠金融的主要经验和成效

在中国 20 多年的普惠金融发展历程中，国内许多金融机构都进行了有益的探索和实践，在发展普惠金融方面积累了许多经验，并取得显著成效。邮储银行以其具有的广泛的基层服务网点，为中国普惠金融发展做出了重大贡献。

1. 制定和实施明确的普惠金融发展战略

普惠金融体系（Inclusive Financial System）是指一个能有效为社会所有阶层和群体提供服务的金融体系。鉴于大中型企业和富裕人群已经拥有金融服务的机会，发展普惠型金融的主要任务就是让广大低收入群体获得金融服务，为传统金融机构服务不到的小微企业、农户以及贫困人群提供享受金融服务的机会。基于这种认识和判断，邮储银行自成立以来，始终遵循“普之城乡，惠之于民”的理念，坚持服务“三农”、服务中小企业和服务社区的市场战略定位，初步开拓了一条大型零售商业银行践行普惠金融的商业可持续发展道路。邮储银行发展普惠金融主要立足于三个方面：一是致力于提供基础性、标准化的金融服务，在切实有效改善民生的同时，也依靠规模效应降低了单笔作业成本；二是致力于“三农”等同业重视程度较低、市场竞争程度相对较低的区域，推动城乡统筹发展；三是致力于服务中小企业，支持实体经济健康发展。

2. 推动内外部组织机构创新

一是推动内设部门改革，提高专业化服务效率。自上而下在分行、支行层面设立“三农”金融部和小微企业信贷中心，建立专业的“三农”和小微企业金融服务团队，实现集中作业、专业化经营，大力提升“三农”和小微企业的金融服务能力。推动完成内部审计体系改革，在全省成立五大区域审计中心，提高审计专业化水平，增强审计独立性，充分发挥内审功能。二是推动外部机构网络重心下沉，扩大金融服务辐射范围。在市场需求旺盛、信用环境良好的乡镇设立农村信贷营业部，安排信贷人员现场办公，开展宣传、营销、咨询、信息搜集等工作，满足生产经营分散、单笔资金需求小的农村客户金融需求。

3. 推动产品、 服务和业务创新

一是创新信贷产品抵质押担保方式。围绕林权进行抵质押创新，充分盘活农民财产。通过合作社实际控制人提供担保，向社员提供贷款。通过龙头公司担保，向其供应链上的小微企业或农户提供贷款。二是“量体裁衣”，开发特色产品和服务。开展“一村一品”工程，研发有地方经济特色的信贷产品，丰富信贷产品线。考虑到农民理财知识欠缺、风险承受能力偏弱的现状，面向农村市场专门开发一批投资标的为同业存款、债券、货币等低风险、期限短、收益较稳定的理财产品，推出“农民工银行卡特色服务”，实现农民工在打工地用任一银行卡（信用卡除外）存入现金后，都能以较低手续费在家乡的邮储银行网点就近提取现金。三是业务开发批量化。立足“三群”和“三链”，即产业集群、商业集群、总部集群和产业链、供应链、销售链，推进商业模式开发、小企业供应链开发、商圈综合开发、综合金融服务开发、商业特许经营企业开发等多项经营创新工作，全力支撑小微企业成长。

4. 拓展多方合作

主动加强与政府、金融同业等机构合作，丰富信贷业务担保方式，分享行业、客户信息。一是合作共建风险分担机制。鉴于家庭农场抵押物和担保人缺乏的现状，与地方政府、保险公司合作，由政府审核家庭农场资质，并提供担保金担保，商业保险公司提供意外风险赔偿，从而实现风险共担，大幅提升家庭农场贷款额度。通过再就业中心提供担保，与其合作开发再就业小额贷款；通过财政贴息，与扶贫办合作开发扶贫贴息贷款。二是信息共享，主动对接。积极与省工商局、共青团、人保厅、粮食局等部门合作，联合开展“千亿送贷行动”“青年创业小额贷款项目”“万民创业工程”“信贷助粮”“千户扶贫”工程等活动。

5. 改善城乡金融生态

一是全方位打通支付结算渠道。从城市到县城，从线下到线上，陆续开通几十项代发代缴公共服务，提供多通道支付结算方式，构建多层次、多功能服务网络体系，让社区居民尽享现代金融便利。打通“最后一公里”金融服务渠道，在行政村布放银行卡助农取款点，实现农民小额取款查询“不出村、零成本、无风险”，填补农村金融服务空白。

二是不断优化金融信用环境。开展“信用市场”“信用村”“信用户”的评定和创建工作，对诚实守信、符合条件的商户、农户发放“信用证”，为持证商户、农户提供利率优惠、优先放款等增值服务，培育良好信用文化。实行利息“五免一”的诚信激励政策，即正常还款 5 个月，第 6 个月免还利息，从而提升客户按期还款动力，增强客户信用意识。

三是加强农村信贷人才队伍建设。选聘任期届满的大学生村干部从事农村信贷支农工作，使其逐渐成长为金融服务“三农”的新生专业化力量。

四是普及金融知识。以“送金融知识下乡”活动为载体，组织基层信贷人员深入到各村各户和田间地头，结合农民实际需求，有针对性地开展“三农”金融宣传服务工作。

（三）中国普惠金融发展存在的问题

近年来，在普惠金融理念的指导下，金融机构不断进行探索、创新，积累了丰富的实践经验，取得了丰硕成效，有力地推动了中国普惠金融的快速发展，但从整体来看，中国的普惠金融仍有诸多不足有待完善，仍有诸多问题亟待解决。

1. 普惠金融发展的普惠性和商业可持续性面临两难

一是信贷扶持薄弱领域力度有所减弱。自 2014 年初以来，银行信贷规模偏紧的局面一直延续，在这种信贷额度稀缺的背景下，银行在不同行业和不同类型企业之间的信贷资源分配更多地遵循风险收益匹配原则，小微企业、“三农”等薄弱领域贷款可获得性降低，信贷供给不足的现状进一步凸显。同时，银行普遍上浮贷款利率，小微企业和涉农贷款成本增加，导致相应贷款的有效需求减少，贷款难、贷款贵的局面凸显。据了解，邮储银行某省分行的农村小额贷款利率是该分行公司贷款利率的 2~3 倍。

二是普惠金融的商业可持续面临困境。一方面，银行布放助农取款点成本压力较大，单点首次布放一次性需投入近千元，后续还有维护维修费用、取款点交易通信费用和商户代理费用支出。与之相对，银行反映政府相应的补贴金额和范围太小。另一方面，部分代理商户积极性不断下降。主要原因是商户提供助农取款服务不仅占用其人力资源，而且随着服务点交易规模的增大和服务客户数量的增多，商户日常现金垫付压力也不断加大，此外，商户为农民办理查询取款服务还需支付通信费用。与之相对，银行给予的补贴（0. 3~1 元/笔，部分通信费）在商户看来缺乏吸引力，最终导致部分利用率高的商户积极性反而不断下降。

2. 普惠金融组织体系尚不均衡

一是金融机构分布呈现城乡二元结构。一方面，省会城市和发达地市金融机构数量多、种类全，竞争日趋白热化。另一方面，经济欠发达地市、县城、乡镇金融机构的数量和种类均严重不足，大型国有商业银行除农业银行外均没有在乡镇布放网点，股份制类商业银行在部分地市存在空白，部分乡镇金融机构数量极少，例如洛阳市汝阳县柏树乡仅有农村信用社 1 家金融机构，远远不能满足当地金融需求，行政村和偏远乡镇更是基本处于金融供给真空状态。

二是城乡金融机构服务能力差距较大。与城市金融机构的服务能力相比，县域机构明显落后。邮储银行虽在乡镇设有邮政代理机构，但无贷款业务权限，而且部分乡镇的邮政网点甚至不提供存取款、汇兑等基础性金融服务。村镇银行等小型普惠金融机构股权结构单一，知名度低，产品村镇特色不突出。农村信用社业务操作手段落后，电子化、网络化程度较低；部分小额贷款公司发展不规范，存在非法吸存违规高息放贷行为，背离了制度设计初衷。

3. 普惠金融配套机制建设滞后

一是“三权”抵押融资配套机制缺乏。尚未完成林权、土地承包经营权和宅基地使用权“三权”确权登记颁证工作，尚未制定“三权”上市流通实施细则，尚未搭建具备公信力的“三权”上市流转平台，农民“三权”抵押融资仍缺乏现实操作性，“贷款难”和“难贷款”的问题依旧没有解决。

二是风险化解和补偿机制不完善。农业保险经营主体较少，有效供给不足，农业保费高农民支付能力弱，有效需求不足，农业再保险机制缺位，巨灾风险不能得到有效化解。涉农、小微企业贷款风险担保机构规模较小，资本金少，运作不规范，风险化解和代偿能力较低。

三是政策激励机制未充分发挥。银行机构反映农村地区支付结算环境补助范围和金额偏小，远低于银行投入的助农取款终端设备采购和维护成本，商业可持续性较差，银行积极性不高。对小微企业和涉农不良贷款的尽职免责制度尚未真正推行，不能有效激发从业人员开拓市场的动力。

4. 普惠金融生态体系薄弱

一是社会信用体系不完整。央行征信系统对农村地区和小微企业的覆盖面还比较小，相应的信用征集体系、评级发布制度和信息通报制度尚未全面建立，仍存在“缺信息”的问题。村镇银行等小型普惠金融机构还未接入央行征信系统，无法分享相应的信息资源，客户违约记录也无法计入征信系统。

二是金融法治环境亟待改善。骗贷和恶意讨债行为不能得到及时有效惩罚，保险产品及各类金融理财产品营销过程中的虚假宣传屡见不鲜，普通金融消费者金融维权意识淡薄，“围堵金融机构”等非理性维权方式的行为时有发生。

三是金融知识普及程度不够。虽然不同人群对金融知识的掌握程度不同，但整体处于偏低水平，原因是居民文化素质相对较低且缺乏自主获取金融知识的意识，同时也与监管部门、金融机构运动式金融宣传方式有关，形式大于实质，缺乏长效普及宣传机制。

第三节　涉农金融服务支持“三农”发展

在各国农业现代化实践中，一个重要的经验就是，功能强大、体系完善的农村金融体系在实现农业现代化过程中发挥了至关重要的作用。只有多种金融服务主体和金融服务方式协同作用，才能有效支持“三农”发展。

一、发展农业保险服务

农业保险作为分散农业生产风险、补偿农业损失、促进农民增收的重要风险转嫁工具，是一种具有正外部性的准公共产品，对稳定农业生产和保障国家粮食安全具有重要意义。

（一）我国农业保险发展成就

近年来，在政府主导作用下我国农业保险得到了快速发展。2007 年政府实施财政补贴以来，我国农业保险市场呈现快速发展的态势。保监会统计数据显示，在顶层设计、财政补贴以及监管共同推动下，2007 年到 2016 年的 10 年间，风险保障从 1126 亿元增长到了 2. 16 万亿元，年均增速达 38. 83%，成为农业生产的重要保障。农业保险保费收入从 51. 8 亿元增长到了 417. 12 亿元，增长了 7 倍；承保农作物从 2. 3 亿亩增加到了 17. 21 亿亩，增长了 6 倍，玉米、水稻、小麦三大口粮作物承保覆盖率已超过 70%。农业保险开办区域已覆盖全国所有省份，承保农作物品种达到 211 个，基本覆盖了农、林、牧、渔各个领域。

2016 年，农业保险经营队伍空前壮大，有 31 家财产保险公司和其他保险经营组织活跃在农村，为农户提供多种类型的农业保险产品和风险保障，是自 2007 年以来 10 年中农业保险赔付率最高的一年，赔付率高达 80% 以上；参加农业保险的农户空前踊跃，以单项保险计算，共有 1. 9 亿户次。从 2014 年到 2016 年 3 年中，农业保险的保险金额平均占农业生产总产值的 20%，赔款 267 亿元，占到农业生产直接经济损失的 9. 67%，是各级政府救灾资金的 7 倍。

农业是我国国民经济中的重要产业，由于其具有弱质性和高风险性，必须加快健全和完善农业保险制度，充分发挥农业保险对农业风险损失的经济补偿功能，推动农村经济社会可持续发展，这不仅是防范农业自然风险和意外事故的有效手段，也是政府加强对农业的保护、加快我国农业现代化进程、提高农业综合竞争力的重要途径，是切实维护农民利益、推进农业供给侧结构性改革、全面建成小康社会的迫切需要。深入推进农村改革，推动城乡协调发展也离不开保险业的大力支持。

（二）我国农业保险发展面临的问题

1. 农业保险体系不够完善

近年来，我国的农业保险虽然在国家的高度重视和各项政策的支持下取得了较快的发展，农业保险的承保险种不断拓展，覆盖领域逐步拓宽，风险保障水平不断改善，对化解农业风险、保持农业可持续发展起到了一定的作用。但是，目前我国农业保险体系仍不够完善，农业保险依然存在保险品种少、覆盖率低、保险金额不高、损失补偿率低等问题。因此，要充分发挥市场机制的作用，鼓励商业保险公司根据市场需求不断开发出保险责任广、保障程度高、理赔条件简、费率水平低的农业保险险种，完善农业保险体系。

2. 农业保险的供求结构呈现出失衡状态

我国农业的生产经营方式主要以小规模的家庭经营为主，因而农业风险具有分散性的特点，这必然会加大保险机构对农业因自然灾害和不可抗力造成的风险进行承保的成本。商业保险机构基于其理性经济人的逐利性和对于自身生存和发展的考虑，必然会提高相应的费率，或者选择能为其带来较高盈利的服务对象，这会导致农业保险的吸引力不强。另外，由于农户和农村合作经济组织对农业保险的认识不足，参加农业保险的意识淡薄，加之其经济实力又比较薄弱，面对高额的保费心有余而力不足，这就不可避免地会出现农业保险的供求结构失衡状态，一方面是保险供给主体按照市场化规则制定保险费率，大部分低收入的农民保不起，而另一方面是保险供给主体按照农民可以承受的标准制定保险费率，一旦发生大的灾害和事故，保险公司根本无力赔偿。

3. 农业保险产品难以满足农业保险需求的多样性和差异化

随着城镇化和农村现代化进程的加快，农村已呈现土地适度规模化趋势。在此背景下农业生产已逐渐由分散经营向农业规模化和集约化经营转变，家庭农场、专业大户、农民合作社等新型农业经营方式将会成为未来农业经营的主体。与分散的农户相比，这些新型农业经营主体的农业生产具有高投入、高产出、高风险特征，对农业保险的需求更加迫切。而且，新型经营主体不仅在农业生产环节面临自然风险的威胁，还在农产品运输、存储等环节面临着管理风险，也在农产品销售、流通等领域面临着市场风险。农业风险的多样性决定了其保险需求的多样性和差异性。但目前我国各地开展农业保险的普遍原则是“低保费、低保障、广覆盖”，主要承保农作物的物化成本。无论是对于分散的农户，还是对于新型农业经营主体，由于保险产品保障程度低，即便是遭受了自然灾害，保险公司的赔款仍难以覆盖损失，主要还是要靠自己承担，投保积极性自然不会高。所以，保险公司能否通过产品和服务创新，满足农户多样化和差异化的保险需求，将是农户潜在需求能否顺利得到释放的关键。

（三）加快完善农业保险的对策

1. 加快构建完备的农业保险经营体系

我国地域辽阔，各地自然条件相差较大，城乡经济发展不平衡，农业风险差异性较大，因此，我国应加快建立经营主体多元化的完备的农业保险经营体系，主要形式可以有政策性农业保险公司、商业保险公司、专业性农业保险公司、农业相互保险公司等。要充分发挥市场机制的作用，鼓励现有的商业保险公司积极参与开发农业保险业务，同时引进在农业保险方面有专长的外资保险公司来我国拓展业务，根据市场需求开发出适合我国国情的新的农业保险险种，不断完善农业保险经营体系。

2. 加大政策性农业保险扶持力度

农业生产极易受到自然灾害的侵袭，因而必须把农业保险作为抵御自然风险和意外事故的管理手段。发展农业保险，离不开政府的大力支持和推动。为此，要借鉴发达国家发展农业政策性保险的成功做法，加大政策对农业保险的扶持力度。政府在年度财政预算中应安排相应的资金，对农业保险公司的业务费用以及农民投保费用等给予适当补贴。通过对农业保险实行政府补贴和优惠措施，一方面增加对农民和农业经营主体投保的吸引力，另一方面提高商业化保险公司承保的积极性，让农业保险能够真正在减少自然灾害对农民造成的损失，促进农民收入持续较快增长，提高农业质量效益和竞争力，实现农业可持续发展方面发挥积极的作用。

农业保险具有“三低三高”特征，即“低保额、低收费、低保障和高风险、高成本、高赔付”，这些都在某种程度上制约着农业保险的发展，是亟待破解的难题。农业规模化经营，对于经营者而言，会导致其农业收入占比提升、生产总体投入加大、经营风险集聚放大、保费支出总额上升，也将导致投保人对保险费率更加敏感，对保障范围更加关心，对投保公司选择更加慎重，对保险后续服务要求更高。因此，应提高财政补贴比例，不断提高保险保额，开办省级补贴品种，鼓励各地发展地方特色险种，以推动农业保险更好地发展。

3. 鼓励农业保险供给侧不断创新

当前，我国农业保险产品数量和品种仍不够丰富，部分产品价格相对较高，超出了多数农民的实际购买能力。因此，政府要加快制定鼓励农业保险供给侧不断创新的政策，调动保险供给主体加大保险产品创新的积极性，努力开发出适应广大农民和种养大户、农场主、合作社等新型农业经营主体需求的保险品种。目前，国家已出台了相关政策，提出探索开展重要农产品目标价格保险，以及收入保险、天气指数保险试点，探索建立农业补贴、涉农信贷、农产品期货和农业保险联动机制，积极探索农业保险保单质押贷款，鼓励和支持保险资金开展支农融资业务创新试点等，这为我国农业保险供给侧不断创新提供了有力的政策支持。

4. 鼓励保险公司进行产品和技术创新

农业生产经营所面临的风险具有多样性特征，这就需要多种类、多层级的农业保险产品来满足农户分散不同风险的需要。而以互联网技术为基础，运用大数据、移动通、3S 技术等产品和技术创新，为解决农业保险的市场失灵问题提供了新的方法。比如，互联网保险可以降低农业保险市场的高交易成本问题，将 3S 技术（遥感技术、全球定位系统和地理信息系统）与农业大数据有机结合，开发出区域适用性较强的特色天气指数保险，能有效降低农业保险市场中因信息不对称所引起的道德风险和逆选择问题。企业是产品和技术创新的主体。所以，政府应当积极采取措施引导保险公司进行产品和技术创新，以多样化的产品和服务满足农户差异化的保险需求，通过创新来释放农业保险市场中的有效需求。一方面，提供创新补助，因为创新具有较强的正外部效应，保险公司自身进行创新的动力不足，所以，政府应当提供创新补助的形式鼓励保险公司进行产品和技术创新；另一方面，促进创新产品的推广，政府应采用包括但不限于保费补贴的形式推广农业保险创新产品，让保险公司有利可图，引导其积极进行农业保险产品和技术的创新。

5. 引导农户提高对农业保险的认识

政府应积极利用手机、互联网等新技术手段，加强对农业保险的宣传力度，多维度、多渠道地向农户介绍农业保险知识，引导农户提高对农业保险的认识，使农户从主观上认识到农业保险的重要意义和价值。一方面，加强对农户农业保险知识的培训，提高农户对农业保险的了解程度，很多实证研究表明，农户对农业保险的了解程度会对农业保险的购买产生显著影响；另一方面，农户对农业保险认识的提高，有利于激发农户本身对农业保险的潜在需求，有助于缓解农业保险市场的有效需求不足的问题。

6. 大力发展“信贷+保险” 金融服务

除了上述政策之外，我国政府及相关金融机构可以将农业保险同小额信贷产品相结合，也就是将农业保险作为小额信贷产品的强制性附加条款，要求所有申请小额信贷业务的农户必须参与最基本的农业保险，保费直接从贷款资金中提取；另外，也可采用由发放小额信贷业务的金融机构投保，实现在贫困地区农户、地方小额信贷机构以及当地保险公司之间的风险分摊。

7. 大力发展商业性农业保险

商业性农业保险是在政策性农业保险的基础上延伸和发展起来的。商业性农业保险是保险公司针对市场上有特殊需求或由于政策性农业保险不能满足风险安排需要的企业型客户做出的定制式风险保障，产品的专属性较强。商业性农业保险具有以下三大特点：第一，风险保障范围大，保险责任全，费率标准灵活。第二，可根据客户需求调整承保范围和承保条件。第三，可根据客户需求开发专门险种。因此，商业性农业保险既可以作为政策性农业保险的补充，又可以根据客户的要求，提高保险金额，扩大保险责任，更可按照客户保证企业收益的目标量身定制风险保障计划，规避企业种植养殖过程中的不确定风险，为企业稳定经营保驾护航。商业性农业保险主要承保方向为：农作物产量保险、价格指数保险、林木保险、经济型作物。政策性农业保险是以保险公司市场化经营为依托，政府通过保费补贴等扶持政策对种植业、养殖业因遭受自然灾害和意外事故产生的经济损失提供的直接物化成本保险。要将财政手段与市场机制相对接、创新政府救灾方式、提高财政资金使用效益、分散农业风险，促进农民收入可持续增长。

二、金融精准扶贫

金融作为现代经济的核心，不仅是经济社会发展的重要推动力量，也是消除贫困、改善民生、逐步实现共同富裕的重要保障。政策性金融坚持社会效益优先，实行特惠政策，发挥引领作用，弥补市场失灵，服务贫困地区和弱势群体既是职责使命，又具备一定的条件和优势。

（一）金融扶贫的主要模式

金融扶贫模式是通过采用信贷、保险等金融手段向贫困地区的贫困人群投放各种金融服务产品，以满足贫困地区扶贫工作开展的生产型金融产品需求，从而缓解一直以来制约金融服务机构对贫困地区农户“授信难”的顽疾，积极发挥金融杠杆作用，在贫困人群当中创造更多的致富机会，促进我国农村贫困地区“造血式”扶贫工作模式的持续、稳定的发展，提高农村贫困地区自我脱贫的能力与意识，从根本上彻底扭转贫困地区的经济落后面貌。

1. 以金融系统为主要依托

以往政府采用较多的财政扶贫模式主要是通过各级政府之间层层传递的纵向体系开展实施的，而金融扶贫使用较多的则是遍布于农村各乡镇的众多金融服务机构网点。类型众多、规模大小不一的金融服务机构形成了一个庞大的扶贫金融体系，通过开展小额信贷以及项目贷款等金融服务业务，将通过各种来源渠道获得的资金注入农村贫困地区，帮助贫困人群获得更多的脱贫自救的机会。因此，在这一系统工程中，以农业银行为主，各地农村信用社、村镇银行以及其他各种类型小额贷款公司为辅组成的金融服务体系扮演着极为重要的资金配置角色，是整个金融扶贫体系的依托。

2. 以资本循环运作为实现手段

以往政府采用较多的财政扶贫模式习惯于采用“输血式”的财政补贴方式实施扶贫工作，而金融扶贫模式所采用的则是“造血式”资金循环模式。

在整个扶贫金融服务体系下，各金融服务机构通过信贷业务向贫困地区发放扶贫资金，并在资金的营利性以及可收回性因素方面以市场化标准进行要求。金融扶贫模式希望通过保证扶贫资金良好的自我循环机制以及持续盈利的能力，以满足农村金融服务机构的可持续商业运作需求，实现整个金融扶贫体系的良性发展。

3. 坚持市场机制原则

以往政府采用较多的财政扶贫模式以政府政策性干预为主要推力，而金融扶贫模式则更加强调市场机制原则。一方面是保证利率标准按市场化原则制定，使金融扶贫资金的风险成本与预期收益相匹配；另一方面还要放开农村金融市场的准入制度，在公平竞争的基础之上，打破传统金融机构的垄断格局，吸引更多的社会力量加入农村金融服务体系当中。

4. 更加关注对贫困人群自我发展需求的满足

以往政府采用较多的财政扶贫模式的主要对象是贫困地区的极度贫困人群，或者是已经丧失劳动能力的贫困个体，而金融扶贫模式的主要对象则放在了次贫困人群，以及有能力通过从事劳动实现自我发展的贫困人群，也就是说，财政扶贫模式更多体现的是对贫困人群的“福利性需求”资助，而金融扶贫模式则是将重心放在了对贫困人群自我发展需求的满足。这样一来可以使贫困地区一部分有能力的贫困农户先富起来，之后再通过先富起来农户的带动效应，帮助更多的人脱贫致富。

（二）金融精准扶贫的对策

中国减贫脱贫面临着贫困地区发展滞后，金融生态环境薄弱，金融市场理念缺乏等共性问题，还面临着一些中国自身的特殊问题，如城乡二元分割导致的城乡统筹发展问题，农村集体产权制度不健全等要素市场的制约问题，农村社会保障制度和公共服务体系仍然不健全的问题。对于金融扶贫模式来说，过于强调政策性则很容易形成“福利主义”而使得扶贫资金大量沉淀；过分追求商业性则又容易导致“制度主义”而使扶贫资金在投向上出现偏差，因此，我国金融扶贫模式的改革重建工作，必须在充分认识并遵循金融扶贫的商业可持续发展原则基础上，重新对模式下政府与市场之间进行边界重构，根据扶贫对象的不同而分别采用不同的金融扶贫制度安排，并在此基础上，加强对金融机构的监管工作，力争重建一个具有商业性体制、政策性目标的特色金融扶贫模式。

1. 贫困地区金融改革创新， 促进信贷资金惠农

扶贫金融创新工程主要是通过贫困区域地方政府对金融的介入，促进贫困区域的各类金融机构（以银行类为主）进行金融创新。扶贫金融创新工程通过多元化的渠道筹集资金，建立融资担保平台公司，此平台公司与银行类金融机构合作开发创新型金融产品，由平台公司进行风险兜底，以创新型金融产品的形式向贫困区域的中小企业、贫困农户发放贷款，以贴息资源进行贴息，解除传统金融扶贫中商业银行、政府性银行、合作性银行和新型农业金融机构中贫困区域中遇到的困难，并使这些机构都有所作为。融资担保平台公司还可以与风险投资金融、信托投资基金等金融机构合作，吸引社会资金投资与贫困区域有前途的产业，实现跨空间的价值交换。地方政府还可以撮合融资担保平台公司与互联网金融平台合作，通过发行互联网理财产品、票据理财、定期理财之类的固定收益产品或者推荐众筹产品，进一步拓宽对贫困地区企业的融资渠道。此外，融资担保平台公司还可以帮助政府与保险机构开展合作，扩展农业保险范围和保险深度，提高保险资金再投资与本地的比例，增强贫困区域抗风险的能力，改善贫困区域的金融生态环境。

2. 扶贫资源整合， 提高财政助农资金支出额度

充分发挥其支撑和兜底作用，扶贫资源整合工程是整个综合扶贫金融工程的基础，其基本指导思想是将贫困区域的各类资源（如扶贫资源、财政资源、土地资源、社会资源等）进行有机的整合，以便于支持综合扶贫金融工程其他模块的运行。在此模块中，贫困区域的地方政府首先要将本级政府的所有资产和负债进行重新核算，同时对本区域的农户部门的总资产和总负债进行总体评估，以此掌握本区域的宏观资产与负债。然后在此基础上分离出一部分资金建立各类产业发展基金或风险资金池，以便和金融机构合作扶贫。

此外，扶贫资源融合工程要求动员贫困区域政府各职能部门的资源，主动参与综合扶贫金融工程，实现政府部门和金融部门的高效沟通。此外，利用市场化的资金来源建立扶贫基金，并对扶贫基金进行市场化的管理。在整个过程中，政府官员不参与扶贫项目的审核，杜绝权力寻租的现象，提高扶贫基金的利用效率。

3. 加大对面向开发式金融扶贫的信贷担保业务的投入力度

扶贫减贫不是依靠一次性加大投入就能一蹴而就的，因地制宜发展产业才是治本之策。金融资本要把支持贫困地区产业发展和市场主体发育放在更加突出的位置，变输血为造血，增强贫困地区的内生发展动力。另外，应更加注重人的发展。坚持开发式扶贫方式，既扶贫又扶志，通过大力改善贫困地区生产生活条件，提高贫苦人口劳动技能和自我发展的能力，使其走上脱贫致富的道路。

（1）在积极发展小额扶贫贷款业务的同时，我国政府及相关管理部门也应当向贫困地区地方龙头企业、农民专业合作社以及当地的“农业大户”这些按照传统标准并不符合扶贫标准的对象发放贷款，充分发挥上述这些组织或个人的外部辐射效应，将扶贫资金的效果辐射到区域内的贫困人群，以达到扶贫的效果。

（2）以往采用的财政扶贫模式由于受扶贫资金总体规模限制，使得扶贫受益对象的覆盖程度也十分有限，加之受担保的可获得性因素的影响，使得扶贫对象向银行申请贷款变得十分困难。因此，在我国金融扶贫模式的改革过程中，应当尽快建立以财政扶贫资金为主体的信贷资金风险分担机制，如在贫困地区成立适时代偿、滚动投入的非营利农业产业扶贫信用担保公司，或者是农业产业扶贫信用担保基金。

（3）要积极发挥国家财政资金的“杠杆作用”，利用财政资金“撬动”银行向扶贫工作领域投入更多的扶贫信贷资金，形成财政与信贷支持两者之间在产业扶贫开发领域的合力作用；同时，政府及相关管理部门还要适当降低金融扶贫领域的准入门槛，通过采取各种优惠政策，鼓励并支持各类民间资金设立扶贫担保基金或是担保公司。

4. 积极推进小额扶贫贷款的专营化发展

（1）目前，我国正规金融机构还没有大规模进入小额扶贫贷款市场，主要原因是现有体制所造成的动力缺失，相比小额扶贫贷款，正规金融机构更乐于开展纯商业性质的小额贷款业务。因此，我国政府应当鼓励并支持成立各种商业性质的小额扶贫贷款公司以及其他类似的金融扶贫机构，同时帮助各类非政府小额贷款机构转制成为商业性质的小额扶贫贷款公司。

（2）在具体的运营模式上，应当积极借鉴和改良当前国际上较为成熟的小额贷款技术，尽快实现小额扶贫贷款业务的专业化运营，并且力争将业务的扶贫范围从农村扩大到乡镇，将城镇贫困人群一并纳入目标客户体系当中；在资金来源方面，小额扶贫贷款公司在自有资金之外，还可以向正规金融机构申请贷款以及使用贫困农户互助资金，尽可能扩大资金来源渠道；在从机构设立到公司持续运营的发展过程中，政府作为宏观管理服务者，应当积极发挥自身职能作用，通过人员培训、减税减费、弥补企业亏损以及核销呆账等方式对小额扶贫贷款公司给予帮助扶持。

（3）对于正规金融机构来说，我国政府及相关管理部门也可以充分借鉴美国实行的评级准入设限方式，引导正规金融机构设立专门的扶贫机构或部门，将涉及金融扶贫的业务与一般性商业贷款业务分别开来，各自设立独立的部门、独立的组织团队、独立的考核指标体系及核算方法，从而更有利于扶贫工作的开展。

5. 注重金融扶贫政策的实施， 努力将金融扶贫准确落实

金融机构要充分发挥金融在扶贫开发中的杠杆和支撑作用，有效支持经济社会协调发展和贫困人口脱贫致富。

一是对贫困户、扶贫企业信贷在政策上给予支持，并完善相应的跟踪管理制度，从整体上解决各地区之间存在的再贷款、再贴现限额等问题，实现贫困地区金融机构的信贷资金的充足供应，保证资金链的稳定。

二是促进产业扶贫与政策扶贫政策的推广并使之与金融扶贫尽快精准对接。建立信息化沟通平台，将农户、涉农企业及扶贫项目有效地结合起来，保证贫困地区、贫困农户能够享受到最优惠的信贷资金。

三是进一步提高“精准扶贫”的信息化水平。一方面，促进农户信用信息系统的全面提升，进而完善整个系统各项功能，为精准扶贫提供更好的信息支持。另一方面，完善扶贫项目库，并构建扶贫项目库网络，实现信息共享。实现金融机构与扶贫项目、扶贫企业和扶贫对象户的对接，使资金信贷的投放更加科学。同时，也要执行好相关金融政策，构建完善的涉农贷款风险补偿机制，可以适当补偿扶贫贷款等高风险领域贷款，建立贫困户和可以带动扶贫的能人大户以及专业合作社等多方面的资金扶持体系。

6. 加强对扶贫信贷机构的监督工作

政府有关部门要对参与扶贫的金融机构给予关注与支持，加大财税政策和货币政策的支持力度，实行差别化监管制度，完善风险分担和补偿机制，加快农村信用体系建设，增强金融机构服务减贫动力和能力。在金融扶贫业务的监督管理工作上，应当鼓励各个具有小额贷款业务的金融机构实行“差别利率”以保证业务收益能够覆盖成本和风险，与此同时还应当尽量避免各金融机构将小额贷款业务转变成为一个高利润、高增长的行业，要通过建立健全约束机制来防止小额扶贫贷款演变成为各金融机构手中的“高利贷”。同时加强对非专营银行的政策性金融扶贫业务的监管工作，防止其通过提供更为优惠的贷款条件而引起商业性贷款市场上的不正当竞争行为。

金融精准扶贫案例

【案例提要】

国家开发银行河南省分行以支持龙头企业带动贫困户增收的模式，向内乡县1772户贫困户首批提供授信额度53160万元。带动内乡县王店镇、余关镇和马山口镇共760户贫困户每户每年增收现金约3000元，为内乡县规划的产业扶贫全覆盖奠定了坚实的基础。

【案例介绍】

（一）背景

内乡县辖10个镇、6个乡、2个园区、288个行政村，总人口66万，区域面积2465平方千米，1985年被确定为“国家级贫困县”，2011年，内乡县被确定为新一轮国家扶贫开发工作重点县，2015年，内乡县被列入《秦巴山片区区域发展和扶贫攻坚实施规划》。目前，内乡县仍有建档立卡贫困户1.36万户，全县计划2018年实现“脱贫摘帽”，脱贫任务十分艰巨，特别是在解决贫困户持续增收问题上的压力较大，每年国家对贫困户的扶贫专项资金如何用好、用活也是当地扶贫、财政部门所面临的重大挑战。

已在深圳证券交易所上市的企业牧原食品股份有限公司（以下简称“牧原公司”），其总部位于国家级贫困县内乡县，是集约化养殖规模居全国首位的大型农业产业化国家重点龙头企业，2015年生猪出栏量位居全国第二。近年来，牧原公司结合自身规模扩张需要，在全国9个省（区、市）布局了集中化生猪饲养基地，其中，河南、内蒙古、河北等省区的养殖基地涉及了10

个国家级贫困县、7个省级贫困县。近两年公司资本性投资需求较大，公司也想利用当前的扶贫金融政策，促进自身的产业发展，同时帮助贫困户实现脱贫增收。

内乡县有建档立卡贫困户1.36万户，通过产业扶持实现贫困户长期稳定增收是实现脱贫的关键。近年来，各级政府部门对贫困户提供了资金、技术等方面的帮扶，但是受制于政府部门对产业市场、运营等不够熟悉，贫困户自身的劳动技能、市场能力等相对欠缺，产业扶持推动面临失败的风险较大。

对于金融机构而言，尽管各家银行都拥有各种性质的针对贫困户的小额贷款，地方财政还提供有贴息和风险补偿金；但银行因为此种业务风险较高，并不愿意向贫困户发放小额贷款。而贫困户自身也对项目市场和运用风险存在担忧，不敢向金融机构申请贷款。

针对上述地方政府、龙头企业、贫困户以及金融机构在产业扶贫上的困惑，国家开发银行河南省分行发挥自身“融资融智”的开发性金融优势，以问题为导向，与内乡县政府及牧原公司共同设计了围绕农业产业化龙头企业牧原公司开展的个人产业精准扶贫贷款模式。

（二）运行模式

依托地方政府的组织协调优势、增信优势，龙头企业牧原食品股份有限公司在生猪饲养产业“一体化产业链”中的规模优势、市场优势、技术优势，以及国开行的“融资融智”优势，通过整合各方资源和优势，探索建立“地方政府+产业化农业龙头企业+生猪养殖合作社+建档立卡贫困户”多方合作的精准产业贷款扶贫模式，以通过该机制项下的融资模式，建立可持续的金融支持、产业带动建档立卡贫困户长期、稳定增收脱贫。

在该模式下，内乡县政府牵头组建养殖合作社，对入社的建档立卡贫困户严格把关；以该合作社为借款平台，国开行对建档立卡的贫困户提供单户额度不超过30万元人民币的贷款；以担保公司、龙头企业或政府平台公司提供连带责任保证担保为主信用结构；以农业贷款保证保险、政府风险补偿金、购买财产（含农险）或人寿保险、公示等为风险缓释措施；以政府对担保公司、合作社、借款人等进行奖补和贴息为激励约束机制；以批发直贷模式，批量支持借款人发展，推动贫困村、贫困县脱贫。

合作社代表全体社员（贫困户）的利益，按照与牧原公司的产业合作协议，集中贫困户入社资金和贷款资金，负责猪舍的建设、运营，提供租赁场地，定期回收租金，进行贷款本息偿还和贫困户的分红。贷款形成资产归属合作社，由全体社会共同所有，保障了建档立卡贫困户的长期持久收益权。

内乡县政府将按照国家的有关扶贫小额贷款贴息政策，给予该笔贷款贴息。养殖合作社对入社的贫困户将给予不低于3200元/户的固定回报，回报期为10年。

【案例总结】

（1）该模式充分利用农业龙头企业牧原公司的经营优势、市场优势和技术优势，通过模式设计，让贫困户以加入合作社方式参与和分享龙头企业的产业发展红利，既可为建档立卡贫困户提供长期、可持续的分红收入，又能降低单个贫困户独自发展产业面临的市场、技术等风险。

（2）该模式通过整合和发挥各方优势，以实现多方共赢。贫困户通过加入合作社参与牧原公司的产业发展，增强了自身的发展能力及收益的持续性和稳定性；内乡县政府充分发挥自身的组织、协调和增信优势，完成了贫困户的脱贫增收任务；牧原公司获得了自身产业发展所需的资金，降低了自身资本性支出投入，同时通过参与扶贫，履行社会责任，提升了公司的品牌形象；国开行通过模式创新，建立了较好的风险控制机制，确保了贷款的风险可控。

（3）该模式中创新了地方政府财政扶贫资金的使用方式，提高了地方财政扶贫资金的使用效率，降低了使用风险。通过将地方财政中无偿提供给贫困户的到户征收资金整合起来，以加入合作社的形式，将资金集中使用，既规避了以往直接发放给贫困户，各自“单打独斗”所面临的各种风险，又能够保障贫困户的长远利益，探索出了一条扶贫资金借助于金融扶贫政策统筹使用的新途径。

（4）该模式具有较好的扩展性和可复制性。后续还可以探索通过贫困户以股权的形式直接与牧原公司设立子公司进行基地建设，或者以政府融资进行建设，牧原公司租赁等形式，进一步提高收益能力。

三、支持“三农”发展的金融业务创新

在新型城镇化背景下，土地流转催生出了一系列新型农业经营体，如种

粮大户、养殖企业、水果蔬菜产业园区、家庭农场、专业大户、家庭农场、农民合作社、农业产业化龙头企业等。这些新型农业经营体的出现，有利于构建新型农业经营体系，发展多种形式的农业规模经营和社会化服务，保障农业健康发展。他们对金融服务的需求与分散的小规模经营的农户有很大差别，这也对金融产品提出了新的要求。金融机构要创新金融产品，满足新型农业经营体的金融需求，方能充分开拓这一蓝海市场。

（一）涉农金融机构业务创新

在支持“三农”发展的金融业务创新过程中，国家要对各级各类型金融机构如国家开发银行、中国农业发展银行、中国农业银行、农村信用社、农村商业银行的业务创新提供政策及监管层面的支持。比如，支持国家开发银行创新信贷投放方式；完善中国农业发展银行风险补偿机制和资本金补充制度，加大对粮食多元市场主体入市收购的信贷支持力度；深化中国农业银行三农金融事业部改革，对达标县域机构执行优惠的存款准备金率；加快完善中国邮政储蓄银行三农金融事业部运作机制，研究给予相关优惠政策。支持农村商业银行、农村合作银行、村镇银行等农村中小金融机构立足县域，加大服务“三农”力度，健全内部控制和风险管理制度等。支持金融机构开展适合新型农业经营主体的订单融资和应收账款融资业务；鼓励金融机构发行“三农”专项金融债；扩大银行与保险公司合作，发展保证保险贷款产品等。真正推进农村金融体制改革，形成多层次的市场结构，以满足农村多层次的金融需求，完善农村金融体系、促进农村地区金融机构发展。

建立农村金融评价指标，对积极开展农村金融服务给予一定的税收优惠；建立政府主导的小微信贷担保体系，改善农村金融风险补偿环境；完善农村金融基础设施和基础制度，构建农村征信体系，提升农村信用基础水平等。

1. 大力推广惠农卡

中国农业银行金穗惠农卡是面向农户发行的银联标准借记卡产品，它除具有金穗借记卡存取现金、转账结算、消费、理财等各项金融功能外，还具有向持卡人提供农户小额贷款载体、财政补贴代理等特色服务功能，并提供一定的金融服务收费减免优惠。此外，金穗惠农卡还具有向持卡人提供交易明细、农村社保医保身份识别及费用代缴代付、农村公用事业代收付、财政补贴代理等多种特色服务功能。

2. 发放农户小额贷款

农户小额贷款是指商业银行按照普惠制、广覆盖、商业化的要求，对农户家庭内单个成员发放的小额自然人贷款。每户农户只能由一名家庭成员申请农户小额贷款。农户小额贷款的特色如下：

（1）贷款方式灵活。农户在满足条件的情况下，可采用保证、抵押、质押、农户联保等多种方式申请贷款。

（2）用款方式灵活。根据用款方式不同，农户小额贷款分为自助可循环方式和一般方式。自助可循环方式是指在核定的最高额度和期限内，借款人可随借随还，通过自助借款方式提款、还款。

（3）节省利息。自助可循环方式下，农户小额贷款按照贷款的实际使用天数计息，可最大限度地减少借款人的利息支出。

3. 推广惠农信用卡

惠农信用卡是银行专为具有良好信用观念的县域及农村高端客户量身定做的借贷合一型特色产品。惠农信用卡不但可以作为农户支付结算、储蓄理财的工具，更可以通过银行授信，满足农民短期、频繁的资金周转需求，并提供多项个性化辅助功能，全面服务于农户的生产生活。其具有以下几大特点：

（1）借贷合一，即时用信。惠农信用卡具有强大的借贷合一功能，可以开立活期和多个定期子账户，并将自有资金存入获得存款利息；而且，领卡后无须办理其他手续，就可以在银行核定的授信额度内直接透支、即时用信，灵活安排自己的生产经营资金，管理家庭财产。

（2）循环透支，快速周转。在核定的授信额度内，可以根据客户自己的资金情况随时借款及还款，利息按照实际使用天数计算，还款后授信额度就将立即恢复并可再次使用，实现资金的快速周转，最大限度节约客户资金使用成本、实现资产增值。

（3）高额授信，担保灵活。可以通过信用担保、保证担保、质押担保和抵押担保等多种担保方式获得惠农信用卡的授信。结合资信状况和担保方式，授信额度最高可达 30 万元。

（二）开展“两权”抵押贷款

1.“两权” 抵押贷款的主要模式

“两权”指的是农村承包土地的“经营权”和农民住房的“财产权”。2015 年，经十二届全国人大常委会第十八次会议授权，河南省长葛等 9 个县（市）成为农村承包土地的经营权抵押贷款试点县，滑县等 2 个县成为农民住房财产权抵押贷款试点县。对试点县暂时调整实施《中华人民共和国物权法》《中华人民共和国担保法》相关条文规定，试点期限为 2015 年 12 月 28 日至 2017 年 12 月 31 日。在试点期间，试点县的农民可以通过抵押“两权”，向银行业金融机构申请贷款，贷款资金应主要用于农业生产经营使用。

目前，河南省承包土地经营权抵押贷款试点主要有三种贷款模式：

（1）农村承包土地的经营权直接抵押模式。通过家庭承包方式取得农村承包土地的经营权的农户，或者通过合法流转方式获得农村承包土地的经营权的农业经营主体，依托农村产权交易中心对农村承包土地的经营权进行抵押登记，或者依托农村土地流转服务中心对流转的农村承包土地的经营权进行确认，直接以农村承包土地的经营权作为抵押物，向经办银行申请贷款。

（2）“农村承包土地的经营权+担保增信”模式。引入财政出资设立的担保公司、行业协会、农民专业合作社联合会等经济组织，以及农业保险等措施，以农村承包土地的经营权作为担保，抵押给担保公司，为申请贷款提供增信支持。

（3）“农村承包土地的经营权+风险补偿基金+农业保险”风险分担模式。由试点地区政府出资设立贷款风险补偿基金，引入农业保险或者贷款保证保险，明确贷款损失发生后的各方责任，作为申请贷款的风险缓释措施。

2.“两权” 抵押贷款的主要作用

农地和农房，是农民最重要的资产。允许在“两权”抵押贷款试点县发放“两权”抵押贷款，能有效满足新型农业经营主体适度规模经营的资金需求，有利于促进农业规模经营和降低农业经营成本。具体来说，“两权”抵押贷款给农民带来的实惠主要体现在两个方面：第一，解决了农村融资难题。近年来，农村土地流转的现象越来越多，农业适度规模化经营需求日益强烈。

然而，因缺乏合格抵押物或保证担保不足，不少家庭农场、种养大户都遭遇了“贷款难”。在这种情况下，“两权”抵押贷款唤醒了农村的沉睡资产，打破了制约农村金融发展的瓶颈，解决了农村贷款难题。第二，农民在获取“两权”抵押贷款的过程中，可以从金融机构获得一些专业指导，从而获取一些市场知识，更好地帮助自己发展生产。

| 第五章 |

金融服务外包与实体经济发展

金融作为现代经济的核心，既是调控宏观经济的重要杠杆，也是微观市场要素组合的龙头。在经济迈入新常态、供给侧改革持续深化的大背景下，金融作为供给侧的核心要素，在推动实体经济发展方式由粗放型向集约型转变过程中发挥着重要的作用。面对新技术的发展，金融服务只有不断发展，才能创新用户需求和体验模式，构建绿色金融服务生态系统。

第一节　金融外包基本要素和意义

近年来，经济的快速发展，给金融服务的创新带来了勃勃生机，作为其中创新之一的金融服务外包也吸引了人们的关注，在了解其内涵、特征及意义的基础上，才能更好地把握其发展趋势，并更好地服务于实体经济。

一、金融外包的内涵

金融服务外包覆盖了银行、保险、证券等各类金融领域，对于其定义这里给了两种解释，但表达的意思基本是一致的。同时也要注意金融外包所包含的三大实体以及涉及的范围。

（一）基本定义

金融服务外包，又可称金融外包、金融事务外包等，简言之，是指金融机构将其部分从前自担事务（可以是核心事务）委托给另外的机构或个人处理，以达到降低运营成本、提高经营效率和竞争能力的目的。金融服务外包包括金融前台服务外包和后台服务外包，伴随着经济全球化的发展、信息技术的进步以及金融市场竞争的日益激烈，全球金融机构的前台和后台业务在时间和空间上呈现出加速分离的趋势，金融业务的分工进一步细化，金融后台业务的服务范围也越来越广泛。

经过多次讨论，由巴塞尔银行监管委员会、国际证监会组织、国际保险监督官协会以及国际清算银行于 2005 年共同在其发表的《金融服务外包》中，将金融服务外包定义如下："受监管的实体持续性地由外包商（包含组织内的自属体）将一项业务（或业务的一部分）转交给外包商完成，还包括允许服务商进一步将业务细化转移给第三方服务商（一般被称为转包）。"

在国际贸易领域中的外包主要包括两类：制造业外包和服务业外包。其中，服务业外包中的金融服务外包在最近 30 年中发展迅猛。金融服务外包并不是新鲜事物，早在 20 世纪 70 年代，证券业企业为了节约成本，将打印和储存交易记录等文书工作外包。在 20 世纪八九十年代，受波特价值链模型和核心竞争力理论的影响，迫于竞争的压力，借助于技术革命所带来的好处，金融再造①的兴起，金融机构的外包业务规模扩大并且出现了大量外包整个部门的情况。

（二）相关实体机构

1. 受监管实体

受监管的实体是在监管当局的监督下从事商业活动的金融机构，例如银行、保险公司、证券公司、信托机构等金融机构。从定义可以看出，金融机构是外包服务的需求方。作为外包市场重要的一分子，金融服务外包虽然近几年衍生出了很多作用，但最根本的作用还是降低成本。同时，外包近几年衍生的众多优势，使得金融服务外包这一工具被越来越多的金融机构应用于服务企业发展。

2. 外包服务商

外包服务商又称服务商、服务提供商、第三方，是指代表受监管实体承担外包业务的实体，本书统称其为外包服务商。外包服务商可以是金融机构的附属机构，也可以是不相关的第三方，因此可能受监管当局监管，也可能

① 金融再造，是指金融为了获取在成本、质量和速度等绩效方面戏剧性地改变，以业务流程为核心进行的根本性的再思考和彻底性的再设计。究其实质，是一种金融经营战略的再适应。

不受监管当局监管。外包服务商的存在，让受监管实体可以专注于其专业领域，将资源定位于金融产业中最有效率和最具创新的位置。

3. 监管当局

监管当局是指所有授权受监管实体从事任何受监管业务并对该业务进行监管的机构。各国的监管当局各不相同，如美国有联邦储备银行、联邦金融机构检查委员会等，英国有金融服务管理局，德国有联邦金融监管局，瑞士有瑞士联邦银行业委员会，比利时有银行、金融和保险委员会，此外还包括一些国际组织，如欧洲银行监管委员会、欧洲证券监管委员会、巴塞尔银行监管委员会、国际证监会组织、国际保险监督官协会等。

（三）服务范围

1. 涵盖附属机构的外包

外包不仅包括常见的外包给其他不相关机构，还应涵盖对附属机构的外包。因此，我们可以得到这样一个结论，外包服务商既可能是不受监管的实体，也可能是受监管的实体。例如，对于一些能够将业务外包给自己的附属机构从而获得高利润或低成本的情况，一些企业往往选择将业务交给自属实体完成，这同样属于外包。

此外，外包业务不含购买性交易合同。这里所谓的“购买”，是从供应商处取得产品和服务，但不转移对方财产权信息或未公开的商业活动信息，也就是指与金融监管无关的内容，像购买饮用水、办公用品等。为使外包的定义更宽泛和简练，并剔除与金融监管无关的非外包性活动，欧洲银行业监管委员会（CEBS）和国际证监会组织（IOSCO）做了相关辅助工作，其中CEBS帮助确定了应予以排除的主要购买性合同，IOSCO提出了受监管实体应持续进行的活动。

2. 包括核心和非核心业务外包

不同的行业外包模式不尽相同，从软件开发与服务、硬件设施维护、呼叫中心和数据中心，逐步扩展到ATM、抵押贷款和网上银行，可以外包的业务范围不断扩大，随着外包业务的不断成熟，甚至连传统上看作核心业务的会计系统和人事管理也逐渐成为外包产业的一员。但是当前外包的主要业务还是集中在非核心业务，大多数核心业务还是被牢牢掌握在企业内部。

3. 禁止部分特别业务外包

考虑到外包基础原则的广泛适用性及行业的差异性，具体受禁的外包业务不应由基础原则来规定，而是各行业应根据基础原则再作具体规定，因而不同行业受禁业务也相应不同。为此，在联合论坛的报告里，详细列出了哪些外包业务是受禁止的，这为外包业务的具体开展提供了很大的便利。

4. 区分外包业务重要程度

出于企业角度考虑，在对不同行业受禁止业务进行规定的基础上，增加了有关业务重要程度的解释内容，各国政府可根据本国情况制定外包业务的详细准则，给予相关企业较为明确的指示，以便指引和鼓励各企业能够在充分考虑和分析业务的重要程度的情况下，制定对自己企业有效和有利的风险管理机制。

二、金融外包的特征

人们熟知的外包行业始于制造业的外包，是在其基础上发展起来的，其目的就是为了降低制造企业的成本，如今这种经营策略已被应用于金融服务行业，最大原因仍然是成本推动，但是发展到了今天，这仅仅成为金融服务外包众多特征之一，我们只有了解当前金融服务外包众多的特征并加以利用，才能使其更好地服务于我们的实体经济。

（一）对承包商条件要求较高

一方面，对于承包商来说，自身只有具备高于市场的技能水平，才能接收发包商的发包业务，同时，发包商出于多方面的考虑，他们所选的承接金融服务外包的服务提供商通常是某个领域的专家级的接包商，这些接包商对于接包的业务拥有更强的优势、更加专业化的技能、更高的服务水平；另一方面，金融业属于知识密集型产业，很多业务都需要从业人员有与金融业务相关的教育经历和丰富的实践经验，并非像制造业一样，只要是对工人进行简单的技能培训就可以进行生产，因此，金融服务外包对人力资源的要求更高。

（二）不受地域限制

摆脱地域限制也是金融服务外包的重要特征，它改变了传统的金融服务模式。服务的接包商可以在本国抑或在世界上的任何一个角落，发包商不用担心对方在哪里，只要是能够提供高水平的服务的承包商，无论其在哪里，都可以与其进行合作，从当前世界金融离岸外包的迅速增长也可看出这一现象对于外包总体的发展起到了很大的助力作用。摆脱了地域的限制为外包的企业提供了更多甚至更好的选择，外包商们可以从中选择最适合自己企业的。企业通过网络交接，将自己的服务外包给地球上任何一个人抑或接收可能来自世界各地的外包服务。印度外包业务能够高速发展的一个重要原因就是它摆脱了地域限制，这使得它接到了大量来自英美等海外国家的订单。

（三）依赖互联网通信技术

由于绝大部分的金融服务外包合作双方都处于不同的地区，也即通常所说的离岸外包，双方合作关系的确立以及业务的进行必须依赖现代化的通信手段——互联网通信技术。众所周知，印度是世界上最大的IT外包市场，随后它又领先于金融服务外包市场，这不仅依赖于其开放的金融体系、良好的语言环境、廉价的劳动力，同时也依赖于信息技术的发展及其在金融服务中的广泛应用。但同时，对于互联网通信技术的过分依赖使得金融服务外包又增加了一种新的风险，一旦通信网络出现问题，双方的业务往来立刻就会终止，无法继续下去。

三、金融外包的理论基础

学者们从不同的角度、利用不同的理论对外包进行了研究，这些理论按照不同的视角可以分为三类：经济视角的外包理论、战略管理视角的外包理论和社会视角的外包理论。

（一）经济视角的外包理论

在国际贸易学中，从斯密的绝对比较优势到李嘉图的相对比较优势、赫克歇尔—俄林的要素禀赋优势、迪克西特—斯蒂格利茨的规模经济优势，再到超边际经济学的综合比较优势，比较优势理论经历了由过去的单一比较优势理论发展为综合比较优势理论这一过程，因此，比较优势应该涉及多个因素资源禀赋、规模经济、交易效率与分工以及制度因素。其中，交易效率与分工又被新制度经济学用于解释企业、市场等契约的产生和性质，因此也被广泛应用于解释外包现象。

1. 资源基础理论

资源基础理论认为，企业是各种资源的集合体，由于各种不同的原因，企业拥有的资源各不相同，具有异质性，这种异质性决定了企业竞争力的差异。资源基础理论的主要内容包括三个方面：第一，企业竞争优势的源泉是特殊的异质资源；第二，竞争优势的持续依靠资源的不可模仿性；第三，特殊资源的获取和管理可以通过组织学习、知识普及以及建立外部网络来实现。外包就是利用外部网络来获取特殊资源的一个有效的方法。类似于绝对优势和比较优势理论，资源基础理论是从比较成本角度出发的，它关注的是当用于企业一般能力的内部资源的生产和配置成本较高时，则从外部获得资源以及配置资源的能力，从而将内部资源集中用于提高企业的特殊能力，获取竞争优势。从金融机构的定位看，一些机构擅长于研发新的金融产品，一些机构在分销渠道上具有较大优势，因此可以利用外包的形式取长补短，专攻特长。

2. 规模经济理论

规模经济理论认为将社会上已经形成成熟分工的、市场完善的职能和业务外包出去，不但可以获得规模经济、提高生产效率、降低成本，还可以获得协同效应和学习效应，使技术水平得到提升。此外，从企业的规模来看，规模的扩大未必是件好事，因为伴随着规模的扩大，企业组织结构也越来越复杂，这将导致规模经济的负效应，如信息失真、管理失效、效率丧失。为此，很多组织开始考虑归核化的组织结构，外包这种新的组织经营模式为企业回归核心业务、保全并发展非核心业务、形成核心竞争力提供了新的思路。

3. 企业理论和长期合约理论

科斯在《企业的性质》中提出，企业是取代市场、节约交易费用的一种形式，选择只存在于企业和市场二者之间，是一类市场契约代替了另一类市场契约，这两种契约都是为了节省交易费用。科斯还认为外部交易费用和内部管理费用的大小可说明企业的边界是扩张还是紧缩，是内部生产还是外部购买。当企业内部管理费用小于外部交易费用时，企业边界扩张，这可以解释并购的出现；当企业外部交易费用小于内部管理费用时，企业边界缩小，学者们用此解释外包现象。

4. 劳动分工理论

亚当·斯密的劳动分工理论认为劳动分工能够提高企业的劳动生产率、扩大企业规模，但分工会导致交易费用增加，交易费用的变化决定着分工的程度。交易效率的提高促使生产脱离自给自足的状态，使得社会分工得到一定程度的发展，伴随着分工的演进，劳动的交易效率和产品的交易效率都将得到提高，当劳动交易效率高于产品的交易效率时，产生了企业。当产品交易效率高于劳动交易效率时，用市场这种形式组织生产更为有效。

外包是分工在一些新的领域的发展，这类分工主要针对的是经济实体的内部职能和业务流程，当这些分工的效率足够高时，很多企业便开始释放内部的某些职能和业务，转而向外界购买，但外包并不完全等同于市场购买，相对来说，它在时间和双方关系上更具有延续性和稳定性。

（二）战略管理视角的外包理论

1. 价值链理论

美国哈佛大学著名战略管理专家迈克尔·波特的价值链理论认为企业的每项生产经营活动都可以创造价值，这些相互关联的活动便构成了创造价值的一个动态过程，即价值链。它可以形成企业最优化及协调的竞争优势，如果企业所创造的价值超过其成本，便有盈利，如果超过竞争者，便拥有更多的竞争优势。外包是有效的价值链管理方法之一，它的本质就是通过集中资源用于能够创造绝大部分利润的核心业务流程，降低企业的组织和经营成本，提升企业的市场竞争力。“搭建价值链至关重要，它直接决定了外包合同的成败。如果价值链正确搭建，企业就能够正确分析从客户需求到为顾客提供服务的每一步，各个步骤之间的关系如何，以及哪些是决定企业差异性的核心竞争力。如果企业按照这个价值链将业务外包给第三方，只要它能够保证价值链中各个环节之间的，无论是内部环节还是外包业务，都能够配合自己的战略发展，那么这个企业就会获得成功。”

价值链理论从一个侧面反映了外包战略的制定和实施过程，包括分析价值链、拆分价值链、重组价值链，而重组的过程包括了外包和自制这一放一收的两个方面。但要注意的是，核心竞争力并不直接等同于核心业务，两者是不同的概念，核心竞争力的形成不完全来自于核心业务，核心业务也不一定会创造核心竞争力，因此有些企业也会将核心业务外包。

2. 核心竞争力理论

核心竞争力理论认为对核心竞争力的追求是组织外包的动力，组织应该将非核心竞争力的职能外包出去，将更多的资源和精力用于核心竞争力上。外包目的在于巩固和扩张自己的核心竞争力，以建立自己的优势。外包是获得竞争力的有效且直接的途径。

核心竞争力理论发展了波特认为只有基本活动才可以成为价值链上的“战略环节”的观点，认为不管是基本活动还是辅助活动，企业视具体情况只要将资源集中到两三个职能领域上，就可以培育出企业的核心竞争力。因而核心竞争力理论的“集中化”本质内涵更加鲜明，能更普遍地说明企业的持续竞争优势的形成，从而成为波特之后企业战略管理第三代理论。李光斗在《品牌竞争力》一书中指出了迈克尔·波特竞争理论在中国应用的不足，波特的竞争理论局限于企业竞争优势的来源和培育上，主要强调成本和差异两方面因素，但这两个因素属于企业的直接竞争力，事实上企业的竞争力还包括间接竞争力，如管理、人力资源、技术创新等。此外，还有学者对波特以低成本和差异化为基础形成的“红海”理论提出了质疑，认为把降低成本和差异化当作企业核心竞争力的企业最终将会陷入竞争的困境而自取灭亡，而真正的核心竞争力应该是创造没有竞争的“蓝海”，领先于对手不断创新，创造新的价值，开发新的“疆土”，才能立于不败之地。因此对核心竞争力的不断重新思考和定位也导致了外包目的的变化和发展。

3. 代理理论和合作伙伴理论

代理理论的创建者詹森和梅克林将代理关系定义为一种契约。它研究的是作为效用最大化者的委托人和代理人，如何建立基于行为或基于结果的有效合同来管理主体与代理之间的关系。而选择基于行为的合同层级式管理或内包还是基于结果的合同市场型管理或外包取决于代理的成本，这些代理成本是由于委托人和代理人之间的目标差异而造成的。代理成本是委托人的监督成本，代理人的约束成本、守约成本和剩余损失的总和。监督成本是指外部股东为了监督管理者的过度消费或自我放松“磨洋工”而耗费的支出；守约成本是代理人为了取得外部股东信任而发生的自我约束支出。随着代理市场的规范、成熟和发展，代理成本日益呈现下降趋势，此外，随着委托公司的组织规模的壮大，公司经理人将更多地关注于结果而不是行为，因此，效用最大化的结果是选择基于结果的合同外包。代理理论在资源依赖理论的基础上进一步明确了各企业的地位以及企业之间的关系。伙伴关系理论解释了代理现象中的一部分比较特殊的例子，它解释的是持续时间较长、涉及金额较大并且双方共担风险、共享利润的外包关系。

4. 博弈理论

如今博弈已经被广泛地运用于社会、经济、政治、军事等各个方面，用来分析两难的决策，这也为我们研究外包提供了一条很好的思路。博弈有静态博弈和动态博弈之分，静态博弈是基于短期视角，而动态博弈是基于长远的利益。从零和博弈到非零和博弈，实质上是从静态到动态，从单赢到双赢的一个发展过程。在外包市场逐渐完善的过程中，企业委托方可以对外包商进行选择，当服务商行为有悖于企业意愿，或者提供商有损害委托方的意图时（如偷工减料、克扣工人工资、损害工人福利等），企业即可中止或终止合同。但是，这种做法是有成本的，所以当外包商的行为给企业带来的损害小于中止或终止合同所导致的损失时，委托方可能不会采取行动。但是，外包商通常难以了解委托方的忍耐限度。这对于外包商来说，是一种不完全信息的动态博弈。对于企业而言，也是一种博弈，是对外包商的行为采取放任自流的态度，任其在一定程度内泛滥，还是加大监督力度，完善监督机制，但这样的做法又会导致成本增加。在这种情况下，委托方和外包商的关系是一种零和博弈的关系。但是，从外包发展的趋势来看，随着外包投入金额越来越大，项目越来越复杂，技术要求越来越高，以及延续时间越来越长，外包的关系逐渐从一种不稳定的关系发展成为一种较为稳定的关系。双方的关系，也逐渐向非零和博弈关系发展。

（三）社会视角的外包理论

1. 资源互补理论

资源互补理论又称为资源依赖理论，该理论认为在市场中一个公司与其周边环境中的其他公司组织密切相关，这些公司与组织之间具有一定的互补性、依存性以及不确定性，因此组织间需要建立一种稳定的相互依存的关系，从而在一定程度上减少不确定性所带来的损失，外包就是这样一种通过建立依存关系以获取使用所需资源的方法。它是从企业的资源禀赋方面考虑的，它在资源基础理论上进一步体现了经济主体之间相互依赖、共生共存的特性，并表明通过合同的方式可以减少风险。

2. 共生理论

共生理论被广泛用于解释各类经济行为，特别是跨国性质的经济行为，如跨国公司海外机构的外部共生等。“共生”源于生物学，它的原则是互利，是一种双向行为、利他行为、利己行为，组织共生是经济社会中的组织为获得持续发展，与其他组织之间形成的一种相互需求、相互依存的生存状态或生存结构。

共生的互利原则与外包的双赢原则是一致的。外包在一定程度上就是利用较为稳定的委托—代理关系或合作伙伴关系或者战略联盟关系，规避机会主义行为产生风险，降低竞争垄断造成的资源浪费，获取双方预期的稳定收入，实现双方的共生共存共发展，这里的双方不但包括了企业和外包商，对于跨国公司来说，更是涉及两个或多个国家的国民经济、产业结构、就业等。可以说共生是外包的原则，更是外包的精髓所在。

四、金融外包的意义

外包可能给金融机构带来的利益包括降低成本，转移风险，提高掌握、进入高级专业技能和行业的能力，并集中现有的人力资源于核心业务以提高核心竞争力。由于规模经济、专业化和战术集中，第三方提供的服务比自行生产的成本更低。我们在这里专门把金融服务外包的意义列出，是希望读者借此了解金融服务外包给各金融机构带来的好处以及对我国实体经济的影响。

（一）强化核心竞争力

对于大多数金融机构来说，有许多业务既非其业务所长，也非其核心业务。通过金融服务外包，金融机构可以集中有限的资源，建立并强化自己的核心能力，而将一些对安全性要求不高、技术准入含量不高、处于金融价值链上相对低端的环节和非金融企业核心业务环节外包给第三方。目前，金融业在产品市场上的竞争焦点已由传统的价格竞争、功能竞争和品质竞争等转向了响应能力竞争、客户价值竞争和技术创新竞争。竞争形态的转换要求金融机构重新审视本机构在整条产品价值链上的增值优势，确立其核心业务范围，并将优质的资源和独特的能力集中到该领域，挖掘和寻求特定的客户群体，为客户提供最快的、能够带来最大价值的金融产品，形成强化核心竞争力的业务平台。例如，金融企业的信息系统属于基础设施建设，金融企业将其外包给信息技术供应商就可以节约大量的资金投入，将有限的资源投入金融机构独有的、核心的、具有竞争力的业务中去。

（二）降低企业成本

尽管近几年影响金融机构选择业务外包的因素逐渐增加，但是降低成本仍然是最重要的因素。将自己不擅长或做得不好的业务外包出去，集中精力做自己最擅长的业务，这样就可以直接降低成本，获得更多的收益。因为，与金融机构内部的 IT 部门相比，外包商提供服务的成本更低、成本更易预测，也更好控制。将部分金融服务外包后，金融机构组织目标更为明确、人员结构更为趋同、信息传播更为快捷、组织原则更为统一、组织文化更为融合，组织更加精简，从而可以更加灵活地进行竞争，使管理更有效率，可以更快、更好地满足顾客价值实现的需要。此外，金融服务外包能降低固定资产在资本结构中的比例，减少金融机构的退出屏障和转换成本，有利于提高自身的适应性。

同时，成本的降低使企业可以把节省下来的经费投入到相关核心业务中，为企业更加长远的发展创造了条件。在资源配置日趋全球化的背景下，将特定业务外包到资源和服务价格相对较便宜的国家和地区，能直接降低金融机构的加工成本、人力资源成本和管理成本，进而提高企业收益。

（三）转移经营风险

金融企业在经营业务的过程中，面临着各种不同的风险，金融机构和服务外包商之间是一种战略合作伙伴关系，是风险共同体，而不是单纯的雇佣关系，外包是金融企业对其在经营管理和金融产品开发中的风险进行规避和转嫁的有效手段之一。由于金融机构外包的一些业务往往是非核心业务，这就意味着对于企业而言，这些业务整体上属于企业不擅长的范围，由自己企业办理，不仅成本高、效率低，往往还会需要自担风险导致不必要的损失。作为金融服务承包商的企业，由于对业务熟练，大都建立了完善的业务流程，有着较强的风控能力，从而能够更好地应对迅速变化的外部市场环境和顾客需求。

首先，通过金融业务外包，金融机构可以与服务外包提供商建立战略联盟，利用其战略伙伴的优势资源，缩短金融产品从开发、设计、生产到销售的时间，降低在较长时间里由于技术或市场需求变化所产生的产品风险。其次，可以降低巨额投资的风险。由于金融机构将许多业务外包给服务外包提供商，许多固定资产投资等项目的巨额投资就由提供商承担，这些设备往往由许多金融机构共享，提高了金融行业的资产利用率，从而降低了投资整个行业的经营风险。最后，服务外包双方实现风险共担。通过外包，金融机构在与外包提供商共同开发新产品时，达到了与他们共担风险的目的，从而减小了由于新产品开发失败给金融机构造成巨大损失的可能性。但上述种种过程，并非说金融服务外包没有风险，关于其相关风险以及风险规避，将在本章第四节进行详细叙述。

（四）助力实体经济

金融服务外包作为一种新兴的金融创新手段，它在强化企业核心竞争力、降低经营成本、转移经营风险方面发挥了很大的作用，但是归根结底，这种手段是为服务实体经济而存在的。我国经济正处于新旧动能接续转换、经济转型升级的关键时期，在扩大总需求的同时，要求坚定不移地推进供给侧结构性改革，抓好去产能、去库存、去杠杆、补短板，推动发展从过度依赖自然资源向更多依靠人力资源和创新驱动转变，为适应这些新理念，新的金融创新手段应运而生。金融服务外包在扩大总需求和总供给上均具有很大的优势，它充分协调了经济中未被利用的产能和库存，将其投入所需要的领域，进行资源的重新分配和利用。同时，金融服务外包的存在，为经济社会培养了更多的产业，提供了更多的就业机会，进而使实体经济形成了新的竞争力，这对经济的发展和增长起到了很大的推动作用。

第二节　金融外包发展的竞争力

无论是作为发包商还是承包商的企业，都要不断增强自身竞争力才能真正发挥对实体经济的助力作用，只有了解我国金融外包发展概况，对比其所存在的优劣势，才能给出有效的战略规划，为金融外包企业提出发展建议。

一、我国金融外包发展概况

我国的金融外包始于20世纪90年代，起始于IT外包领域，但由于受到体制、金融信息安全、信用体系等因素的制约，我国的金融服务外包的发展较为缓慢，与发达国家相比仍处于初级阶段。

（一）中国金融服务外包发展现状

与外包大国印度相比，虽然我国金融服务外包处于发展的初级阶段，但未来潜力十分巨大。我国金融业对外开放的日趋深化，以及日益加剧的金融业竞争，都将对金融外包的发展起到巨大的推动作用。毕马威调查报告显示，预计未来五年，中国服务外包市场将保持约26%的年复合增长率①。麦肯锡研究显示，中国BPO（Business Process Outsourcing，业务流程外包）市场规模超过200亿元，增长速度超过20%，国内金融BPO市场以超过23%的速度成长②。目前，我国金融服务外包供应商普遍处于快速扩张时期，营业收入年均增速近100%。

从表5-1中可以看出，2012年我国金融服务外包ITO（Information Technology Outsourcing，信息技术外包）和BPO分别较2011年增长了15%和25%，2016年分别为65.84亿美元和18.87亿美元，分别相当于2011年的1.88倍和2.35倍。

表5-1　2011—2016年中国金融服务外包情况　　单位：百万美元

年份	2011	2012	2013	2014	2015	2016
中国金融服务外包ITO	3506.1	4036.4	4545.3	5120	5800.7	6584.3
中国金融服务外包BPO	803.4	964.6	1126.7	1328.4	1580.5	1887.8

资料来源：根据金融服务外包网站数据整理。

（二）基于金融机构发包商的视角

金融服务外包的发包主体主要涵盖了银行、保险、证券、财务公司、信

① 毕马威看好中国服务外包业　三至五年或赶超印度［EB/OL］. 人民网经济频道.

② 鼎韬洞察：我国金融BPO发展现状和趋势分析［EB/OL］. 搜狐新闻.

托等金融行业，我国金融后台服务外包主要集中在银行业和保险业，同时证券业的业务外包正在蓬勃兴起。

我国许多金融机构将自己的业务外包给国外专业机构，以便降低运作成本。我国的金融服务外包经历了信息技术外包（Information Technologg Outsourcing，ITO①）、业务流程外包（Bussiness Process Outsourcing，BPO②）和知识处理外包（Knowledge Process Outsourcing，KPO③）由低层次到高层次的发展过程。由于进行 BPO 的流程是重复性的，并采用了长期合同的形式，因此 BPO 远远超出了咨询的范围。BPO 与传统的 ITO 的区别在于，BPO 能够帮助公司更快地完成整个运行流程外包。

以银行为例，银行的业务外包首先从信息技术外包开始，至今仍集中于 IT 业务，并在原先核心业务处理的基础上增加了自助服务、呼叫中心、网上银行等新兴业务处理系统。在降低成本和改进服务质量的基础上，银行为了获得更高的商业价值，可以通过 BPO 重新设计流程。近几年，世界银行业的不断发展对各个层面上所需专业知识提出了更高的要求，银行业务的不断创新使得银行只靠自身的研究开发已不能在竞争中取胜，于是 KPO 逐渐发展起来，各科研机构和高校可以借此发挥自身优势，为银行提供相关服务。

（三）基于承接金融服务外包视角

1. 政府层面

自 20 世纪 90 年代以来，随着国际金融巨头竞争的日益激烈，大批跨国公司纷纷将数据中心、银行卡中心、呼叫中心、灾备中心以及清算中心等非核心业务外包出去，这更加快了金融业前后台业务分离的进程。在此过程中，我国政府先后推出了 20 个“中国服务外包示范基地”，并且在 2001 年新增厦门为我国第 21 个服务外包示范城市。如表 5-2 所示，各地方政府也纷纷从政

① ITO 是指企业专注于自己的核心业务，而将其 IT 系统的全部或部分外包给专业的信息技术服务公司，常见的信息技术外包涉及信息技术设备的引进和维护、通信网络的管理、数据中心的运作、信息系统的开发和维护、备份和灾难恢复、信息技术培训等。

② BPO 就是企业将一些重复性的非核心或核心业务流程外包给供应商，以降低成本，同时提高服务质量。

③ KPO 是指围绕对业务诀窍的需求而建立起来的业务，指把通过广泛利用全球数据库以及监管机构等的信息资源获取的信息，经过即时、综合的分析研究，最终将报告呈现给客户，作为决策的借鉴。

策方面给予扶持，搭建平台，为引进大型服务外包企业奠定了良好的发展基础。

表 5-2　我国部分服务外包示范城市和基地有关金融外包的基本概况

城市	资质认定情况	基本概况	主要提供商
上海	商务部、工信部和科技部认定的“中国服务外包基地城市”	浦东服务外包有 10 多个基地，张江银行卡产业园已初步建成，是上海市政府打造上海国际金融中心、构建金融后台技术支持功能的主要建设平台	中国人民银行支付系统上海中心、中国银联产业发展基地、交通银行数据处理中心等
北京		中国服务外包产业的中心，2007 年北京市政府出台了《关于加快首都进入后台服务支持系统建设的意见》	IBM 外包中心、路透金融服务、塔塔咨询、博彦科技、文思和东软等
天津		定位于承接上海、北京等城市的业务转移，建设成为国际一流的服务外包基地。金融后台服务外包、财务外包中心等	渣打银行中国运营中心
广州		服务外包与软件外包相结合的贸易大平台，主要包括金融服务、保险、计算机和信息服务等	汇丰银行、东亚银行、瑞士联合银行等分支机构
杭州		以软件业为基础，以离岸外包为重点，与在岸外包、软件出口相结合，重点确定软件、金融、动漫、电信增值等五大领域	恒生电子股份有限公司、塔塔信息技术有限公司等
苏州	中国服务外包示范基地	以软件服务外包为主、ITO 和 BPO 业务为辅，主要涉及软件、金融会计等领域	飞思卡尔、网迅、化导数据、普华永道等

资料来源：根据各服务外包基地城市政府网站资料及其他媒体报道整理。

2. 企业层面

随着我国金融服务外包的迅速发展，以 IBM、惠普、EDS、埃森哲、凯捷等为代表的全球主要大型外包公司纷纷进驻中国。同时，中国本土金融服务外包公司也得到了迅猛发展，具有代表性的有华道数据、炎兴科技、华拓数据、神舟数码、银联数据等。

其中，华道数据的金融 BPO 做得相当成功，以下对华道数据予以简单介绍。

华道数据成立于 1988 年，是目前国内规模最大、服务链条最全的 BPO 企业。该公司拥有北京、上海、广州和华北 4 个业务交付中心，以及北京语音服务中心和花桥语音中心，为中国和北美的信用卡发放机构、银行和保险公司提供一站式的后台流程外包服务，其客户包括近30家境内外行业领先的银行、保险公司、支票清算公司等金融机构。华道数据自主研发了核心系统数据处理系统“data power”和BPM流程管理平台“process power”，建立了基于扫描影像的JIT远程处理系统，通过采用客户现场服务、远程操作和离岸交付等灵活交付模式，实现了把客户端零散的小规模业务处理“集约化”和“生产线化”，创造了BPO领域中独特的中国模式。作为国内BPO行业的标杆，华道数据连续四届获得了商务部和工信部共同颁发的“业务流程外包杰出贡献奖”。

华道数据与国内某保险公司签署外包协议后，针对该公司存在业务高峰、审核瓶颈、结案时效、系统使用率低和数据不足等问题，华道数据发挥自身在文档处理、数据采集直至审核理算的全流程理赔高质量的外包服务优势，使该保险公司的理赔处理能力大大增强，服务质量和客户满意度显著提高。该公司的理赔结案时间从11天缩短为6天，运营成本降低30%，员工离职率下降50%以上，客户满意度显著提高。

二、我国金融外包发展的优劣势

金融服务外包无疑可以极大地降低企业的运营成本，提高运营效率，发挥人力资源优势，并不断拓展市场经济的发展空间。我国作为一个人力和物力资源都很丰富的国家，具备承接和发包的条件。只有充分分析我国在金融服务外包方面所具有的优劣势，扬长避短，才能更好地发挥我国实体经济的潜在能力，为我国实体经济的发展奠定良好的基础。

（一）外包优势

1. 市场环境优势

首先，我国拥有庞大的国内市场，跨国公司为了在我国市场占有一席之地，纷纷在我国建立客户群，尤其是中国香港地区和上海正在成为整个亚洲的金融中心，以商场带动的服务外包趋势势不可当。其次，从行业生命周期理论的角度讲，特定行业生命发展周期主要包括四个发展阶段：幼稚期、成长期、成熟期和衰退期，在全球金融外包领域，印度处于成熟期，而中国正处于从幼稚期向成长期过渡的阶段，在市场潜力方面中国占据绝对优势。这样一个巨大的市场不仅能够使大量全球各地的客户对中国外包市场青睐有加，也为急需高质量产品的本土外包提供商提供了更加多样化的选择。

2. 基础设施优势

由于综合国力的差别，从长远看，我国的整体基础设施建设要好于印度。30多年来的改革开放使中国的基础设施建设迅猛发展，网络规模、通信系统、交通运输等都达到了较高的水平。部分一线城市如上海、北京、深圳等城市的基础设施建设都达到了国际水平。而与发达国家相比，中国的基础设施成本相对低廉。优良而低廉的基础设施为我国金融服务外包业务的顺利开展创造了良好的条件。此外，近年来北京、上海、广州等城市的金融服务外包业迅速发展，形成了综合规模大、配套设施全、产业聚集准的服务外包示范区和服务外包基地，因此，不但吸引了大批的外国企业，而且能够使国内外包提供商在本国获得优良的外包体验。

例如，上海已在浦东地区基本完成了作为全球性金融中心的整体功能布局，初步形成了以陆家嘴CBD为核心的金融前台功能区和以上海市银行卡产业园为载体的国际金融信息服务产业基地的基本格局及联动发展态势。近几年，上海金融布局发展更加迅速，2009年，《上海促进国际金融中心建设条例》颁布，确立了上海建设以“一城一带”（陆家嘴金融城和外滩金融集聚带）为核心的金融发展格局，成为了上海金融集聚区发展的又一次高峰；2013年，上海自贸试验区成立并确立了2040年上海建成全球城市的目标，促使金融业开始在全市布局，这为金融服务的外包提供了极大的便利。

3. 劳动力资源优势

金融服务外包行业属于人力密集型产业，对人员的专业素质要求比较高，因此，劳动力资源的优劣是影响区位优势的重要因素。一些研究机构的结果发现，合格劳动力的绝对数量对金融服务外包承接地的区位优势具有显著影响。作为衡量一国人力资本的重要指标，高等教育的在校人数这一指标已被广泛采用。通过横向对比国际金融服务外包发包国和承接国的相关数据，可以发现，中国、美国和印度的人力资源储备处于遥遥领先的地位。

从劳动力储备纵向发展趋势来看，2010—2015年我国各类高等教育规模呈现递增势头（如图5-1所示），2015年，全国共招收研究生64.5万人，比上年增加2.4万人，增长3.8%。其中，招收博士生7.4万人、硕士生57.1万人。此外，全国招收普通、成人本专科学生共计974.6万人。其中，普通本专科招生737.9万人，比上年增加16.5万人，增长2.3%。

从各行业从业人员人数来看，2015年全国银行业员工总数达到了380万以上，证券业人员总数超过了31万人，保险代理人数在300万左右。我国IT人才培养速度远远超过发达国家及同类竞争对手的水平，以IT人才中需求量最大的软件工程师为例，我国每年培养的软件工程师就达160万人。

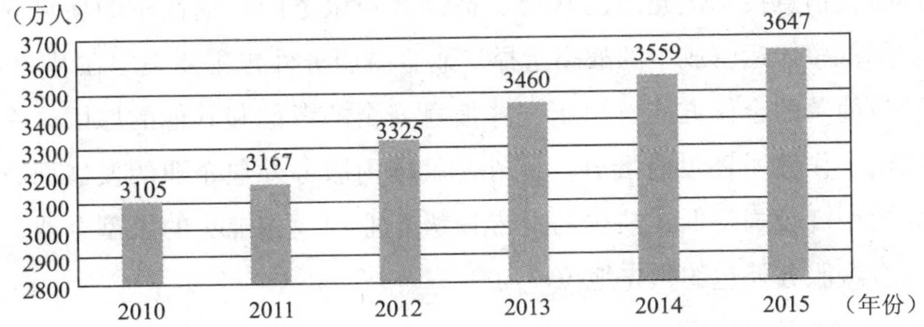

图5-1　2010—2015年全国高等教育在校生规模增长情况

资料来源：根据中国政府网历年全国教育事业发展概况（2010—2015年）整理。

4. 外包基地集聚优势

随着金融行业前后台分工的日益细化和后台业务的独立性发展，我国金融业前台和后台逐渐呈现异地化区域分布的格局，后台业务在新区域呈现产业聚集趋势，并催生出各具特色的金融产业服务区。受惠于早期“千百十工程”和“中国服务外包基地城市”等政策的支持，金融服务园区和金融外包基地都得到了极大的发展。上海、广东、北京、天津、大连五省市构成了首轮金融服务外包基地的区域布局。从目前的发展趋势看，外资金融机构在亚太区的外包业务中心功能正在逐步向上海、北京转移，中国香港地区和东南亚金融机构则有将后台和外包基地设在华南的趋势，日本、韩国金融机构首选落户于大连，天津则定位于金融后台营运基地。除了一线大城市的金融后台竞争外，以西安、杭州、成都为代表的二线城市也形成了第二梯队，目前第三梯队也在紧密建设中，在本章第三节我们也会介绍到关于开封的金融后台外包服务中心建设情况。

（二）外包劣势

1. 外包服务模式初级化

一方面，我国金融外包业务结构简单化，扩展性较低。虽然业务量持续增长，但是附加价值的提升比较有限。简单的业务模式正在逐渐成为外包企业发展过程中的瓶颈，业务机构和发展需求不匹配，随着金融机构业务量的增长，对低端的外包需求会进一步降低。另一方面，外包业务深度以单点外包为主，价值性较低。当前，金融服务公司为适应全球化而不断调整经营战略的同时，信息技术优先级已从旨在提高客户服务的长期任意的项目安排转向旨在降低整体运营成本的战略选择。而金融服务外包主要集中在基础领域，属于比较简单的合作方式，出于一些信息安全的考虑和其他的原因，一些更深层次的工作性质还没有展开。此外，就国内服务外包企业的发展而言，我国行业集中度较国外低，缺少与世界顶级企业规模相媲美的大型企业，不利于提高金融服务外包的领先地位。

2. 金融监管立法不到位

国际上早已将外包服务纳入了立法监管。而我国最早涉及金融服务外包的立法是2005年由银监会颁布的《电子银行业务管理办法》，其中部分涉及我国境内金融机构业务外包的管理规定和我国境内金融机构对外提供跨境银行服务的管理（包括我国境内的金融机构承接外包的金融服务）。但是该法对于非金融机构承接境外的服务外包以及金融机构承接境外非核心金融服务均未作出规定。直到2010年7月，银监会印发了《银行业金融机构外包风险管理指引》，这是目前国内的监管机构发布的最明确且完整的针对金融外包风险的文件。作为另外两家金融业务的监督机构（证监会和保监会）也未确立完善的金融服务外包立法。

3. 个人数据保护法不健全

由于金融服务离岸外包常常伴随着客户个人保密信息的转移，如果没有相应的措施来确保个人资料的安全，将无疑被要求个人资料严格保密的国家拒之门外，这一劣势成为我国涉足金融服务离岸外包业务的一大障碍。印度政府在解决金融外包领域的客户数据保密与安全保障问题上，正在全力构建金融服务法律构架。目前，印度的很多金融服务外包商在美国四大审计公司的审计中都赢得了高分评定。而准备参与金融外包业务的印度企业，也都积极争取相应的国际认证。我国个人数据方面的法律仍处于空白，这对于金融外包的长期发展是极为不利的，因而加强个人数据的立法迫在眉睫。

4. 知识产权有效保护低效率

金融服务外包通常采取电子交付的方式，这就使得传统的知识产权法律体系受到了网络的挑战。如何对网络环境下的新型知识产权予以保护，成为我国完善金融服务外包领域知识产权立法的目标之一。1994 年的印度议会对 1957 年的版权法进行了彻底的修正，于 1995 年 5 月 10 日正式生效。该法除在明确规范版权人及使用者的权利、责任、义务及利益之外，还依据 WTO 中 TRIPS 的基本原则，对数据库知识产权、以源代码或目标代码表达的计算机程序、著作出租权的保护范围、权利限制与作品的合理使用等方面都进行了重大调整，进一步向国际惯例和 WTO 的有关协议靠拢。该版权法对侵犯版权的行为规定了严厉的民事与刑事指控。

5. 相关财税鼓励政策不完善

政府政策往往是行业的风向标。由于我国金融服务外包业务尚未成熟，竞争优势仍不明显，以往的财税政策无法较好地配合外包业务的发展，导致了财税鼓励政策利用的低效率，因而急需政府出台相关的财税鼓励政策，给予这些金融服务外包机构一些税收优惠或者税收补助，充分发挥财税政策的优势，促使更多的企业更加踊跃地参与金融服务外包，进而促进金融服务外包业务在我国更进一步的发展。此外，政府应对现行财税制度进行改革，以便更好地发挥税收政策在提升金融服务业竞争力、促进我国实体经济发展方面的重要作用。

三、金融外包的发展战略

综观整个行业的发展，外包是一个逆周期的行业，经济环境不佳时，外包反而会获得增长。因此，我国应当抓住机遇，在全球性金融危机过后之际，实现绝地反击。借鉴印度经验，我国在增强承接金融服务外包的竞争力方面，可采取以下几方面的策略。

（一）提升技术专业性

印度发展外包业务时，主要是依靠降低成本的策略以吸引离岸外包，结果陷入了恶性循环之中。金融危机前，印度几大外包公司的软件工程师人数不断增加，雇用的员工超过了 30 万人。在此期间，员工的工资年均增幅为 12%，每年员工培训的费用也在递增。本国劳动力成本的逐年高涨、金融危机前的卢比升值以及居高不下的员工流失率使印度外包企业原有的成本优势在逐渐丧失。虽然当前经济发展的形势仍然需要我国的服务外包控制成本，但是从长远来看，提升外包的技术专业性才能使自身在竞争中立于不败之地。因此，我国的外包企业应该注重提供特殊功能的金融外包服务，尽量减少中间工作环节，完善合理化操作过程，配合客户提高服务效率，增加产品的种类与价值。从过去为金融机构提供服务的“加工厂”变为各大金融机构的战略合作伙伴，全面融入各金融机构的业务中去，即从过去的“服务外包”转变为“转型外包”。

（二）扩大业务承接面

由于印度主要承接来自美国的金融外包业务，所以受金融危机的影响最严重。我国在提高承接欧美离岸外包数量的同时，还应该发挥文化上和地理上的优势，从为韩国和日本金融机构提供 IT 服务外包开始逐步扩展服务领域。在承接离岸外包和近岸外包的同时，要注重境内外包，因为我国有着印度所不具备的广泛的国内市场。随着 2006 年金融市场的全面放开，我国国内金融机构面临的竞争日趋严峻，金融机构一直在努力进行体制方面的创新与改革，他们希望借助金融外包，优化自身的管理和业务流程。

（三）实现比较优势和集群优势

印度大多数的金融外包企业都集中在班加罗尔、孟买和海得拉巴这三个大城市，其中数量仅占 10% 的大公司就拥有 90% 的金融外包服务市场份额。这些城市的各种基础设较为完善，交通、通信、电力、生活等配套设施齐全、可靠而且成本低廉，使金融外包企业能够全天候运营，同时这些城市也是航空枢纽。印度的外包产业的集聚降低了交易成本，开拓了更多的海外市场，催生了当地的相关产业。我国应该借鉴印度先进的国际金融服务外包基地发展经验，加快金融服务产业集群基地的建设，发挥产业集群优势。从建设高水准、前瞻性的金融服务外包需要的基础设施要求出发，建设配套功能齐全的国际化服务外包园区。完善通信基础设施，筹建直达欧洲、美国、日韩的高速互联网络出口。对入驻基地的国内外著名企业总部、研发中心等的购地建设、购买或租赁自用办公用房，实行土地房租优惠政策。规划专门的金融产业基地，以改变地域分散、个体规模小、经营理念落后、管理水平偏低的金融服务外包状况。

目前，北京、上海、深圳等金融发达城市都规划了专门的金融产业基地，大力发展金融外包服务产业，以弥补自己金融业务上的缺口。我国应加快改善产业基地的基础软硬件环境建设，充分借鉴印度、爱尔兰等国际先进金融服务外包基地的发展经验。

（四）加大人才培养及引进力度

一方面，通过政府来提高公共服务和培训支持来缓解人才矛盾，尤其是把英语、软件人才及金融人才的培养作为工作的重中之重。政府拿出一定资金并与培训机构共同进行专业的人才培训，包括在校生和大学毕业生人才的培训。这种培训由政府主导，通过培训机构、跨国公司以及学生共同参与的方式进行简单的培训。另一方面，大量招揽吸引海外留学生回国创业，加大对高级人才的引进力度，设立专门人才引进基金，对引进人才在简化出入境手续、落户以及提供住房等方面实行优惠，给予便利。

第三节　金融外包发展前景

对于实体企业来说，一项金融创新技术最关键的就在于其发展前景，它决定了该企业甚至整个行业在未来的总体规划，包括资金的安排、人员的调动、核心业务的分配等。故而本节将着重讲述金融服务外包的全球发展趋势，并将其中的金融后台业务外包与我国情况相结合，进而进行全面分析，并将介绍河南开封这一金融后台服务外包第三梯度城市建设的发展情况。

一、全球金融服务外包的发展趋势

从世界范围来看，金融服务外包目前正处于行业生命周期的高速成长阶段。分析全球外包发展的趋势，对于我国各相关企业和行业的发展规划具有很好的导向作用。

（一）外包市场潜力巨大

目前，金融服务外包产业已经成为横跨金融产业和高新技术服务外包产业两大现代服务支柱产业的一个新的细分产业。未来，随着中国经济的转型升级，金融市场化改革的逐步推进，金融行业价值链的不断延伸，金融服务外包的发展空间和潜力将会不断增加。经济转型催生了金融外包市场需求。当前，我国正处在经济转型的重要历史时期，其核心问题实质上是社会资源的重新配置。金融资源是社会资源中重要的组成部分，金融资源的重新配置，将遵循效用最大化的原则，引导社会资源按照经济转型升级的路径前进和发展。在金融资源重新配置的过程中，将会产生大量金融外包的需求。

随着我国金融改革的不断深入，银行、保险、证券等金融企业的业务范围会不断扩大，而我国日趋提高的金融开放度，使得这些金融企业的业务竞争日益加剧。只有极少数实力较强的金融机构对于自身所需的技术和所有业务流程都能够自己进行研发并操作。越来越多的金融企业为增加服务种类和保证服务质量，会选择将非核心业务外包，专注发展核心业务，提升自身的核心业务竞争能力。此举将会使我国金融服务外包的需求与日俱增。

与印度不同的是：我国初期金融服务外包将主要靠内需拉动。第一，国内金融业开展服务外包才 20 余年，许多金融企业还处于刚刚开始尝试阶段，市场拓展空间巨大；第二，我国承接商的管理经验较少、专业资质不足、技术层次较低，在市场开拓中往往先选择在岸市场。据统计，我国涉及金融服务外包的企业中，只有四分之一从事离岸外包，剩下的四分之三只做在岸外包。这也表明我国外包国际市场还有很大的空间，在继内需拉动之后，要培养外包新的增长点，提高金融服务外包的供给侧改革，使其能够面向更广阔的市场，拥有更加强劲的增长动力。

（二）产业集聚效应增强，承包区域后线转移

目前，我国的金融外包供应商的现状是：金融理念落后、管理水平偏低、经营规模较小、市场竞争能力较弱，这些直接导致外包企业净利润微薄。随着近几年国内人力成本的不断攀升，外包企业的压力进一步增大，越来越多的企业选择公司合并的方式抱团取暖，节约行政管理费用。国家及地方政府为支持金融外包产业的发展，正在组织建立专门的金融产业基地、金融外包

园区等，期望通过产业的集聚效应改变国内服务供应商的现状。例如，已经成为国内最具产业规模效应的金融后台集聚区之一的成都，通过吸引国内外知名大型金融机构落户，已有50余家企业从事金融服务外包，年产值达15亿元。为进一步增大集群效应，成都于2015年底，建成了金融后台共享服务、金融业务流程外包服务和金融外包创新服务三大产业集群，产业规模达到100亿元。

目前，国内许多金融发达城市都已经规划了金融服务外包基地，相信未来几年间集聚区功能会逐步彰显，并会对我国金融外包业、整个金融业发展起到重要的推动作用。北京、大连、上海、深圳等一线城市是承接金融服务外包较早的地区，以IT业务为例，仅北京、大连和上海三个城市的规模就占到了国内市场总规模的50%以上。这些一线城市，以其良好的金融环境、优质的人力资源、优越的支持政策，甚至是一定的地缘优势谋求金融外包的发展。但近年来，随着一线城市的各项成本不断上升，二三线城市政策和金融环境的优化，外包服务商正逐步向二三线城市转移。目前，承接外包的区域已经由以一线城市为中心，向二三线城市补充发展的格局转变。未来，随着基础设施的不断完善、金融业的不断发展，二三线城市外包服务商将凭借“价格洼地”的优势获得更多承接服务的机会。

（三）外包内容深化发展，依赖技术和金融创新

从金融服务外包的发展进程看，外包的内容在经过文书类业务过渡后，主要经历了三个阶段：第一阶段是信息技术类的业务，第二阶段是业务流程类的业务，第三阶段是关于知识流程的业务，当前是ITO与BPO混合的外包。而未来的发展趋势是以KPO为主的业务，即金融企业将其操作管理中一些具有特殊功能的业务进行外包。金融外包市场进一步细分，逐步向深度高、范围窄的方向发展。当前，已经有一些从事特定业务的外包商加大业务难度，集中精力开拓专家型外包（KPO的另一种说法）业务，创造出新的知识资本，从而大力降低成本，以保持未来竞争力。

IT技术、互联网技术的空前发展，尤其是以云计算为代表的新一代信息技术为服务外包提供了新的增长空间，使金融业务突破了空间、地域的限制，为金融机构在全球范围内实施服务外包提供了技术基础。金融业信息化的广泛应用，金融机构信息系统、流程改进等，为金融服务外包提供了越来越多的市场机会。此外，移动通信服务和4G服务也将为金融外包带来新的机会。如工商银行、农业银行、中国银行、建设银行等都开通了手机银行，人们通过手机可以查询银行卡的账户、信用卡账单等，进行还款、转账、买基金、电话缴费等操作，这些新的业务增长点对外包业务提出了更高的要求。同时，客户对新产品、新服务需求的不断增长，推动了金融机构的产品和渠道创新，加速了金融机构外包的进程。

（四）外包前后台业务分离

金融业的快速成长将释放大量的后台服务。为了降低成本，很多金融机构都在寻求专业服务外包。当前，我国金融业呈现出核心业务和非核心业务、前台业务和后台业务、标准流程业务和非标准流程业务加快分离的趋势，原有自主运营的产业链正逐渐向专业化方向发展。国内金融机构开始更多关注自身核心业务的发展创新和整体经营效益的提升，逐步形成了金融机构专注核心能力、服务供应商提供其他专业服务的金融产业链生态环境。以数据中心、清算中心、银行卡中心、研发中心为主的金融后台服务与金融机构前台经营分离，正成为金融业未来发展的趋势。

二、金融外包的重要趋势——金融后台外包

金融后台，是指同金融机构直接经营活动（前台）相对分离，并为其提供服务和支撑的功能模块和业务部门，如清算中心、数据中心、银行卡中心、研发中心、呼叫中心、灾备中心等。伴随着技术的发展，目前能够从金融业总部分离的金融业后台服务范围已经越来越广泛。所以金融机构可以选择进行离岸外包的金融后台服务的范围也越来越广。

（一）金融后台外包业务的种类

1. 单据处理外包

单据处理是指在现代金融作业流程中，前台柜员受理客户单据，通过影像技术等送交到后台处理中心统一交由后台工作人员进行处理的过程。后台工作人员通过远程登录客户服务器，为金融客户提供在线实时处理与非实时单证处理等服务，并按照客户要求的质量、时间、数量和数据格式提供单证

处理数据和统计分析。这一业务本身具有耗时、技术含量低、高重复率等特点，极大地节约了发包商的时间、金钱及人力，使其能够有更多的时间和精力来发展核心业务。

2. 容灾备份外包

一个金融机构的主数据中心是交易记录、贷款记录、信用记录、客户信息等各种类型的信息汇聚中心，也是提供金融机构所有业务系统的运行平台。而容灾备份指的是对这些金融信息数据进行保护和备份，备份站点在正常的情况下只备份数据，并不承担业务，而一旦出现灾难时，备份站点将及时地接替主站点的业务，进而维护业务运行的连续性。容灾备份使得经济实体能在灾难（包括各种自然与人为的灾难）发生时，全面、及时地恢复整个系统，避免关键数据丢失所造成不可估量的经济损失和巨大的社会影响，极大地保证了企业业务的流畅性。2013 年，华为数据中心打造“云时代”容灾备份传送解决方案，通过“两地三中心”这一策略将同城灾备、异地灾备两种方案相结合，构成完善的灾备网络，实现数据“0 丢失”，业务“0 中断”。

3. 银行卡外包

目前，银行卡外包是银行服务外包发展的一个重要领域。特别是信用卡外包，因其特有的业务处理流程、信用评级体系和售后服务体系，使其保持着相对独立作业的体系，具有实施外包的先天优势。目前，我国的服务外包商已经可以提供“全流程”的银行卡外包服务，从申办筹建、设计产品、市场营销、交易及处理客户信息，到客户服务、客户数据分析和市场定位已实现全覆盖。在 2003 年，我国的信用卡仅 100 万张，到 2010 年第一季度，我国的信用卡累计发卡量高达 2. 07 亿张，信用卡业务的广泛外包是促使信用卡发卡量如此高速发展的主要推手。

信用卡业务的外包给银行带来了极大的便利。首先，极大地节约了发卡成本；其次，避免各银行走其他银行走过的弯路，顺应最新潮流和直接享受最新的技术；再次，由于外包服务商（如银联数据）的发卡系统具有严密的科学性、安全性和规范性，使得信用卡容易通过监管部门的审批，缩短行业进入时间；最后，各银行在业务外包后可集中有限的资源专注信用卡的核心业务，营造比较优势。正如亚当·斯密所说，凡能采用分工制的工艺，一经采用分工制，便相应地增进劳动的生产力。

除上述介绍的几种金融后台业务外包类型外，还有结算外包、信息系统外包、运营外包、各类增值服务外包等类型，这些对于很多企业的发展都起到了重要的作用，使其能专注于核心业务，推动自身核心业务创新发展，为企业的长远发展奠定了深厚的基础。

下文通过对广发银行信用卡外包操作过程的描述及经验的总结，为读者展示一条完整的金融外包服务链。

广发银行信用卡外包案例分析

【案例介绍】

广发银行1995年开始发行信用卡，该信用卡真正与国际该业务的标准接轨，给予客户透支额度，而无须客户存入现金进行消费。从2005年开始，信用卡发卡量的增长率开始大幅提升，2005年广发银行新增发卡约30万张，2006年新增发卡约55万张，2007年新增发卡100万张，新增发卡量年增长率接近100%。

（1）信用卡业务量剧增的挑战：业务量的剧增固然可喜，它使银行信用卡业务迎来了发展的黄金时期，但对发卡整个运营环节产生了巨大的冲击。随着业务量的增加，扫描录入、信审、制卡等运营工作量相应加大，故而扫描设备、电脑设备等运营设备配置也需配套增加，由此产生的一系列问题必须同步解决。同时，也要注意，发卡业务存在周期性的特点，在节假日前夕、季度末月份往往是高峰期，而春节过后则是业务的低谷期间。此外，还要考虑到广发银行基本属于国有控股，且国家对银行业的监管较严，人员编制增加需要层层上报审批，导致人员编制的增加无法与高速增长的业务量相匹配。面对上述挑战，广发银行信用卡中心管理层开始考虑并寻求更好的方式以应对业务量急剧增长的难题。

（2）信用卡承包商的选择：与此同时，市场上已经出现一些专门为金融企业提供外包服务的企业，管理层借此解决该难题。在外包业务选定后，广发银行信用卡中心如何选择合适的外包商就是其要解决的首要问题，这关系到今后很长一段时间该行的信用卡业务的发展。为此，广发银行管理层制定了以下措施分步骤进行：首先，制定业务外包实施方案。其次，信用卡中心建立外包商数据库，只有通过准入评估的承包商才可被考虑进行业务合作。再次，采购处就业务初步外包方案与外包商进行沟通，获取初步报价信息，送交财务处对项目进行可行性分析。最后，进行项目招投标。

根据评标委员的评选结果，最终选择信雅达成为广发银行信用卡中心的扫描录入业务外包商，金邦达成为制卡邮寄业务外包商，合作期均为两年。广发银行引入运营外包商后，逐渐摆脱了发卡量迅速增长带来的困境，保证了业务平稳发展且取得了良好的效果。

【案例总结】

（1）分工提高效率，专业创造价值。外包公司具有专业的运营团队和成熟标准化的流程，使广发银行信用卡业务外包后的运用作业流程变更，业务处理时效增强，可以在短时间内完成银行原来自行处理的业务。

（2）广发银行实施业务外包后，由于专业化的操作和较为完善的流程，业务的准确率得到较大提升，同时也提高了运营业务质量及客户满意度。

（3）由于外包商作业已经形成规模经济效益，并且通过外包服务商之间的价格竞争，广发银行可以获得满意的外包价格，外包商的服务成本低于原银行的运营成本。

（4）集中精力专注核心业务。广发银行实施业务外包后，精减了业务人员规模，通过外包管理人员实现了业务的正常运营。通过与外包商的服务协议，明确了双方的权利和责任，保证了日常业务的正常开展。因此，广发银行管理人员把更多的管理资源投入了银行风险控制和客户营销方面，使银行风险水平和市场营销水平实现了同步提升。

（二）金融后台外包的经济效益

1. 就业效应

凭借产业关联性，从而通过发展金融后台服务外包产业，间接提高了其他产业的就业量。金融后台服务外包产业属于人力智力密集型产业，吸纳就业能力较强，特别是金融后台服务中心的建设可以为当地和周边地区带来大量的就业机会，产生显著的就业效应，包括直接就业效应以及间接就业效应。据统计，2010 年我国服务外包企业新增从业人员 78.1 万人，其中新增应届大学毕业生48.6万人，约占新增从业人员的62.2%。

2. 技术外溢效应

技术外溢通常被解释为："跨国公司通过在东道国建立子公司、提供技术等方式，或者在与东道国服务商开展某些业务活动的过程中，导致其相关技术、研发、管理经验、人力资本等无形资产向东道国的自愿或者非自愿的扩散。"承接来自于国内外金融机构的服务外包能够为我国带来很高的技术外溢效应，特别是对于金融后台服务外包，因为银行、保险、证券等金融机构都属于高层次的经营和管理机构，它们一般都具有丰富的技术、管理经验、研发能力、经营理念、营销方式、质量控制措施等。伴随着金融后台业务外包规模的不断扩大和业务种类的不断增加，我国金融服务外包企业在与这些金融机构进行外包业务往来的过程中，便可以逐渐从中获得技术外溢效应，从而提高企业竞争力和自主创新能力，推动我国经济进一步增长。技术外溢效应重点体现在能够提高服务外包企业的劳动生产率，提升企业的创新能力。

3. 产业结构优化效应

产业结构是指各产业的构成以及在国民经济中的比例，按三次产业划分法，我国的产业结构主要分为第一产业（农业）、第二产业（工业和建筑业）、第三产业（除第一产业和第二产业以外的其他行业，主要包括流通部门和服务部门）。当前，我国产业结构处于失衡状态，主要偏重于第一产业和第二产业，而第三产业的比重则明显偏低，尤其是传统制造业占整体产业结构的比重较大，而服务业的占比则较小。与世界一些发达国家相比，我国第三产业增加值的贡献度很低。同时，由于高能耗、高物耗的工业发展过快，因污染较为严重，使得生态环境趋于恶化。

承接金融后台服务外包能够产生产业结构优化效应，即能够使产业结构得到优化升级。所谓产业结构优化升级，是指通过产业结构的调整，使三大产业在国民经济中的比例关系更加协调，同时促使产业由低附加值、低技术含量、高污染状态向高附加值、高技术含量、低污染状态逐渐演进。对于我国来说，调整产业结构、促进产业结构优化升级的方式是在保证农业基础地位的同时，适度控制重工业等传统产业的发展速度，并逐渐加快第三产业的发展，提高服务业的产值，促进我国经济逐渐由粗放型增长方式向集约型增长方式转变。

三、河南省开封市的金融后台外包之路

河南省开封市自20世纪八九十年代国企改制后，其人均GDP从高于全省平均水平逐渐下滑，同时由于交通和资源方面存在劣势，使得开封市的发展受制于省会城市，经济过度依赖旅游业，而在其他方面没有突出表现。金融外包给开封带来了一种新的发展机遇，在开封建设金融后台服务中心具有现实可行性。

（一）宏观环境

近年来，国内大多数城市肩负着产业结构升级的迫切任务，因此地方政府更加重视金融要素。一方面，区域中心城市规模的不断扩张，使得要素成本日益提高，金融产业聚集背后是激烈的同质化竞争，为了降低成本、提高效率，有必要将金融后台服务等业务迁出核心城区。另一方面，金融中心城市的周边城市，承接金融中心城市部分金融产业转移的意愿强烈，尤其是金融后台服务产业。对于致力于成为区域性或国际性金融后台服务中心的城市来说，金融后台产业能够带来巨大的经济效应，并且有着广阔的市场前景。例如，金融后台业务对场地、员工、IT设备等有着巨大的需求，还能够带动信息、资本、人力资源、金融产品等一系列金融资源的集聚。因此，国内众多城市纷纷提出建设金融后台服务中心的设想和规划。

在我国东部，上海强调本地产业对接，在张江建设金融信息服务产业基地，迅速吸引了多家金融机构在沪成立了数据处理中心和信用卡中心，由此形成以陆家嘴为前台、以张江为后台的金融布局。在我国西部，成都、西安、重庆都有意争夺西部金融中心之位，国内、国际金融机构齐聚，加快了金融后台服务中心建设速度。在我国北方，天津正在谋划建设金融后台营运基地，服务于北京的银行总部和本地金融机构，打造北方金融中心。大连谋势而动，以地缘对接优势，开拓日本和韩国的金融服务外包市场。在我国南方，深圳选择对接我国香港地区。2006年底，深圳市提出承接香港金融后台转移的实施方案，在香港举行的洽谈会上，10余家港资金融机构签署落户意向书。佛山建立省级金融高新技术服务区，意欲成为广东省乃至泛珠三角地区金融产业发展的后台服务基地。在中部，武汉具有得天独厚的优势，更显作为，努

力优化金融生态，提升信用环境，抢抓机遇，武汉在进行“十一五”区域金融中心的规划时便把金融后台中心的建设纳入其中，并出台了一系列优惠政策予以支持。目前，已有一批后台服务中心落户江城。

虽然国内金融后台服务中心建设开展得如火如荼，但在整个河南省范围内还没有集中建设金融后台服务中心的先例，开封无疑是“第一个吃螃蟹者”，在整个中原经济区首开先河。

（二）发展优势

1. 区位优势

开封地处中原，政治经济稳定，社会和谐，这为安全性要求较高的金融后台服务中心建设提供了安全保证。另外，伴随着“郑汴一体化”进程，开封原有的区位优势越发凸显，郑开大道、郑汴物流大道、郑开城际铁路等将开封与郑州紧密连接在一起，开封几乎可以毫无障碍地共享郑州四通八达的交通网络。面对国内外金融行业的激烈竞争，金融后台服务中心势必外移或外包。在此过程中，金融后台服务开始从东部向西部转移、从金融中心城市向周边城市转移，开封有机会承接金融后台服务产业转移，从而在整个中原经济区金融后台服务中心建设中取得先机。

2. 成本和人才优势

开封毗邻郑州，人力、土地、办公用房、物价水平等方面成本远低于郑州。开封以及临近开封的龙子湖校区坐拥多所高校，具有充足的人力资源，这也为开封的金融后台服务中心建设提供了便利。优秀的金融教育资源及研究资源，对于开封市打造河南省金融教育研究中心具有重要的意义。

（三）建设办法

在建设河南省新兴副中心城市的进程中，开封从大处着眼，紧抓当下的良好机遇，聚焦于建设区域金融中心，即以中原经济区核心层——郑州、开封为核心，以郑东金融商务区为前台服务中心，以开封为金融后台服务中心，完善服务功能，增强服务能力，打造“郑开区域金融中心”。

郑开区域金融中心分为两个主体功能区，一个是以郑东新区为核心的金融商务区，另一个是以开封新区为核心的金融后台服务中心。两大功能区，一东一西，一个注重前台经营和中台决策，另一个聚焦后台支持的金融创新服务，具体来讲，就是要实现郑州、开封遥相呼应的双核金融中心，并利用各自优势实现金融中心内的产业分工和功能划分。要把握郑汴同城发展历史机遇，结合开封新区企业众多、文化氛围浓厚以及金融创新需求多、潜力大的特点，以国际先进的发展模式和创新理念，规划开封金融后台服务中心，重点发展风险与股权投资、金融后台及外包服务等产业。建立金融创新激励机制，活跃金融创新氛围，探索开展科技保险、科技银行、离岸金融等创新业务，吸引各类股权投资机构聚集发展，完善自主创新金融服务体系，推动金融资本与科技创新融合。探索建立适应非上市股权流通转让、并购扩张、产业整合需求的场外交易市场，将开封金融后台服务中心建设成为中原地区乃至全国的综合性金融创新试验基地。

在打造后台服务中心的过程中，要进行立体规划与建设，不仅要注重金融产品和服务市场建设，更要注重金融市场参与主体体系构建，只有多元化的市场主体和逐步完善的金融市场，才能真正激发金融活力，提升金融供给层次，为经济发展提供持续不断的强大动力。

第四节　金融外包风险与监管

金融服务外包虽然很大程度上能降低企业的成本，提高企业的竞争力，且有着很好的发展前景，但企业在使用这一金融创新手段的过程中，要注意到不同类型的外包风险的发生，并非所有的风险都会对金融外包产生严重后果的高风险，有时候几个小风险的共同作用也会对金融外包产生影响，要了解这些风险的严重程度如何，就需要了解不同外包阶段可能存在的风险，进而采取适当措施为实体产业更好地发展提供实践帮助。

一、风险类型

在国际金融服务外包业务领域，巴塞尔联合论坛现有的《金融服务外包》文件中，指出了在外包过程中可能出现的十种主要风险①，此外，将主要从外包的三个方面入手进行解析，为各位读者展示在整个金融服务外包过程中可

① 《金融服务外包》文件中所列出的十种主要风险：战略风险、声誉风险、法律风险、操作风险、退出风险、信用风险、国家履约风险、沟通风险、集中风险和系统风险。

能会遇到的一些主要风险。

（一）客户方面

在金融服务外包中，由客户（金融机构）自身所引发的风险包括：不能够及时更新金融方面的专业知识，缺乏创新能力，所外包出去的业务资源与核心业务紧密相关，与服务提供商及技术人员之间缺乏交流。所以，在金融服务外包执行过程中双方应该积极地与对方保持沟通状态，并且明确规定如果达不到相应的服务质量时责任方应该承担相应的赔偿责任。

在金融服务外包中，对于服务提供商来说，由于商业上的不确定性，客户可能在签完外包合同之后改变需求，这就需要服务提供商在迅速变化的商业环境中具备更新换代的积极适应能力。当然这样的变化并不代表就一定会产生损失，但是站在服务提供商的角度，同样，可以在合同中对可能发生的类似情况予以规定，以期能够在将来提供服务的过程中有充分的缓冲机会。

多数情况下，服务外包提供商掌握了金融外包业务所需要的专门技术，积累了比客户更多的外包实践经验，更有可能客观地评估外包风险，有能力制定降低风险策略。

（二）服务提供商方面

在金融服务外包中，对于金融机构来说，由服务提供商所引发的风险包括：服务人员缺乏经验，服务商疏于掌握新技术，金融机构过于依赖服务提供商而对自己的相关业务逐渐生疏，由于服务提供商劣质的服务给金融机构声誉造成很大的影响以及由于服务提供商的工作人员可能将顾客的资料外泄而产生种种风险。面对此类情况，服务提供商可以通过为客户建立知识管理体系，并帮助客户建立服务外包合作管理团队等方法来解决。同时，也可以定期对外包项目进行检查和评估。另外，在外包合同中尽量将服务提供商可能违约而造成的损失量化，从而有依据地给予适当的惩罚和监管。

在金融服务外包中，如果服务商提供的服务得不到客户的认可就有可能产生额外成本。因此，金融机构应该在服务提供商提供服务之前就通过合同条款规定，对客户满意度进行明确的规定和量化，这不仅可以为金融机构保证服务质量，也可以为服务商所提供的服务确立一个可以度量的标准，有利于双方的沟通以及相处，从而保证双方利益的实现。

（三）交易方面

在交易的过程中所产生的风险包括：交易的过程可能会削弱金融机构对外包项目的管理以及发生多项隐藏的成本，例如客户选择服务提供商时的交易成本，将业务转交给服务提供商的转接成本，在交易过程中服务未能达到标准而产生的损失成本，以及在交易过程中双方可能因为商业上的不确定性而引起纠纷和冲突，还包括可能在交易过程中由于双方缺乏沟通而引起矛盾等。这就要求实施金融服务外包的双方不仅在交易之前需要充分地评估对方，而且要在交易过程中进行定期的项目评估来达到跟踪服务进程的目的，从而及时地将可能的损失降到最低。

二、风险规避

风险规避是一个在风险管理中常见的专业术语，它是指通过计划的变更来消除风险或风险发生的条件，保护目标免受风险的影响。风险规避并不意味着完全消除风险，规避的是风险可能造成的损失。它主要表现为：一是要降低损失发生的概率，主要是采取事先控制措施；二是要降低损失程度，主要包括事先控制、事后补救两个方面。金融机构将金融业务外包时，不仅要对外包业务的风险进行识别，而且要能够做到将可能发生的风险在发生之前规避，从而将可能造成的损失降到最低限度。以下将从发包环节对服务提供商的选择和签订外包合同条款环节两个主要角度对金融机构的风险规避进行探讨。

（一）基于发包环节

金融机构如果在此时能够选择好服务外包提供商，就会从根源上将业务外包的风险降到最低限度。那么，金融机构如何才能够选择到双方满意，而外包风险又小的外包提供商呢？为此，金融机构可以做好以下工作：

1. 完善市场调研工作

在金融机构决定要将业务外包前，必须对金融服务外包供应商市场进行详细的调研，确定服务提供商的选择标准。为此，金融机构首先需要弄清金融服务外包市场的竞争结构；在此基础上，金融机构需要明晰其核心业务和核心竞争力，应该将哪些业务外包，如何与服务外包提供商进行良好的沟通等。对于服务外包提供商的调研，也可以采用聘请外部咨询机构来进行专门调查和评估的方法。

2. 确定外包提供商的标准

一般来说，为了降低外包风险，金融机构选择服务外包提供应该事先确定选择服务外包提供商的标准。一般会选择行业信誉度好、具有丰富的承接金融服务外包业务的经验、规模较大和信息安全管理较好的服务外包提供商。同时，金融机构可以借鉴同行外包的经验，确定外包服务等级、规模、原则、行为规范等。

3. 选择提供商的信誉水平

一般来说，金融机构更偏向于选择与自身战略目标相一致，具有丰富的承接金融业务外包的行业经验的提供商，金融机构通过项目招标，在公开、公平的基础上，选择信誉好、技术强、经验足、人力资源丰富的服务外包提供商。此外，如果外包的业务是非常重要的，金融机构可以选择两个以上服务外包提供商，引进竞争机制，形成竞争格局，从而可以达到降低外包风险的目的。

4. 实施监管与退出工作

金融机构在相关业务外包后要保持对外包项目执行的监控，及时与金融服务外包提供商交换意见，及时发现引起风险的隐患因素，建立事前和事后监督机制与风险甄别警告机制。金融机构如果发现外包业务不适合外包，需要重新收回自己管理，或者由于其他原因需要退出外包的，要防止给外包方造成损失，尽量将损失降到最低限度。

（二）基于合同条款环节

根据委托—代理理论，交易风险源于信息不对称，信息不对称使得交易者容易产生多种风险倾向。委托—代理理论认为解决风险问题的主要措施就是合同条款的制定，认为交易双方只要设计好合同条款，委托人就能够让代理人“自觉”披露必要的私人信息、实现风险分担、激励代理人努力工作。合同是有效规避风险的措施之一。

而金融服务外包中金融机构与提供商之间的关系与委托—代理理论中委托人和代理人的关系相类似。在金融服务外包过程中，外包合同是约束金融机构和服务外包提供商的主要依据，因此，金融机构可以通过签订详细的外包合同条款来规避风险。其主要条款与金融服务外包风险之间的关系如图5-2所示。

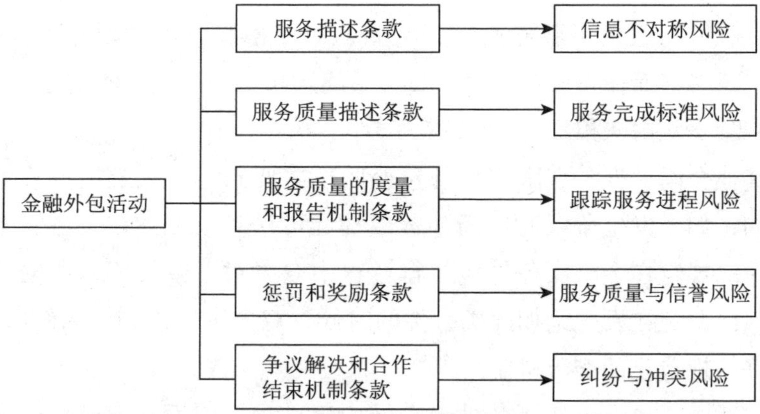

图 5-2　金融服务外包合同条款与规避风险之间的关系

1. 规定服务及服务质量描述条款

在合同中明确发包方与服务提供商各自应承担的义务，将发包商和服务提供商之间的义务加以确定。合同条款的明确规定使得外包双方对于约定条款都有充分的了解和认识，避免了一方对另一方的信息隐藏，或是由于信息不对称而造成一方的不理解或不知晓。除此之外，由于金融机构对外包需求进行了量化估计，从而避免了将来在外包执行过程中因为需求过于抽象或是标准不统一而造成一定的风险。

金融机构将符合自身业务需求的服务水平指标明确地规定在服务合同中，使得服务提供商务必按照这些指标的标准来提供服务，尽到自己应尽的义务。因此，金融机构在合同中对服务质量描述条款作出规定，可以确保服务提供商按照合同规定完成外包业务。

2. 规定服务质量的度量和报告机制条款

金融机构可以不定期对金融服务外包提供商的服务质量进行测试和测评，或者委托第三方机构对服务外包提供商的服务质量或满意度进行测评，为以后选择服务外包提供商提供参考。同时，也可以要求服务外包提供商定期提供外包业务进展报告，以保障金融机构及时了解到所外包业务的最新情况，避免造成无法挽回的损失。

3. 规定惩罚和奖励机制条款

金融机构通过对惩罚和奖励条款的规定，可以针对服务商提供服务的质量优劣而奖惩有别，这样适度的奖励和惩罚可以激励或是鞭策服务提供商更好地提供服务。避免了服务商懒于创新，而使得服务不能领先于竞争对手；或是偷工减料，而使得服务质量不过关最终影响了金融机构的信誉等。

4. 规定争议解决和合作结束机制条款

与其他合同一样，金融服务外包合同也需要制定争议解决方式等相关条款。例如，如果发生争议时申请仲裁或提起诉讼条款等。在金融服务外包合同中，一般规定在金融服务外包执行过程中双方对一些具体问题的处理方式和原则，以避免在发生诸如此类事件的时候，双方发生不必要的纠纷和冲突，建立良好的规范化的交流机制。

在实践中，也有一些服务外包合同由于种种原因而提前结束，常常引起后续纠纷，从而导致金融服务外包双方进一步产生损失。因此，一份签订完善的金融服务外包合同应该明确规定服务外包合同结束的条件以及结束后双方如何解决问题的程序，通过合同签订时细致入微的工作而免除服务结束时可能发生的纠纷。

三、金融外包监管制度的建立

由于金融行业的特殊性，金融机构对其业务外包的风险管理具有特殊要求，因此，对于金融服务外包所存在的风险，一方面需要依靠必要的市场力量，另一方面对金融监管当局也提出了硬性的要求。

（一）规定服务外包范围

监管当局可以明确规定，一些辅助性的环节和操作程序可以外包，而针对规定之外的业务的外包则应该通过特别的批准程序。一般来说，金融机构核心业务或与核心业务有密切关系的业务（IT 业务除外）不宜外包。除此之外，考虑到我国信用市场和相关制度建设的落后现状，监管当局在对金融机构营销外包的批准上应该慎重。

（二）采取不同监管程序进行持续系统的风险监管

金融监管当局针对不同的业务和不同的外包服务商应采取不同的监管程

序。对于明确规定可以外包的业务，只需要经过备案程序即可，而对于规定之外的业务，则应经过监管机构的审查与批准程序。对于不同的外包服务商，也应采取有差别的监管程序。如果外包服务商是金融机构系统的其他分支机构，只需经过适当备案程序即可。如果外包服务商是金融机构同一集团的关联公司，对于这种情况应当经过适当的审查与批准。如果外包服务商是完全独立于金融机构的第三方，监管当局必须进行严格的审查与批准。

为了实现持续监管，可借鉴国际监管组织制定的监管原则，要求金融机构在外包合同中制定相关条款，确保监管当局随时可及时获得监管所需的资料。除此之外，当多家金融机构同时将业务外包给一家或有限的几家服务供应商的时候，可能会形成系统性风险。对于这种情况，监管当局除了加强监管之外，还可以做出一些必要的限制。

（三）制定总体性外包政策

在决定是否外包的时候，金融机构管理层应结合机构自身的核心能力、在管理方面的优势和劣势以及未来发展目标，全面分析外包的收益与风险。在金融机构业务外包的成本收益分析中，应该注意把握两条原则：一是要考虑风险问题，即金融机构是否能够将外包带来的风险控制在可以接受的范围内，若业务外包的风险过大，容易导致金融机构对该外包业务的失控，那么即使该业务的外包能使金融机构获得显著的成本降低、核心竞争力提高等收益，也不应进行外包；二是要考虑外包成本节约的效果，由于降低成本是许多金融机构选择外包的首要因素，所以若成本节约的效果不好，那么考虑外包也是不恰当的。在分析外包带来的成本节约的时候，除了显性的成本外，隐藏的管理成本、学习、创新能力的损害、员工问题及外包供应商破产造成的损失等也应该考虑在内。

| 第六章 |

多层次资本市场建设服务实体经济

资本市场活动作为资金融通、优化资源配置的重要方式，对于企业而言，可以在短时间内筹措到所需资金，对于投资者而言，可以有更多的金融产品以供选择，而对于整个国民经济而言，可以通过资本市场的运作达到优化资源配置的目的。在我国资本市场改革不断深化的进程中，构建多层次资本市场体系是经济发展的客观要求。

第一节　多层次资本市场理论内涵

多层次资本市场体系是指针对质量、规模、风险程度不同的企业，为满足多样化市场主体的资本要求而建立起来的分层次的市场体系。关于多层次资本市场的内涵和外延如何界定，经济学家的意见并不统一。

一、多层次资本市场的界定

（一）广义及狭义的资本市场

在发展经济学中，资本形成是一个国家经济增长和经济发展的核心问题之一。资本形成的实现在时间上依次包括两个环节：一是资本的积聚过程，即储蓄过程；二是储蓄的使用过程，即投资过程。在储蓄与投资之间，有一个转化机制的问题。在市场经济中，由于储蓄主体和投资主体是高度分离的，除了很小的一部分储蓄是由储蓄主体将自身的储蓄资源直接用于投资（直接转化）外，绝大部分储蓄向投资的转化是通过财政、金融媒介等间接转化机制来实现的。在储蓄向投资转化的金融机制中，资本市场发挥着至关重要的作用。

但资本市场的内涵和外延到底该如何界定，金融市场、资本市场的相互关系如何廓清，经济学家的解释各不相同。同时，需要说明的是所谓“多层次资本市场”（Multi-layer Capital Market）的概念并不是国外或者经济学上固有的概念，而是中国的特色。比如，美国的 OTC（场外交易）仍然是一种股票市场，而中国的场外交易，除了“股票”市场以外，还有大量的非标准化的股权交易，甚至是产权交易，对交易所市场起着重要的补充作用。研究中国的资本市场，不可能跳过产权交易。因此，在促进中原经济区发展过程中也绕不开产权交易这一层次的资本市场构建。

经济学原理中的资本市场与货币市场、金融市场通常是不加区分的。事实上，在不同文献和语境中，资本市场具有不同的含义。在经济学原理的相关文献中，资本市场是一个与产品市场、劳动力市场相对应的概念，指的是与经济的“实体面”（the real world）相对应的“货币面”（the money world）。在经济增长理论中，资本市场是与劳动力市场、技术市场、土地市场并称的生产要素市场，又是与产品市场、劳动力市场并列的三个主要的总量市场之一。在这些特定市场中，商品的产量与价格是体现产品市场运行状况的指标；就业水平和劳动价格（工资）是衡量劳动市场作用的指标；可利用的资金量及其价格（利率）是表现资本市场活跃程度的指标。

在经济学原理的相关著作中，经济学家在使用资本市场概念时，往往是将整个货币金融活动纳入资本市场范畴中。例如斯蒂格利茨在他的《经济学》中认为，资本市场通常是指“取得和转让资金的市场，包括所有涉及借贷的机构”。在这里，资本市场是一种资金交易的市场，它不仅包括信贷市场、股票市场、债券市场和外汇市场，而且甚至还包括期限在一年以内的货币市场。

综上所述，资本市场通过动员储蓄、分散风险来影响资本积累、技术进步和投资行为，进而影响到经济增长。

在大量的金融学论著中，金融市场是外延最大的一个概念。金融市场是资金供求双方运用金融工具进行各种金融交易活动的总和，它基本等同于经济学原理中的资本市场。依据金融交易的期限，金融市场可划分为货币市场和资本市场两个部分。货币市场是交易期限在一年以内的短期金融交易市场，其功能在于满足交易者的资金流动性需求。资本市场是交易期限在一年以上的长期金融交易市场，主要满足工商企业的中长期投资需求和政府弥补财政赤字的资金需要，包括期限在一年以上的证券市场以及一年期以上的银行信贷市场。

资本市场作为长期金融资产的交易场所，它具有使资金从没有生产性投资机会的人（储蓄者）那里流向有这种机会的人（投资者）手中的基本功能。而这一基本功能的实现来自复杂得多的资本市场要素和金融工具的组合及其一系列运行机制。资本市场是长期金融资产的交易场所，市场上的交易除极少部分能够直接实现交易（直接融资）外，形形色色的参与者对交易期限、风险及收益的偏好通常是不吻合的，大量的交易是通过种类繁多的金融工具实现的，金融中介机构的活动最终将融资需求变为适合公众偏好的各种金融工具，进而完成资金从储蓄向投资的转移。

在金融学理论中，广义的资本市场指一年以上的中长期资金交易关系的总和，包括股票市场、债券市场、基金市场、中长期信贷市场和衍生品市场；而狭义的资本市场仅指不包括中长期信贷市场的证券市场。金融学理论中的资本市场作为一个有着确定内涵的、相对于货币市场的概念，其重要功能表现为：第一，为长期资金需求方提供融资渠道，以便其进行资本支出和投资，同时为长期资金供给方提供收益；第二，将储蓄转化为投资，为经济的增长提供动力；第三，优化公司的治理结构，提高公司的经营效益；第四，通过二级市场交易为长期资金提供“价格”基准，优化资金的配置，提高资金的使用效率。而本书所研究的多层次资本市场则是指金融学原理中的资本市场概念。

（二）资本市场的层次性

多层次资本市场并不是一个理论上固有的概念。在中国，多层次资本市场更倾向于一个制度设计上的概念。资本市场的层次结构，是指资本市场所包含的各组成部分（或市场形式）的内在次序、逻辑范围和层次关联关系。国内外学者从不同角度讨论了资本市场的层次性，如上市标准、服务对象、交易规则、地域结构等，但是从资本市场的内涵来说，资本市场层次性的含义在于资金流通和风险分散的程度不同。具体而言，多层次资本市场体系是指针对不同规模与发展程度的企业，用以满足这些企业各自的市场融资、投资需求和风险分散的需要建立起来的资本市场交易体系。或者说多层次资本市场是指能够为满足不同投融资市场主体的资本要求而建立起来的有层次性的配置资本性资源的市场。由于不同规模的企业在不同发展阶段的风险有所不同，利用资本市场的制度和信息的成本有所不同，资本市场应是分层的。分层的资本市场其实是将融资中的风险分散配置的一种机制。看似“垂直”的资本市场分层结构，其实是不同规模企业不同发展阶段的融资阶梯，它可以适应不同信息不对称状况的企业和不同信息成本的投资者的各自需要。具体而言，是指资本市场在自身各组成部分分工与协作的基础上，根据企业在不同发展阶段的融资需求和融资特点，针对各种市场主体（包括投资主体和融资主体）不同的、特定的需求而提供的具有不同内在逻辑次序、不同服务对象和不同内在特点的市场形式。

资本市场发展演变的结果必然表现为市场形态的层次性和多样性，以及层次间的相互包容关系，其发展演化就是层次的展开，它是通过市场之间在整体上的区别及层次性表现出来的。资本市场的层次性决定了资本市场必然表现为非单一的市场形式。多层次资本市场可界定为“面对质量、规模、风险程度不同的企业，为满足多样化的市场主体对资本的要求而建立起来的分层次的产权交易市场”。

要正确理解资本市场的层次结构，就必须注意以下三个方面的问题：

第一，资本市场发展演变的结果必然表现为市场形态的多样性（层次性）及其相互包容关系，其发展演变就是层次的展开。新创企业的发展通常要经过种子期、初创期、幼稚期、产业化和市场化等五个不同的发展阶段，在发展的不同阶段，对投资的需求不尽相同，这就决定了仅仅采取一个规则、一个层次的市场只能满足创业投资在某一个特定阶段的资金需求。因此，应根据创业投资在各阶段的特点建立不同层次的资本市场，从而形成多层次的资本市场体系。

第二，资本市场各层次之间不是相互割裂的，而是具有协调性和配套性。资本市场各层次间的协调性，是指各市场层次之间在相关质的规定方面具有一致、相互衔接、相互协调性，以达到统一与和谐；而资本市场层次间的配套性，是指各市场层次相互依存、相互补充而共同构成一个完整的有机整体。

第三，资本市场的层次结构具有动态性，即各市场层次间的关系具有变化、发展的趋势和可能。资本市场层次体系的层次、结构划分及标准构成虽具有相对的稳定性，但不会一成不变，它会随着经济、技术和政策等的发展变化而变化。

根据企业金融成长理论，企业在不同的发展阶段具有不同的信息特质、投资风险和收益。由于资金来源、投资期限、流动性偏好以及信息获取等方面的差异，投资者对于收益和风险具有不同的组合偏好。不同风险—收益偏好的投资者青睐不同发展阶段的企业，这种资金供需双方的多元化组合必然会使证券市场发展呈现出层次化的特点，从而使资本实现收益和风险的流动配置。证券市场的分层结构就是这样一种将融资中巨大的识别风险进行分散配置的制度安排。

从风险—收益的组合特征来看，交易所市场的参与者具有较低的风险承受力。交易所市场上的风险主要源自投资者与企业之间的信息不对称。为了保护投资者利益、降低风险，交易所市场必须设计出一套机制来降低信息成本。其他条件下相同的情况下，证券交易所市场比其他层次的证券市场更依赖于市场和法律制度的完善，一般地，市场和法律制度越完善，信息成本越低。由此，证券交易所市场往往制定了非常严格的信息披露制度和上市条件。信息披露的透明化、标准化是制定信息披露制度的两个重要原则。信息的透明化有利于减少信息的隐匿，而信息披露的标准化则有助于减少投资者对信息的解读成本。苛刻的上市条件可被视为证券交易所市场克服信息不对称的一种制度安排。因此，能够进入证券交易所进行融资的企业必然是那些能够提供硬信息的大企业，而那些信息不透明、无法通过财务报表等传递信息的中小企业必然会被拒之门外。

场外交易市场、创业板市场则为偏好风险的投资者提供了投资的场所。这些市场的上市标准相对宽松，其门槛远远低于证券交易所市场。由于在该市场上进行融资的主体往往是那些处于发展初期阶段、规模较小的中小企业，或者业绩欠佳、无法达到证券交易所市场上市标准的大企业，因此市场的投资风险相对较高。

区域性资本市场则通过类似关系型贷款的制度安排在一定程度上克服了投资者与企业之间的信息不对称。区域性资本市场服务于本地区的企业，投资者也大多来自同一地区。地缘性为投资者了解被投资者的经营信息提供了便利条件，如可以通过实地访察、联系企业的供货商和消费者等渠道进一步证实和了解企业所公开的信息。投资者与企业及其业主的近距离接触也有利于投资者获得各种非公开的软信息，有助于提高决策的效率。

上述市场组织尚无法完全解决筹资企业的信息不对称问题，如那些不确定性大的高风险企业如新兴的中小企业（特别是高科技企业）、处于财务困境的各类企业及具有敏感信息不便公开披露的企业往往由于严重的信息不对称而很难从正式的权益市场获得融资。非正式金融市场则为这类企业提供了一条新的融资渠道。非正式金融的形式有很多，如民间借贷、各种基金会、私人钱庄等。尽管各种形式的非正式金融都有着自己特定的信息获取方式与合约实施机制，但都具有一个共同的特征：贷方依靠资金供求双方的人缘、地缘关系或其他商业关系获取有关融资企业的信息，从而使得非正式金融在向信息不透明的中小企业提供融资的过程中具有信息优势。与正式权益市场相比，非正式金融市场的投资对象面临着较大的不确定性，投资风险也较大，因此，非正式金融市场所要求的投资收益率也远高于一般的金融投资。尽管非正式金融市场的融资成本较高，但相对多的研究文献仍然表明，在中小企业的融资结构中，来自正式权益市场的融资所占比重很小，而内源融资和非正式金融则是中小企业创立和成长阶段最主要的资金来源。上述分析表明，资金供需双方的多样化组合形成了证券市场的分层结构。按非正式金融市场、区域性资本市场、场外交易市场、创业板市场、证券交易所市场的顺序，投资者所承担的风险呈现越来越小的趋势，信息披露渐趋透明和标准化。

成熟资本市场不仅有证券交易所市场，而且还有场外交易、柜台交易、直接的产权转让等市场，证券交易所市场又包括主板市场和创业板市场的证券集中竞价交易、大宗交易、非流通股转让等若干平台，各层次资本市场相互依存，有序衔接。成熟资本市场体系的高效运作和科学设计可以优化交易、定价、筹资和投资等机制，促进储蓄源源不断地转化为投资，推动经济的持续发展。对我国而言，要解决经济和金融运行中出现的债务性资金相对过剩和资本性资金相对短缺、中小企业融资困难、产业结构不合理以及金融风险防范机制缺乏等难题，大力发展资本市场、建立一个与经济发展和金融结构相适应的多层次资本市场是以上问题的解决之道。

二、多层次资本市场的功能与组织形式

（一）多层次资本市场的功能

资本市场的基本功能是优化资源配置。多层次资本市场体系从本质上而言，是针对不同的投、融资主体，提供具有不同内在逻辑与特点的层次化资本市场制度安排，通过各级市场层次的相互协调、相互配套，形成无缝隙的、既动态发展又兼具一定稳定性的完整体系。并且，通过其强大的整合效应，在有效发挥资本市场融通资金、资源配置、风险定价的基本职能基础上，根据经济发展变化不断衍生出适应性的新功能，使资本市场发展更好地契合于经济增长。具体来说，多层次资本市场的功能如下：

1. 满足技术创新企业融资需求

由于技术创新企业在不同的发展阶段的融资需求不同，不同阶段需要资金的规模、预期收益、投资风险不同，客观上需要建立一个能够为不同融资需求阶段进行风险定价和风险分担的资本市场。

在企业的创建期和成长期，风险投资是主要的融资模式，为了满足企业这个阶段的融资需求，应根据企业的融资需求建立专门为技术创新企业提供融资的风险资本市场，即二板市场和上市标准更低的柜台交易市场（OTC）。在企业的成熟期，销售和利润稳定，投资风险降低，收益率较之前两个阶段有所下降，对于追求高额利润的风险资本来说，客观上有退出的要求。目前，风险资本的退出渠道主要有：股份上市、股份回购、企业购并、破产清算等。股份上市是指风险资本家通过将所投资的高新技术企业进行 IPO（首次公开发行）或在 OTC 市场（柜台交易市场，也被称为三板市场）出售所持股份的活动，达到套现退出的目的。目前，IPO 方式是风险资本最佳的退出方式。由此可以看出，风险资本在退出机制方面和资本市场结合紧密。随着风险投资的出现和风险资本市场的诞生，资本市场进一步细分，除了一般意义上的资本市场，还会纳入风险资本市场。

2. 对融资制度创新的促进

通过资本市场的证券交易活动，可以实现从储蓄到投资的转化。在一国资本形成的过程中，多层次的资本市场体系结构是推动储蓄—投资的金融转

化机制创新的有效载体。面对社会生产力发展带来的产业分工的深化和细化，以及储蓄者金融投资的需求与结构日益多样化，一方面，资本市场各层次之间分工明细、定位明确，将有着同样风险偏好及特征的资本供求双方吸引到相应层次的市场，并以适宜的制度安排提供交易服务，利用市场化的方式对资本供求差异给予有效弥合，这使得资金动员能力得到较大幅度的提高。另一方面，多层次资本市场体系的不同层次之间具有相互协调、相互竞争、相互补充的关系。信息、资金在各市场层次交易主体之间的传递和转移，为各种证券提供了合理定价，从而引导资本配置逐步优化。对于大多数中小企业而言，较低层次的资本市场，如私人权益资本市场的存在与发展加强了对中小企业经营的制度约束，这种有效的监督制衡机制的建立有助于其法人治理结构的实施，进一步提高了资本的利用效率。

3. 对高新技术产业化的推动

多层次资本市场体系的建立是实现科技成果转化的重要保证，目前我国的资本市场结构单一，不能满足不同类型投资者、融资者的需求，使得拥有科研能力、科技产品转化技术的高科技企业因为没有足够的资金而无法将科技成果转化或无法进一步发展壮大，而拥有资金的投资者却找不到投资机会。科技与资本市场的有效结合成为解决科技产业化过程中融资难问题的关键。高新技术企业的发展要求实现高新技术与风险资本的有机融合。我国每年科技成果转化率远低于发达国家的水平，其原因之一就在于创新企业在成长过程中缺乏资金支持。目前，我国中小型科技企业大多以债务性融资为主，由于这些企业本身所具备的高风险性与商业银行安全性要求的矛盾，使得这种融资方式很难奏效。而在权益融资市场上，由于我国可以满足不同发展水平企业融资需求的多层次资本市场仍未形成，因此，这些科技企业的发展要求便无法得到满足。

高新技术产业从种子期、创业期到成长期，再到扩展期、成熟期呈现出复杂的、长期的链条式生命周期，其中资本支持是维持该链条顺利延伸的基本条件。从发达国家的经验看，大多数科技企业，尤其是成长中的科技企业的融资方式都是依次从场外市场到二板市场再到主板市场。风险投资的活力在于资金的循环流动，其核心机制就是退出机制。如果缺乏合理的投资回收渠道，合理的收益无法变现，风险资本难以流动，就会严重阻碍风险资本与高科技企业的结合，影响高新技术成果的产业化。高科技企业在初创期由于研发的不确定性蕴含着巨大的风险，从银行获取债权融资的机会极少，而多层次的资本市场体系中由低到高的递进式制度安排与高新技术产业的成长路径存在着一一对应的契合关系，高科技企业得以在股权融资支持下突破瓶颈约束，建立起有效的风险分担与规范运作机制。同时，高新技术企业在由初创至成熟的发展历程中，创业资本必须在进入与退出的反复循环中为各个发展阶段的企业提供不间断的持续资本支持，而多层次资本市场体系正是为创业资本提供了市场化的退出机制，并为企业吸引更多的创业资本进入打下基础，从而形成资本市场与创业投资、高新技术产业的良性互动机制。

4. 提高资本市场的运作效率

资本市场效率，一般是指资本市场实现金融资源优化配置功能的程度。具体可从两大方面着手进行分析：一是资本市场以相对较低的交易成本为资金需求者提供较强金融资源的能力，二是市场的资金需求者使用金融资源向社会提供有效产出的能力。高效率的资本市场，应将社会有限的金融资源配置给效益最好的企业、行业及区域，创造最大产出，实现社会福利最大化的市场。

从价格发现和资源配置的角度看，单一层次的证券市场的融资和资源配置功能总体上非常有限，将不同风险偏好的企业集中在一个较高标准的主板市场上市，而缺乏其他可供选择的直接融资渠道，那么这种单一市场不仅不能满足各个层次的融资者和投资者的需求，而且实际上有可能将大量的融资者和投资者“挤出”资本市场，导致资本市场金融资源的错位配置，助长投机行为。从理论上说，资本市场只有通过面向需求的最大可能的细分市场来最大限度地满足多样化的市场主体对资本的供给与需求，才能高效率地实现供求的均衡，才可能实现全面、协调和可持续发展。多层次的资本市场可以满足资金供求双方的多样化需求，实现资本供求均衡，进而提高资源配置效率。

资本市场的分层化将不同风险—收益特征的金融工具集中在不同市场进行交易，为具有不同风险偏好的投资者提供了多样化选择，提高了各个层次资本市场的风险揭示能力。不同层次资本市场之间存在升降板制度（转板、退市），有利于资本市场对上市公司的“优胜劣汰”。不同层次资本市场的互补与竞争，有利于化解资本市场的风险。各个层次资本市场的发行、上市、交易、信息披露等制度各不相同，投资者的交易成本和资金需求者的融资成本、信息披露成本与金融工具的风险—收益特征严格匹配，提高了资本市场的效率。

5. 有利于防范和化解金融风险

目前，中国的融资结构是间接融资占据主导地位，间接融资中商业银行发挥了主导性的作用，银行贷款偏重于国有大中型企业。我国金融资产过度集中于银行，导致金融风险大量积聚，成为商业银行改革的障碍，制约着利率市场化和汇率体制改革。可见，资本市场层次的单一性所造成的这种不合理金融结构，蕴含着较大的金融风险，制约着我国经济的进一步健康发展。

从国外经验看，在以间接融资为主的金融体系中，一旦实体经济发生问题，就会导致大量银行坏账，金融体系的脆弱性往往将经济拖入长期不振的境地。由于我国资本市场尚不发达，间接融资在总融资额中所占比例很高，这种间接融资与直接融资结构严重畸形的状况对金融稳定和防范风险极为不利。结构合理的多层次资本市场能够带动直接融资和间接融资结构的调整，对于改变过多依赖以银行信贷主导的间接融资的融资结构具有积极的作用。我国国民经济庞大的规模决定了我国企业直接融资问题的解决不可能仅仅依靠主板市场，而必须依赖于多层次的资本市场来完成。多层次资本市场体系建设能够推动融资结构的调整和创新，有利于实现金融市场的稳定，分散和化解金融风险。

6. 促进上市公司质量的提高

多层次资本市场适应了企业不同发展阶段的要求，为企业成长提供了一个优良的成长环境。从场外市场到二板市场，再到主板市场，入市条件渐次严格。企业素质也呈阶梯式走势，这实际上提供了一个市场甄选机制。一方面，对于挂牌交易的企业通过在下一级市场的培育和检验，将会有优秀企业脱颖而出进入上一级市场交易；另一方面，对于长期经营不善，已不符合某一层次挂牌标准的企业，则通过退出机制，退到下一级市场交易。这样便形成了一种优胜劣汰的机制，既有利于保证挂牌公司的质量与其所在市场层次相对应，又能促进上市公司努力改善经营管理水平，提高上市公司质量。多层次的资本市场的建立可以在不同层次的市场之间建立进退机制。正是这种激励和约束机制的存在，既能增强企业为争取到高一层次的市场上市而奋发进取的意识，又能迫使那些业绩差的企业为避免退入低一层次的市场而努力提高自身质量。因此，多层次资本市场制度将为主板市场源源不断地提供优质的上市公司。

同时，多层次资本市场具有较强的防范风险的能力。以创新企业为例，这些企业一般都具有高风险—高收益的特点。这些风险进入市场之前既难以明晰，又难以量化。在进入市场的过程中，通过不同层次的市场机制，可以使这些风险及其对应的企业资产价值逐步呈现。能够避免由于上市公司风险特征加大、风险揭示能力下降而造成的市场风险。因此，多层次资本市场分散了风险结构，与创新企业直接进入主板市场相比，具有较高的回避风险与抗风险的能力。多层次资本市场本身的结构特点还向投资者发出了不同的风险系数的信号，这可以使不同投资者根据自己的风险偏好，在不同层次的资本市场上选择自己的投资组合，使投资者的风险也能够得到有效控制。

7. 促进欠发达地区资本形成

多层次资本市场的发展有利于改变金融领域的二元结构，推动落后地区的金融发展。对于大国经济而言，土地、资本、劳动力、技术以及制度供给等要素禀赋在空间区域分布上的非对称性和非均衡发展，导致了经济发展的区域化差异和区域经济发展的不均衡。而经济发展的区域化差异必然导致金融资源在空间配置上的非均衡性，从而使得金融运行具有区域性特点，这必然要求作为金融体系重要组成部分的资本市场在空间分布上具有区域化的特征。

我国是一个大国，地区发展水平极不均衡，资本市场绝不能仅仅由一两个全国性的资本市场构成。必须形成一个全国性市场与地区性市场相结合，场内市场与场外市场相结合的多层次的资本市场体系，才能适应不同地区、不同规模、不同成长阶段的企业直接融资的需要。因而，通过建立和发展与全国统一资本市场相对应的、为区域尤其是欠发达地区经济社会发展服务的区域性资本市场，使其能发挥能动力量在区域内形成资金洼地，再加以必要的政策和法律鼓励，就可以吸引流向发达地区的资金向不发达地区回流，促进不发达地区的开发，使其与发达地区的差距逐渐缩小，从而实现我国经济的可持续发展。

（二）多层次资本市场的组织形式

根据不同的分类标准，资本市场的层次具有不同的表现形式。多层次资本市场又称为资本市场的分层化，是资本市场向纵深发展的必然结果。资本市场的分层化是指根据金融工具风险收益特征和投资者风险偏好程度的不同，将资本市场细分为多个具有递进和互补关系的子市场。一般情况下，通过以下三个维度来对资本市场进行细分：

（1）从证券交易组织形式看，资本市场可以分为集中交易市场（证券交易所）和场外交易市场（Over The Counter，OTC）。集中交易市场是集中、公开、规范交易的有组织、有固定地点的有形市场；场外交易市场是通过证券营业柜台或电子交易网络完成证券交易的分散的、无固定场所的无形市场。随着IT技术的发展，集中交易与分散交易的界限趋于模糊，集中交易市场与场外交易市场的区别更多地体现在市场组织形式、报价方式和交易品种的不同。

（2）从辐射空间来看，资本市场可以分为全球性市场、全国性市场和区域性市场。空间分层的原因在于信息在空间分布上的不对称，而信息不对称是产生风险的重要因素。我国幅员辽阔，有必要在空间上分层展开。

（3）从交易品种来看，资本市场可以分为证券市场和产权市场。证券市场是标准化有价证券交易的市场。证券市场本身又可以细分为股票市场、债券市场、基金市场、商品期货市场、金融衍生产品市场等子市场。产权市场是产权交易或转让的市场。产权既是一个经济学范畴，又是一个法学范畴。所谓产权交易就是两个以上产权主体之间发生的财产所有权、财产使用权、财产收益权及处置权的全部或部分的转移行为。产权市场就是实现产权整体交易、部分交易或分割交易的市场。

我们同时使用上述三个维度来细分资本市场。文中所称“多层次资本市场”是指“主板—二板（创业板）—三板（OTC）—产权市场（区域和地方）”组成的资本市场体系，不区分股票市场和债券市场等证券子市场，以集中分析多层次资本市场的制度安排和内在机制。多层次资本市场的组织结构和形式如图6-1所示。

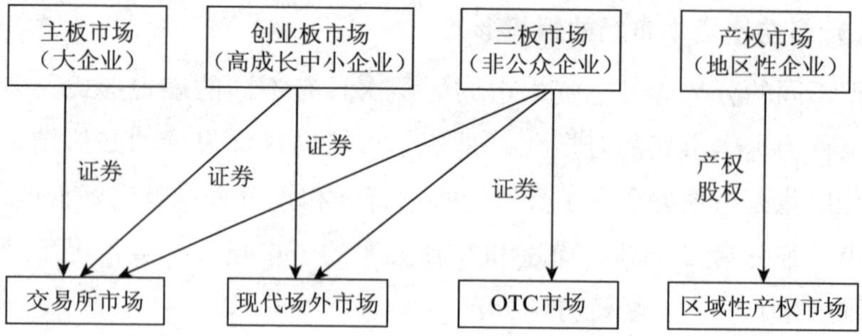

图 6-1　资本市场的层次结构与其市场组织形式

资本市场的层次结构通常可以分为四个层次：第一层次的资本市场，是指为处于市场化阶段和产业化阶段后期的企业进行融资和产权交易服务的资本市场，其服务对象通常有规模较大、企业业绩稳定、市场风险较小的特点，其市场形态通常采用有形的证券交易所形式。第二层次的资本市场，是指为处于幼稚期后期和产业化阶段前期的企业进行融资和产权交易服务的资本市场，其服务对象在企业规模、经营业绩等方面通常低于第一层次的资本市场，而市场风险和成长性通常高于第一层次的资本市场。在市场组织形式上，第二层次的资本市场既可以采取有形的交易所形式，也可以采取无形的现代场外市场形式，即电子自动报价交易。第三层次的资本市场，是指为处于初创阶段和幼稚阶段前期的企业进行融资以及提供产权交易服务的资本市场，其服务对象在企业规模、经营业绩稳定性等方面通常低于第二层次的资本市场，而市场风险通常高于第二层次的资本市场。第三层次的资本市场通常采取区域性证券交易所或分散的场外柜台交易形式（OTC），并具有明显的区域性特征。第四层次的资本市场，是指为处于初创阶段前期和种子阶段的企业提供包括证券化的标准化产权以及非证券化的实物型产权在内的产权交易服务的产权交易市场，其服务对象在企业规模、经营业绩稳定性方面通常低于第三层次的资本市场，而市场风险通常高于第三层次的资本市场。第四层次的资本市场的组织形式通常包括区域性技术产权交易所和一般性产权交易所。资本市场各层次之间不是相互割裂的，而是具有配套性——不同层次的市场有不同的进入门槛、不同的规模要求、不同的效益要求，越往上，受众面越小，门槛也高；越往下，受众面越宽，门槛越低。一家拟进入资本市场的企业，一般应从最底层开始，在具备条件后再逐级而上；已进入了高层次资本市场的上市公司由于其业绩的变化，也有下降的空间，即下降到低一层次的资本市场，各层次之间是可升可降、互动式的关系。

三、多层次资本市场制度演进

（一）制度创新要素：投资者及企业的演进

多层次资本市场体系所具备的制度功能优势使之成为资本市场结构优化的产物。在多层次资本市场体系的生成与演进过程中，投资者与企业在自身发展中逐渐产生了对于资本供求达到高水平上均衡的要求，成为多层次资本市场体系最主要的制度需求主体。同时，政府有关行为、网络通信科技等技术条件的发展以及社会信用状况等因素也在不断影响着多层次资本市场体系生成与演进的进程。可以认为，各制度创新要素之间的博弈决定了多层次资本市场体系生成与演进的时间、效率和进度。

推动资本市场发展的主要因素是企业融资需求的变化和投资者需求的差异性，两者不同的组合即构成了资本市场的不同层次。从资金供给方来说，由于风险偏好的不同，投资者也具有不同的层次。从资金需求方来说，处于不同发展阶段的不同规模的、不同风险状况的企业对股权融资的需求也不尽相同。对于大规模、稳健型、成熟性强的公司，由于其发展历史相对较长、业绩稳定、经营稳健，可能会吸引大批投资者。但对于中小企业，特别是处于创业阶段的中小型科技企业而言，由于其规模小、产品不够成熟、风险性大，很难通过主板市场进行融资。因此，应构建多层次的资本市场体系，满足多样化的投融资需求，以充分发挥资本市场支持经济发展的功能。

1. 投资者投资需求的多元化发展

资本市场上存在着各种各样的投资者。从投资者形态来看，有机构投资者和个人投资者之分；从投资者掌握信息的不同来看，有知情交易者（Informed Trader）和噪音交易者（Noise Trader）之分；从对风险的偏好程度来看，有风险偏好型、风险厌恶型和风险中性之分。投资者的异质性首先体现为风险偏好程度的不同，其次体现为信息和先验知识（prior belief）方面的差异。作为理性经济人，投资者往往根据自身对于风险的偏好来选择投资品种，加上投资者本身禀赋的差异、获取及处理信息的能力不同，导致了投资选择的异质性。我们可将投资者分为风险偏好者（risk lover）、风险中立者（risk neutral）和风险规避者（risk averse）三种类型。一般而言，风险偏好者能够承受较大的投资风险和较高的信息搜寻成本，并期望得到高收益。于是在资本市场，他们有实力与动力向处于初创期的企业提供启动资金，并在资本增值后选择最佳渠道退出。相反，风险规避者倾向于在集中的资本市场寻找投资机会，因为那里信息透明度往往较高且信息易于识别，使他们可凭借较低的交易成本获取稳定收益。

投资者在信息和先验知识方面的异质性创造了资本市场的流动性。正是由于为数众多的投资者之间存在明显的异质性，买方（需求）和卖方（供给）才能迅速达成交易。投资者在风险偏好程度方面的异质性必然要求金融市场的异质性（分层化）。金融市场的异质性表现为风险—收益的不同匹配。风险和收益存在四种组合：高风险高收益、高风险低收益、低风险高收益、低风险低收益。对于高风险低收益的金融市场，由于理性投资者的回避而消亡，对于低风险高收益的金融市场，由于进入者众多而演变为低风险低收益的金融市场。因此，只有高风险高收益金融市场和低风险低收益金融市场能够长期存在。或者说，在金融市场上，风险和收益一定是对称的、匹配的。多层次资本市场的核心特征就是风险—收益的连续分布。因此，投资者的异质性为资本市场分层化提供了买方（需求）基础。

随着金融创新浪潮的出现，可供投资者选择的证券品种不断增多，大大拓宽了投资选择的范围。同时，人们持有财富量的增加也造成了资本市场投资者规模的日益扩大、投资程度理性化增强，投资者逐渐向中介化、机构化方向转化，由此形成了机构投资者、风险投资基金等新型投资主体。这些具有专家理财性质的中介投资者采用投资组合分散化的方法有效管理风险，使得其风险承受能力得到增强。在多元化的投资需求驱动下，不同层次的投资者逐渐感知到层次结构不断创新与优化的资本市场带给他们的潜在利益。把隐性收益显性化的冲动使得投资者具有了成为多层次资本市场体系制度创新主体的动力。投资者通过对收益—成本函数的权衡，决定是否作为行动主体来推进多层次资本市场体系的制度创新。

2. 企业融资需求的多样化演进

企业的资本结构因各自的规模、性质、行业特点不同而各有差异，形成了千差万别的权益融资需求。具体到单个企业，随着在企业生命周期中所处的阶段的变化，对融资的结构、数量和性质的要求也不尽相同。在传统的、以重工业为主的经济社会，具备一定规模经济优势的大中型企业是经济发展的主导，也形成了围绕在这些企业周围、主要为其权益融资服务，并以此得到迅速发展的传统的、结构较单一的资本市场。由于中小企业经营通常存在较大的不确定性，以及企业信息的不完全性和非透明性，其经营业绩较低并不够稳定，往往被传统资本市场所轻视。随着社会的发展，高科技产业逐渐成为一国社会经济发展的重要因素，中小企业以其更加灵活的机制、对知识要素的迅速掌握与创新能力成为高新技术产业化的动力。因此，相对于已经成熟的传统企业，成长型中小企业在新兴行业中的资源优势得到了充分发挥。中小企业在外部收益的驱动下，对于传统融资制度创新的需求愈加强烈，开始寻求与其自身融资特性相适应的权益性融资市场，这无疑激励着资本市场开始向多层次方向发展。在激烈的市场竞争中，一部分中小企业最终成为成熟的大企业，并符合较高层次资本市场的上市要求。与此同时，也有部分在竞争中被淘汰上市企业的股票，转向低层次的资本市场继续交易。具体来看，存在以下几种情况：

首先，同一企业在企业生命周期的不同阶段，对融资方式和融资数量的需求各不相同。一般而言，大企业并不存在融资问题，而中小企业则存在“麦克米伦缺口”（Macmillan Gap），缺乏长期融资来源。根据企业融资结构理论，中小企业在成长过程中，具有强烈的股权融资需求。考虑到中小企业在规模、成长性和竞争环境方面的不同，它们在股权融资方面对资本市场的层次结构的要求也各不相同。

其次，从企业成长路径来看，企业规模从小到大、经营从一元化到多元化、主业转换的全过程涉及股权回购、分拆上市、资产证券化、兼并收购或被兼并收购、转板、退市等资本运作，需要不同层次资本市场的支持和服务。

最后，多层次资本市场为风险投资（Veniure CaPital，VC）提供了退出机制。按照风险投资业的划分，企业的成长分为种子期、创建期、发展期、扩张期和成熟期。与之相应，风险资本分为以下几种：第一，种子期资金（seed capital）。当创业者提出创业构想，同时拟进行深入研究并将其商品化时所需的资金，称为种子资金。此类投资主要用于新技术、新产品的开发研究，使商业构想能够转化为商品，风险很高。第二，创建期资金。这一阶段，创业公司在新技术、新产品基础上开始了初步运行，并准备设厂进行生产。此时所需资金额较大，风险较高。第三，发展期资金。此时产品已被市场接受并有订单，开始建立营销网络，但仍未达到盈亏平衡，需要投入相当多的资金供其运转。这个阶段所需资金数额较大，但风险程度已降低许多。企业早期发展所需资金多属此类。第四，扩张期资金。处于该阶段的企业，产品发展较为成熟，市场的需求量较大，已达到盈亏平衡，但为了后续的发展，还需要外部资金的支持。此类资金金额很大，但风险程度不高。第五，成熟期资金。处于成熟期的企业，已展现出其发展潜力，此时所需资金数额极大，非风险投资所能提供，因此此时最理想的资金供给方式是企业上市。在企业上市前，为增加企业的价值，可能还需要一笔资金对企业进行改造，此时风险程度最低。可见，在企业（尤其是成长型中小企业）成长的不同阶段，通常有风险投资的介入。畅通的退出机制使风险投资能够顺利收回资金进入下一轮投资周期，形成风险投资支持企业成长的良性循环。因此，融资者（企业）的异质性为资本市场分层化提供了卖方（供给）基础。

从企业所处的生命周期来看，它们所需要的资金数量也不同。如对于高新技术型企业，它们在发展初期需要有创业板市场的支持，企业规模较大后就可以在债券市场上融资，等到风险资本退出时，需要在股票上退出，这些都是传统融资方式与单一的资本市场结构所不能满足的。而且不同成长周期的企业，所蕴含的风险差异较大，需要有不同风险层次的市场与之配套。

3. 其他因素影响

信息、网络技术的发展以及社会信用状况也会影响到多层次资本市场体系的演进进程。首先，信息网络技术的有效更新能够改善证券市场微观结构，改进资本需求者与资本供给者之间的交易方式，提高交易效率，降低交易成本，继而提高了市场参与主体的收益，使他们对于多层次资本市场体系制度创新做出较为积极的反应。同时信息技术创新本身作为科技创新的一种，在一定程度上扩大了创业企业的投资范围，改善了其创业条件。其次，在不对称信息的情况下，一国的社会信用水平对于多层次资本市场体系的制度创新有着深刻的影响。良好的信用关系或信用制度能够有效降低资本市场的交易成本，为交易提供一种无形保证。对于投资者而言，高效的信息披露制度为投资者获取真实、准确、及时的信息奠定了基础，提高了投资者对资本市场的信心。而对于融资者而言，资本市场公信力的增强使其能够以较低的交易成本获取充分权益资本，成为其提高利润率的重要保障条件。可见，一国的社会信用状况良好可以扩大投、融资者等资本市场微观主体的有效收益边界，增加其预期收益，提高其作为多层次资本市场体系制度创新主体的能力。

（二）多层次资本市场制度演进的机制

多层次资本市场体系是一个不断发展的动态均衡体系，其演进经历着“不均衡—均衡—新的不均衡”的螺旋式上升过程，与这一过程相对应的是资本市场效率的不断提高与功能的不断完善。

1. 各市场层次的相互关系与市场整合

资本市场在一系列的层次结构创新过程中，逐渐形成了两个或两个以上具有不同内在逻辑次序与不同服务对象的市场层次，也即形成了初始意义的多层次资本市场。在具备了一定规模与层次结构之后，各层次市场出于对利润的追求以及自身发展的需要，与其他层次展开了以降低交易成本为目的的激烈竞争，由此提升了多层次资本市场体系的演进效率。同时，不同层次的资本市场之间互为补充，通过层次之间的资本循环把各层次功能有效地连接起来，提高了资本向优质企业流动的比例和效率。

2. 市场层次竞争对于多层次资本市场体系制度创新的促进

多层次资本市场体系中不同的市场层次虽然在功能上互为补充，作为体系中的一份子共同促进体系的协调与发展，但是就单个的市场层次而言，又构成了若干个针对不同服务客体、具有不同服务标准和性质，这决定了每个层次的资本市场必然以自身的利润最大化为发展目标，与其他层次市场展开竞争，以争取更多的上市资源。一般而言，企业和投资者是根据所付出的上市成本、信息披露与甄别成本，以及所获收益的比较来做出进入资本市场相应层次的决策。事实上，还存在着另一个决策时的重要考虑因素：市场微观结构的影响。市场微观结构是指证券交易价格的发现形成过程和运作机制，主要是指资本市场参与者所遵循的交易制度结构。由各个层次的资本市场分别提供一定的市场组织和交易形式，投资者和企业把各个层次资本市场微观结构的交易执行效率和交易成本进行比较。如果某层次市场的市场流动性越强、稳定性越大、市场透明程度越大以及市场越有效，那么该层次市场就能够以较低的交易成本提供交易服务，易受到市场参与主体的青睐。由此可见，市场交易制度是各层次资本市场相互竞争的主要因素，进一步地，如何有效降低交易成本是提升市场核心竞争力的关键所在。因此在一定程度上而言，市场交易成本的结构特征变化决定着各个层次资本市场的演进路径。

3. 市场层次的互补发展与功能整合

按照市场参与主体的风险承受能力及规模大小等因素进行排列，处于最低层次的资本市场的服务对象主要是一部分富裕家族或个人、风险投资基金等天使投资者，以及处于创业阶段的企业。随着创业企业的发展，正的现金流收入不断增多，利润随之增长，企业规模逐渐扩大，同时在本层次资本市场中因为筛选、监督成本太大导致资本供给不足，不能完全满足其权益融资需求。当它从更高层次的资本市场上融资而获取的利润弥补了上市交易成本之后仍有余额时，企业即选择退出最低层次的资本市场。在其下一轮发展中，融资企业仍然依据自身的成本——收益决策选择退出或留在相应层次的资本市场，随着其逐渐上行，上市成本、信息披露成本也越来越大。同样地，投资者根据对交易成本与收益的权衡，选择相应的资本市场层次。

由此，形成了一个各层次互补发展的多层次资本市场体系，随着层次的递进，入市条件逐渐严格、企业素质逐步提高，进而成为上一级资本市场的上市公司。或者通过优胜劣汰，在退市机制作用下由上一级资本市场降入下一级资本市场。投资者根据各自的投资需求，以较低的信息甄别成本在不同层次资本市场中实现最优投资决策。如上所述，在多层次资本市场体系中，每一层次市场与其他层次之间的竞争是决定该层次市场演进路径的重要因素，资本市场交易成本不断降低、交易效率不断提高是市场演进的发展趋势，竞争提高了多层次资本市场体系演进的效率。同时，市场层次之间的互补性把具备一定程度竞争效率的各个市场层次有机地整合起来，构成一个动态发展的多层次资本市场体系。在这一体系中，每一层次的资本市场都充满活力和创新精神，各个层次之间又相互补充、相互衔接、和谐发展，资本供给与资本需求达到了较高水平的动态平衡，多层次资本市场体系的制度功能得以有效发挥。

综上所述，资本市场作为筹资者和投资者交易的载体，投资者与筹资者的多样化需求决定了资本市场应该是一个多层次的体系，其层次性是由社会经济水平决定的。多层次的资本市场能够对不同风险特征的筹资者和不同风险偏好的投资者进行分层分类管理，以充分满足经济与社会发展对资本市场产生的巨大内在需求，并最大限度地提高资源配置效率，有利于中国经济的成功转型和可持续发展。

第二节　不同国家和地区多层次资本市场比较研究

借鉴不同国家或地区资本市场发展的经验，可以使国内多层次资本市场建设提高效率、少走弯路。本节首先介绍不同国家和地区资本市场建设的经验，随后归纳出不同国家和地区资本市场建设经验对河南省资本市场建设的借鉴意义。

一、不同国家和地区多层次资本市场的发展模式比较分析

本节主要挑选了美国、英国、日本，以及中国香港地区和台湾地区等，对其资本市场发展的过程和机制进行了介绍和比较。

（一）国外多层次资本市场

1. 美国多层次资本市场发展

美国拥有全球最发达和规模最大的资本市场体系，为世界各国进行相应的制度设计提供了有价值的市场模式和经验借鉴。美国资本市场分层在金融工具风险特征、交易组织形式、地理空间三个维度上同时展开，形成了由五个层次构成的金字塔结构的多层次资本市场体系。包括：主板市场（纽约证券交易所和美国证券交易所）、创业板市场（纳斯达克市场）、场外交易市场（OTCBB 和粉单市场）、区域性证券交易所及私募股票交易市场。

第一个层次：主板市场。位于多层次资本市场金字塔的最顶端，主要包括纽约证券交易所（NYSE）和美国证券交易所（AMEX），该市场对上市公司的要求比较高，主要表现为交易大公司的股票、债券，公司的成熟性好，有良好的业绩记录和完善的公司治理机制，公司有较长的历史存续性和较好的业绩回报，其主要目标是发展成为全球性的蓝筹股市场。美国证券交易所

也是全国性的交易所，但该交易所上市的企业较纽约证交所略逊一筹，该交易所挂牌交易的企业发展到一定程度可以转到纽约交易所上市。从投资者的角度看，主板市场的投资人一般都是风险规避或风险中立者。

第二个层次：以纳斯达克（NASDAQ）为核心的二板市场。纳斯达克（NASDAQ）是全国证券交易商协会自动报价（National Association of Securities Dealers Automated Quotations）的英文缩写，但目前已成为纳斯达克股票市场的代名词。纳斯达克始建于1971年，是一个完全采用电子交易、面向成长型企业、为新兴产业提供竞争舞台、自我监管、面向全球的股票市场。纳斯达克市场内部可进一步分为三个层次，即“纳斯达克全球精选市场”“纳斯达克全球市场”（原来的“纳斯达克全国市场”）以及“纳斯达克资本市场”（原来的纳斯达克小型股市场），进一步优化了市场结构，吸引不同层次的企业上市。其中，全球精选市场是纳斯达克市场中上市标准最高的一个层次，它的建立与纽约证券交易所的蓝筹股市场形成了竞争。NASDAQ市场虽然设立较晚、历史较短，但发展速度很快，其交易金额仅次于纽约证券交易所，位列全球第二大交易市场，而上市公司数量、成交量、市场表现、流动性比率等方面已经超过了纽约证券交易所。NASDAQ的建立，大大促进了美国高科技产业的发展，保证了技术创新与资本市场的良性互动。也因其不限国别、行业、经营历史等宽松特性，受到全球拟在资本市场筹资高新企业的普通欢迎。纳斯达克市场对上市公司的要求与纽约证券交易所截然不同，它主要注重公司的成长性和长期盈利性，在纳斯达克上市的公司普遍具有高科技、高风险、高回报、规模小的特征。

第三个层次：场外交易市场。为初具规模、需要发展资金，却又达不到主板和纳斯达克上市条件的高科技公司提供上市交易渠道，包括场外柜台交易系统（Over the Counter Bulletin Board，OTCBB）和粉单市场（Pink Sheet Exchange）。其中，OTCBB是全美证券商协会管理的一个电子报价系统，该系统可以方便投资者报价，有利于交易信息的广泛传播。OTCBB因门槛较低、上市程序简单，被称为NASDAQ的预备市场或NASDAQ摘牌公司的后备市场。粉单市场（Pink Sheet Exchange）原名为全国报价局（National Quotation Bureau，NQB），成立于1913年，为一私人企业，因最初是把报价印刷在粉红色的单子上而得名。1997年NQB更换新经营团队，以电子揭示看板的新技术为客户提供柜台买卖中心的交易信息，方便证券经纪商获取市场信息，将分散在全国的做市商联系起来。2000 年 6 月，NQB 改名为 Pink Sheets LLC（Liability Limited Company）。如今，粉单交易市场，已纳入纳斯达克最底层的一级报价系统，是美国柜台交易（OTC）的初级报价形式。广义的美国 OTC 市场包括 NASDAQ、OTCBB 和粉单市场，按其上市报价要求高低依次为：NASDAQ→OTCBB→粉单市场。粉单市场的功能就是为那些选择不在美国证券交易所或 NASDAQ 挂牌上市，或者不满足挂牌上市条件的股票提供交易流通的报价服务。在粉单市场报价的是那些“未上市证券”（Unlisted Securities），具体包括：①由于已经不再满足上市标准而从 NASDAQ 股票市场或者从交易所退市的证券；②为避免成为“报告公司”而从 OTCBB 退到粉红单市场的证券；③其他的至少有一家做市商愿意为其报价的证券。在美国证券交易实务中，粉单市场里交易的股票，大多是因公司本身无法定期提出财务报告或重大事项报告，而被强制下市或下柜。因此，投资人通常称这种公司为“空头”或“空壳”公司，该类股票为“垃圾股票”。粉单市场中的挂牌公司不必向 SEC 和 NASD 披露财务信息和任何报告，比 OTCBB 市场受到的监管更少、证券信誉等级更低。值得一提的是，公司在粉单市场交易是不需要交费的。

第四个层次：区域性证券交易所。基本上没有上市功能，已成为纽交所和纳斯达克的区域交易中心。目前，全国各地的区域性证券交易所主要分布于全国各大工商业和金融中心城市，它们成为区域性企业的上市交易场所，可谓是美国的三板市场（OTC 市场）。目前，美国资本市场已经淡化了全国性交易所与区域性交易所的划分，从整体上看，美国的主要市场都是全国性市场，并都在积极向全球化市场的方向推进。

第五个层次：私募股票交易市场。其是专门为合格机构投资者交易私募股份的市场，可以大大增强私募证券的流动性。全美证券商协会还运营了一个 Portal 系统。该系统为私募证券提供交易平台，参与交易的是有资格的机构投资者。机构投资者和经纪商可通过终端和 Portal 系统相连，进行私募股票的交易。在全球范围内，美国是多层次资本市场最为健全、机制和功能发挥最为完善的代表。其发达程度在市场规模、交易方式、横向多元化及纵向多层次化方面都能体现出来。美国多层次资本市场体系的划分如表 6-1 所示。

表 6-1 美国多层次资本市场体系的划分

层次	包括的市场	管理及上市标准	典型上市公司
第一层次	纽约证券交易所（NYSE）	管理最严格，上市标准高	全世界最大的公司
	美国证券交易所（AMEX）	相对于纽约证券交易所，上市标准较低	营业操作和纽约证券交易所大致一样，是一个中小企业上市的场所
	群岛交易所（NYSEArca）		
第二层次	全国证券交易商协会自动报价（NASDAQ）	按上市公司大小分为全国板和小板，采用投资银行做市商代理制	面向的企业虽然多是科技类且有高成长潜力的公司，但任何类型的公司均可以在此上市
第三层次	地方性证券交易所：波士顿股票交易所、辛辛那提股票交易所、中西部（芝加哥）股票交易所、太平洋（旧金山）股票交易所和费城股票交易所	所有的地方交易所的交易（超过95%）都是同时在地方交易所和一个全国性交易所上市的股票	
	未经注册的交易所	由美国证券监督管理委员会依法豁免办理注册的小型地方证券交易所，主要交易地方性中小企业证券	
第四层次	场外柜台交易系统（OTCBB）	全美证券公司协会直接监管的市场，与NASDAQ具有完全相同的交易手段和方式，它对企业的上市要求比较宽松，并且上市的时间和费用相对较低	主要满足成长性的中小企业的上市融资需求
	粉单市场（Pink Sheet Exchange）	由私人设立的全国报价局提供，为上市公司证券提供交易报价服务	挂牌公司证券的信用等级较低
	私募股票交易市场	是专门为合格机构投资者交易私募股份的市场，机构投资者和经纪商可以通过终端和Portal系统相连，进行私募股票的交易	
	地方性柜台交易市场	美国大约有10000余家小型公司，其根据《美国证券法》D条例中的发行注册豁免条款发行股份，并且通过当地的经纪人进行柜台交易	

美国多层次资本市场有如下特征：

（1）美国资本市场体系庞大、条块结合、功能完备、层次多样。既有统一、集中的全国性市场，又有区域性的、小型地方交易市场，使得不同规模、不同需求的企业都可以利用资本市场进行股权融资，这无疑有力地推动了美国经济的创新与增长。全国性集中市场主要是为大型企业融资服务的；二板市场的服务对象主要是中小型企业和高科技企业。二板市场的上市标准要比集中市场低，同时还设计出几套不同的标准，由不同规模的企业自己选择适宜的标准进行上市融资。新兴市场（三板）则基本取消了上市的规模、盈利等条件，把市场监管的重点从企业上市控制转移到以充分信息、披露为核心，以管理从业券商为主要手段，以会员制为主要形式，以券商自律为基础的监管模式。多个证券交易所或证券交易系统同时存在，有利于资本市场的竞争和资本市场效率的提高。

（2）各板之间建立了操作简便的升降级机制。美国多层次资本市场的成功之处不仅仅在于可以满足不同企业和投资者的投融资需要，而且各个板块之间打通了双向升降通道。从交易所或 NASDAQ 摘牌的股票可以进入次一级的 OTCBB 市场，反之，当公司满足高一级市场的要求时也能转场进入高一级市场进行交易。按照 NASDAQ 规定：公司股票连续 30 日交易价格低于 1 美元，警告后 3 个月未能使该公司股票升至 1 美元以上则将其摘牌，退至 OTCBB 报价交易。OTCBB 摘牌的公司将退至 Pink Sheets Exchange 报价交易。在 OTCBB 挂牌的公司只要净资产达到 400 万美元，或年税后利润超过 75 万美元，或市值达到 5000 万美元并且股东达 300 人以上，每股股价到 4 美元，便可升入 NASDAQ 小型资本市场。如果净资产达到 1000 万美元以上还可直接升入 NASDAQ 全国市场。

正因如此，一直以来美国很多的中小企业都采取反向收购（Reverse Merger）的方式在 OTCBB 市场借壳上市，待运营一段时间，企业的经营业绩及股票价格达到相关标准后再升级到主板市场。因为 OTCBB 市场基本没有初始挂牌标准，与直接在 NYSE、AMEX 及 NASDAQ 相比，不仅成本小、所花时间短，而且能保证 100%上市。

（3）内部分层。即在同一市场内针对不同类别或层次的上市企业制定不同的上市条件。采取此做法最为典型的就是纳斯达克市场。NASDAQ 在上市标准的设置上灵活多样，不仅对某些指标设定有替代标准，还针对不同类别或层次的上市企业制定了不同的上市条件，有利于促进不同成长阶段企业的发展。

NASDAQ 把市场分为三个层次，一个全国市场（National Market），一个小型资本市场（Small-Cap Market），2006 年又新分出一个意在与纽交所竞争的蓝筹高科技板块（Global Select Market）。除此之外，全国市场还对拟上市的美国企业提供了 3 套可供选择的上市标准。这 3 套标准各有侧重，其中最大的受益者就是美国的高新技术产业。

设置替代条件的做法，增强了上市标准的灵活性，使那些仅仅由于个别指标不符合要求，但在其他方面又能弥补不足的中小企业增加了上市融资的机会。实践证明，NASDAQ 市场上市标准设置上的多层次、多样化，在单一市场内形成两个或以上因发展程度不同而相对独立的市场板块，有利于吸引不同条件的中小企业上市，支持不同成长阶段的中小企业发展，这种做法值得借鉴。

2. 英国多层次资本市场发展

英国多层次资本市场分为全国性主板市场、全国性二板市场、全国性三板市场（未上市证券市场）和区域性市场四个板块。

全国性主板市场为英国金融服务局批准正式上市的国内外公司提供交易服务，主板中还包括一个“交易行情单列式的技术板市场”。伦敦证券交易所已有 200 多年的历史，作为世界四大证券交易所之一，是英国全国性的集中市场。不仅是欧洲债券及外汇交易领域的全球领先者，还受理 2/3 以上的国际股票承销业务，是吸收欧洲资金的主要渠道，也是世界上国际化的金融中心。

全国性二板市场 AIM（Alternative Investment Market），是伦敦证券交易所于 1995 年为英国本地及海外高成长型公司所提供的一个全国性市场，AIM 有别于美国 NASDAQ，虽附属于伦敦交易所，但其运行相对独立，属于正式的市场。AIM 是世界级的快速成长型公司初级市场，AIM 由于该板块监管制度灵活、门槛及上市成本较低、入市审批灵活等特点，正成为中国公司海外上市的热门选择。

全国性三板市场 OFEX（Off-Exchange），即未上市证券市场，创立于 1995 年，是 JP Jenkins 公司为更初级的中小企业融资服务的未上市公司股票交易市场。在 OFEX 挂牌交易的公司，通过市场的培育可以按照相应的规则进入主板或 AIM 交易。JP Jenkins 公司作为一个家族性公司是伦敦证券交易所登记在册的、具有良好经营记录与信誉的做市商，2002 年以后，由于该市场日益发展壮大，已被正式纳入英国证监会的监管范围之中，由英国证监会直接监管。

区域性市场主要交易地方企业股票，同时也可以买卖伦敦交易所的挂牌股票。除集中的伦敦交易所外，还包括伯明翰、曼彻斯特、利物浦、格拉斯哥、都柏林等地方性交易市场。

英国多层次资本市场体系条块结合、有集中、有分散，这样一个结构完整、功能完备的市场体系，有力地支撑、维护了英国在国际金融市场的地位，使伦敦金融中心能够持久不衰。

3. 日本多层次资本市场发展

日本资本市场包括交易所市场和店头市场两大层次。其中，交易所市场又分为三个层次：全国性交易所市场、地区性交易所市场和场外交易市场（如图 6-2 所示）。

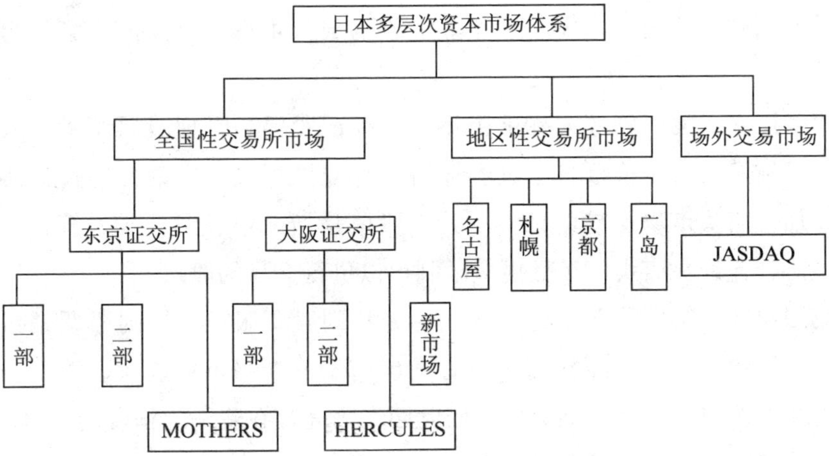

图 6-2　日本多层次资本市场结构

第一层次：第一部市场，主板市场。东京证券交易所是日本证券市场的主板市场，具有全国中心市场的性质，在此上市的都是著名的大公司，具有较高的上市标准，主要为大型成熟企业服务。东京证交所的主板细分为第一事业部和第二事业部两个层次，两者的上市公司在品质上有高低之分，但可以平滑转板与下市。在交易制度上，东京证券交易所全面改造了原有的交易系统，建立了适合于散户交易的投资者指令驱动交易系统、适合于机构投资人交易的证券商报价驱动交易电脑系统，以及仅适用于控制权转让的场外协议交易三种制度。

第二层次：第二部市场，二板市场。大阪、名古屋等其他 7 家交易所构成地区性证券交易中心，主要交易那些尚不具备条件到东京交易所上市交易的证券，这 7 家地区性市场构成了日本的二板市场。上市标准低于第一部市场，为具有一定规模和经营年限的中小企业和创业企业服务。

第三层次：新市场，场外交易市场。包括店头证券市场和店头股票市场，在此交易的公司规模不大但很有发展前途，其中店头市场的债券交易市场占据了日本证券交易的绝大部分。上市标准低于第二部市场，为处于初创期的中小企业和创业企业服务。日本原来有 8 个证券交易所，目前经过合并与联合形成了东京、大阪、名古屋及福冈、札幌五个交易所，其中东京、大阪和名古屋证券交易所都设立了第二部市场与新市场。

店头市场（柜台交易市场 OTC）以吸引中小公司挂牌为主，也吸纳一些被交易所摘牌的公司，是风险性企业筹资的最大市场。目前该市场分为两个层次：

第一层次：第一款登记标准市场，为登记股票和管理股票服务。所谓登记股票是指发行公司符合日本证券业协会订立的标准，申请并通过该协会的审核，加入店头市场交易的证券。管理股票是指下市股票，或未符合上柜标准，经协会允许在店头市场受更多限制得以进行交易的股票。

第二层次：第二款登记标准市场，为特则股票服务。特则股票是指未上市、未上柜的公司，但经券商推荐有发展前景的新兴事业股票。该市场与交易所设立的新市场上市标准类似，因此两者之间存在着一定程度的竞争。

近年来，日本业界普遍认识到多层次资本市场合理构建的重要性，除广泛保留着柜台交易市场，还开始积极建设主板以外的其他市场，分别建立了东京证券交易所的 MOTHERS 板（高增长新兴股票市场）、JASTAQ 创业板市场。2009 年 1 月又由东京证券交易所与伦敦证券交易所集团合资建立了针对全球创业企业的 TOKYOAIM 市场。TOKYOAIM 以伦敦的 AIM 市场为参照，旨在吸引日本公司和其他境外公司。

此外，国外市场经济发达国家，目前都建立了多层次的资本市场体系。

如瑞典有主板市场和NGM成长市场，加拿大有阿尔伯塔证券交易所、多伦多证券交易所、温哥华证券交易所、蒙特利尔证券交易所四个证券交易所。这些证券交易所或证券交易系统，有的从事主板市场业务，有的从事创业板市场业务。同时，在庞大的场内交易市场之外还具有大量相对成熟的场外交易市场。

（二）中国香港地区和台湾地区多层次资本市场

1. 中国香港地区多层次资本市场发展

香港作为国际金融中心的重要标志之一是其资本市场的蓬勃发展，香港资本市场由股票市场和债券市场构成。进入20世纪90年代以后，香港股票市场和债券市场的规模和集资额不断扩大，已发展成为亚洲最主要的债券市场之一。特区政府对经济发展长期执行“积极不干预”政策，对外高度开放，没有外汇管制且税费较低，国际资本和国际性金融机构在香港高度集中，机构投资者占据市场主导地位，配套法律法规与国际接轨。

20世纪90年代以来，中国内地积极参与香港资本市场运作，内地与香港经济联系的加深又强化了香港作为内地融资中心的作用，香港因有地利之便及后续增发较易的优势而成为内地企业境外上市之首选，进一步推动了香港资本市场深入发展。此外，香港与内地股票市场基本同步交易，表明全球资本市场一体化正成为一种趋势。香港证券市场结构如图6-3所示。

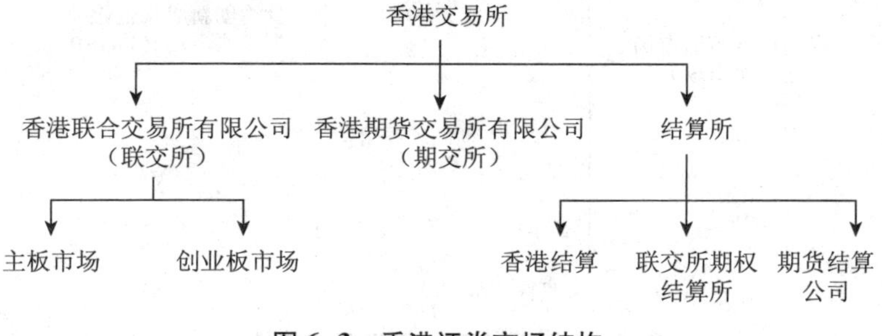

图6-3　香港证券市场结构

香港主板市场是香港联合交易所，场外交易市场有香港企业资产及股权交易所。1999年诞生的香港创业板是香港主板市场以外的另一个独立的股票市场，该板块主要吸纳具有增长潜力但未符合主板上市条件的企业挂牌，但因为缺乏优质高成长性公司，致使机构投资者不愿涉足，变相限制了创业板公司筹资及寻觅新投资者的机会，成长至一定规模的公司都转往主板。港交所在 2008 年修订了上市规则，把香港创业板重新定位为“第二板及跃升主板的踏脚石”，简化由创业板转往主板上市的程序，令香港创业板沦为“跳板”。随着深交所创业板的推出和沪交所国际板的即将推出，香港创业板也将扩大与内地资本市场的合作，共享中国经济高速增长的益处。

2. 中国台湾地区多层次资本市场发展

中国台湾地区资本市场规模虽然不算太大，但是在全球市场上具有不容忽视的重要地位。从台湾资本市场的发展历程来看，先出现店头市场，后有集中交易市场。在集中交易市场产生后，店头市场曾萎缩并被禁止。此后，店头市场复又呈现发展的趋势，继而根据法律规定重生，还出现了非公开的私人股权交易市场——盘商市场。

目前，台湾资本市场分为台湾证券交易所市场（集中交易市场）、证券柜台买卖中心（店头市场）、兴柜市场和盘商市场（地下做市商市场）四个层次。中国台湾地区证券市场结构如图 6-4 所示。

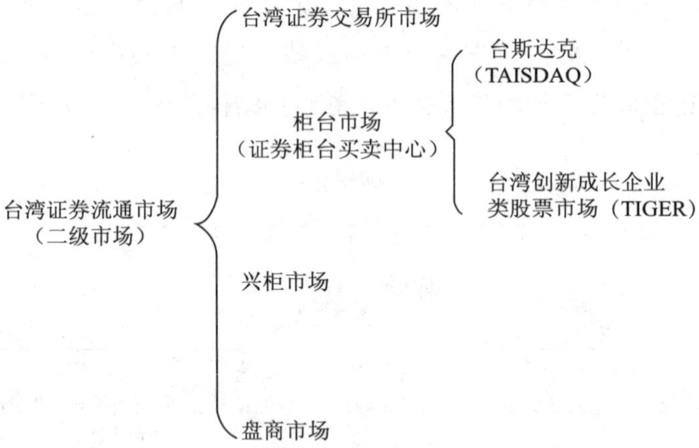

图 6-4　中国台湾地区证券市场结构

（1）台湾证券交易所市场。该交易所自 1962 年正式开业以来，一直是台湾地区唯一的集中交易场所，采取典型的竞价制度和电子交易，不允许场外交易，台交所具有较强的推动资本市场的造市能力。交易品种除了公司股票之外，还有存托凭证、受益凭证、认购权证、政府债券、公司债券等多个种类。

（2）柜台市场。其交易模式以竞价制度为主、做市商制度为辅，是上市公司的“预备市场”，包括一类股票和2000年4月推出二类股票市场（台湾创新成长企业类股票市场）。有股票、公债、金融债、公司债等多种债券以及可转债、认股权证、衍生产品等交易品种。

（3）兴柜市场。属于新开发的股票市场，由证券柜台买卖中心代管，目的是取代以“盘商”为中介的未上市上柜股票的交易，将未上市上柜股票纳入制度化管理，为投资者提供一个合法、安全、透明的交易市场。

（4）盘商市场。该市场是非公开的股权交易市场，以盘商为中介进行。虽然流通性低、交易成本高，筹资效果不免受到限制，但是盘商市场的确是中小企业从资本市场筹集资金的一个重要来源。

台湾资本市场具有交易活跃、流动性佳、周转率高、本益比高及筹资容易等优点，自1991年实施QFH制度后，外资大举进入，台湾资本市场国际化及自由化程度日渐成熟。但近年来，台湾地区资金外流、专业人才外流等情形日益严峻。因此，台湾地区需加强与周边地区，尤其是与中国大陆的经贸合作，改革配套法规，形成和巩固台湾作为“区域金融中心”的地位。

二、不同国家和地区多层次资本市场建设经验及借鉴

综观国际资本市场的发展变革，发达国家基本建立了与风险相适应的多层次资本市场运作体系。认真地总结和学习国外资本市场建设的经验，可以为我国多层次资本市场的发展提供借鉴。

（一）不同国家和地区多层次资本市场建设经验

美国、英国、日本，以及中国香港地区和台湾地区多层次的分级市场结构体系已经发展到了一定的程度，分层的资本市场是企业获得规模经济必不可少的条件。

（1）当中小企业因规模及发展限制还不可能迈入高一层次证券市场的门槛时，低一层次证券市场则为它们的融资活动提供了渠道。同时，低一级市场对在市场交易的企业还起着比较、选择和推荐的作用，只有那些经营业绩

突出、证券表现不凡的企业方有可能被推荐到高一层次的证券市场。因此，分层次的证券市场结构不仅适应了企业不同成长阶段的融资需求，而且保证了公司质量，从而奠定了资本市场健康发展的制度基础。

（2）每一等级的市场都有自己的发展重点和发展目标，都与特定规模、特定发展阶段的企业融资需求相适应。证券市场的分层结构可以适应不同规模企业不同的融资成本和风险。由于存在上市门槛（严格的上市要求和相应昂贵的上市费用），中小企业不可能一步踏入高层次证券市场，有潜力的企业只能先在底层证券市场中筹措创业资本，接受“层层”关照和挑选“试错”，在企业成长壮大后再迈进更高一层的市场，直至申请全国市场挂牌。

（3）资本市场的分层结构可以适应不同规模企业不同的融资成本和风险。全国性集中市场主要是为大型企业融资服务的。二板市场的上市标准要比集中市场低，同时还设计出几套不同的标准，由企业选择适宜自己的标准进行上市融资。这种“流动机制”，使好的企业可以从下一级市场升到上一级市场上市交易，差的企业则可以“降低”。实践证明，这种机制更有利于资本市场效率的发挥。

（4）创业板市场的建立对中小企业，尤其是高新技术企业的迅速成长具有极大的促进作用。美国的 NASDAQ 市场是高新技术企业的摇篮，大批知名公司在创业初期均利用其筹措资本，实现超常规发展。该市场在促进成长型新兴高新技术企业发展升级的同时，也为现有资本市场注入了活力，推动了资本市场全面快速发展。

（5）地方性证券交易市场对区域经济发展发挥着重要的作用。地方性证券交易市场为地方中小企业开辟了直接融资的渠道，以更为灵活的政策为之服务，同时增加了地方居民和其他投资人的投资选择。

（6）要想在中国建立一个能满足不同规模、不同类型企业股权融资要求的“多层次”资本市场，就必须大力发展以做市商制度为主要运行框架的 OTC 市场，否则无法从根本上解决国内企业尤其是中小企业股权融资问题。

（二）不同国家和地区多层次资本市场发展对我国的借鉴

作为一项金融制度安排，多层次资本体系的生成与演进必然要遵循一定的发展规律，具有自身的内在逻辑，且中国资本市场是在特有的转轨经济中制度创新的产物，与海外大多数国家在市场经济体制中发展起来的资本市场相比，创建机制存在较大差异。抛开基本国情，仅简单地从功能和框架上移植国外多层次资本市场的制度安排，可能导致制度不相容的一系列问题，导致创建的失败。

鉴于国情和市场发展程度的差别，我国不能生搬硬套，必须立足我国国情进行创新研究和大胆实践，促进我国多层次资本市场的创新和健康发展。与西方国家资本市场几百年的发展历史相比，中国资本市场的发展过程略显短暂，仅仅经历了二十几年，而中国资本市场的发展、成熟与完善必然是一个长期的、循序渐进的过程。因此，在发展和完善中国多层次资本市场体系建设中，借鉴全球多层次资本市场体系建设的经验和教训是十分必要的。

第一，应该明确多层次资本市场体系的发展与完善，其动力源自于不同类型企业的不同融资需求，企业融资的市场需求是资本市场体系发展的决定力量。西方国家多层次资本市场的发展与企业和市场的演进一样，很大程度上是自发出现和形成的。对于中国来说，资本市场的发展主要还是依靠行政力量的推动，在很大程度上是一种强制性的制度变迁过程。因此，资本市场的发展存在一系列问题在所难免。对于中国来说，虽然政府的引导是必要的，但是不能忽视企业和市场的需求，必须要重视资本市场发展及其体系完善的微观市场基础。

第二，发达国家的资本市场体系几乎都是从场外交易发展起来的，都遵循了从分散到集中、从场外到场内、从低层次到高层次的发展规律。缺少了发展充分及相对成熟的、低层次的场外市场，高层次的场内市场就失去了发展的源泉及退出的渠道，其发展必然会受到很大的制约。高层次的资本市场与低层次的资本市场是相互联系、相互影响的，二者之间的天然联系不能割裂。我国以上交所、深交所为代表的主板市场的发展相对较快，但基础性的场外市场却发展受限。因此，多层次资本市场体系的构建和完善，既要适应不同规模、不同发展阶段的企业融资需求，也要兼顾不同层次市场的发展重点和目标，促使不同层次的市场相互促进。

第三，多层次资本市场的建立是一个复杂的体系，需要完善的监督和监管系统。资本市场的发展及多层次体系的完善，离不开一定的市场环境、企业发展环境和制度环境，而健全的法律体系则是保证多层次资本市场良性运作的重要条件。从英、美资本市场的情况可以看出，全国性主板市场主要是为大型企业融资服务的。二板市场的上市标准要比集中市场低，同时还设计出了几套不同的标准，由不同规模的企业自己选择适宜自己的标准进行上市融资。三板市场则基本上取消了上市的规模、盈利等条件，把市场监管的重点从企业上市控制转移到以充分信息披露为核心，以管理从业券商为主要手段，以会员制为主要形式，以券商自律为基础的监管模式。这是英、美成熟资本市场一个重要的发展变化，值得我们新兴市场关注与学习。

多层次资本市场体系的建立和完善，既是经济发展到一定阶段的必然产物，也对经济和社会的发展起着重要的推动和激励作用。资本市场的发展既不能超越自身经济发展阶段，也不能盲目一味地模仿发达国家做法。我们要立足中国国情进行创新和实践，针对结构缺陷和制约因素采取有效措施，构建和完善我国多层次资本市场体系，促进中国经济的健康、可持续发展。

第三节　促进实体经济发展的多层次资本市场构建

国内外资本市场发展经验证明：规模扩张、多元化、多层次化是资本市场发展的三条主线。通过前面的现状分析和不同国家和地区成功的资本市场的比较和借鉴，本章提出河南构建多层次资本市场的定位，并有针对性地提出切实可行的发展路径。

一、多层次资本市场运作及转板机制

根据金融工具的风险特征和投资者的风险偏好程度，将资本市场细分为多个具有递进和互补关系的子市场，构建多层次市场体系，是一国资本市场在具备一定规模的基础上进一步向纵深发展、逐步成熟的必由之路。

（一）企业类型与多层次资本市场的适应性

1. 主板市场与大型企业发展

主板市场作为为处于市场化阶段的大型企业提供融资服务和股权交易的市场，在资本市场的层次体系中，其投资风险最小，上市融资成本最低，投资者分布最广，因而对上市企业的经营业绩、经营稳定性等方面的要求最高。

只有处于市场化阶段的成熟大企业才能够达到主板市场的上市要求，并进而利用主板市场进行融资和资源配置。一方面，只有当企业发展成熟时，它才有可能到主板市场上市；另一方面，企业在主板市场上市后，可以利用主板市场的各种功能来进一步做大做强。大企业的发展与主板市场是相辅相成的，各种类型的大企业的上市，可以壮大主板市场的规模，改善主板市场的上市公司结构，进一步提升其市场功能。主板市场可以为上市大企业的发展提供数量巨大的低成本资金支持，从而为其进一步壮大奠定基础。

2. 创业板市场与高成长性中小企业的发展

大力发展高新技术产业，运用高新技术改造传统产业、促进产业结构升级和生产方式的根本转变，对促进我国国民经济的发展意义重大。我国高新技术产业的发展还处于初期阶段，绝大多数科技企业处于企业发展过程中的早期阶段，在企业规模上还表现为中小企业。由于主板市场在企业规模、经营业绩等方面要求较高，对于成长性的中小企业（一般指中小科技企业）而言，通常难以达到上市要求。因此，建立和完善适合中小科技企业发展的创业板市场具有十分重要的意义：首先，创业板市场可以为风险投资提供最有效的退出机制；其次，创业板市场可以通过股权流通和转让，实现资源的优化配置；最后，通过在创业板市场上的增资配股，中小科技企业可以直接进行权益性资本融资。

3. 三板市场与一般性中小企业的发展

由于中小企业中绝大多数是一般性的中小企业，它们无法达到创业板的上市要求，因此必须发展更低层次的区域性 OTC 市场（场外交易市场，又称柜台交易市场或三板市场）。一般而言，由于当地的投资者对本地企业会有比较深入的了解，三板市场可以较好地克服信息不对称问题。因此场外交易市场的建立和发展对当地中小企业的发展具有十分重要的意义，具体表现在以下三个方面：

第一，由于三板市场挂牌条件较低，客观上使其获得了中小企业的青睐，另外，三板市场作为第三层次市场，其有别于主板市场和创业板市场的功能定位，也决定了它应当以中小企业为主要的服务对象，这不仅是市场细分的需要，更是场外交易市场能够独立于主板市场和创业板市场并得以发展和繁荣的基础。

第二，广泛吸引投资，推动兼并重组。中小企业进入资本市场的同时，必须相应地争取广泛的投资者参与这个市场。场外交易市场作为资本市场的一个重要组成部分，在适当分流部分居民储蓄、提高社会存量资源的使用效率等方面可以发挥积极作用。另外，企业的广泛来源决定了区域性资本市场挂牌公司资源的丰富多样，这将使区域性资本市场的并购重组充满魅力。

第三，为主板市场和创业板市场提供退市通道。没有退出机制的市场不是完善的市场。场外交易市场承担起为主板市场和创业板市场提供退市通道的功能，完善市场的循环系统。场外交易市场不仅有接纳退市公司的退市板功能，而且具有再利用的功能，即再融资和转市场的功能。在以中小企业为主体的场外市场上，有条件的中小企业通过收购、兼并、重组等形式，可以有效地利用退市企业的各种资源，从而获得更大的发展空间。

4. 区域性产权市场与初创期中小企业的发展

产权的转让和流动对中小企业的发展具有十分重要的意义。对于处于种子期发展阶段的初创企业以及众多的未改制企业来说，资产规模有限，仅仅依靠自身的资本集聚是难以实现快速发展的。区域性产权市场将会为其融资提供一个便利的平台，从而解决这类企业的直接融资问题。除了通过并购实现资本的迅速集中并进而实现跨越式发展外，产权交易还可以实现企业之间资源的优化配置。在现代市场经济条件下，资产流动是资本运动的客观要求，资本的运动既面向市场又依靠市场，资本离开了流动就创造不出价值。在市场价格信号的引导下，社会资源通过流动从收益低的企业和行业流向收益高的企业和行业，最终实现资源的优化配置。从现实经济运动来看，资产流动不仅有助于启动沉淀资产，引导闲置资产转化为新的生产力，提高存量资产的利用潜能，而且有助于调整产业布局，优化增量资产的投向和结构，即通过产权转让和资本的重组分配，将产业结构调整与资源配置效率有机结合起来，提高整个社会的资源配置效率。我国多层次资本市场的总体框架如表6-2所示。

表 6-2　我国多层次资本市场的总体框架

市场范围	名称	建立的基础	提供融资服务的对象
全国性资本市场	主板市场——上海证券交易所	现上海证券交易所，深圳证券交易所 A、B 股合并	已步入产业化阶段后期和市场化阶段的大型或特大型股份制企业
	创业板市场——深圳证券交易所	现深圳证券交易所中小企业板块的独立和扩容再造	处于产业化初期的中小型企业
	三板市场——全国性场外交易市场	利用代办股份转让系统的基础设施	处于初创期中后期或幼稚期前中期的中小企业
区域性资本市场	区域性证券交易所	区域内地理条件优越、股票交易方便、基础设施先进、高科技企业发展快的城市设立	本区域处于研发阶段和初创阶段早期的中小企业
	地方产权交易机构	现有的产权交易所和技术产权交易所	转型期国有企业及区域性的初创中小企业

（二）转板升降机制

转板机制是在多层次资本市场环境下，体现市场各层次之间流动性的制度设计，建立多层次资本市场转板机制的意义在于：首先，保障市场各层次之间转换通道的畅通，提高市场活络性和竞争力，提升公司治理水平。其次，对资本市场整体建设而言，完善转板机制可以在不同层次市场间形成良好的流动机制，流动性是资本市场的生命力所在，包括同一市场同一层次上的流动性以及不同层次之间资本的流动性。最后，就节省融资成本和监管成本而言，改变以往先从原市场退市，再到新市场上市的做法，转板机制的建立使得满足目标市场上市条件的企业可以直接通过转板来完成从原市场到新市场的过渡。创业板市场与主板市场、新三板市场、产权市场共同构成的“升降转市机制”，有利于完善企业经营的约束机制和激励机制，促进科技中小企业更好地发展。

资本市场体现出不同资本供给与需求多层次的特征，不同层次的市场服务于不同的企业，满足不同的资金供给与需求。由主板市场、创业板市场和场外交易市场构成的多层次资本市场体系日趋完善，成为一个“无缝隙”的市场体系，可以满足不同层次资金的供给和需求。

主板市场主要为成熟的国有大中型企业服务，上市门槛最高，主板公司终止上市后，必须退入代办股份转让系统。而中小企业板服务于高成长性的中小企业，上市条件和运行规则几乎与主板一样，门槛偏高。创业板则倾向于创新型的中小企业，上市条件较主板要低，但作为高风险市场，对上市公司信息披露要求较主板要高，提高了退市效率和市场运作效率。新三板市场则为那些尚未达到上市条件的企业提供了股权转让和融资渠道，主要指全国性的场外交易市场。地方产权交易市场主要由各地方政府部门主办。

根据不同层次市场的上市条件和市场规则的区别，促使上市公司“能升能降”“能上能下”，充分发挥市场的“优胜劣汰”功能。目前，我国已初步建立了一个由一板（含主板、中小企业板）、二板（创业板）、新三板（含场外交易市场）及地方产权交易市场组成的多层次资本市场体系，各个不同层次的资本市场对应不同层次的企业，各有一个不同的筛选机制，使企业有可能递进上市或递退下市，从而形成一个完整的层次结构，体现逻辑的层次性和统一性。双向转板机制既有利于保证上市公司质量和完善市场退出机制，促进我国资本市场的良性循环，又有助于适应多样化的投融资需求，最大限度地实现市场的资本供求均衡。

各个层次的市场之间，功能分工明确，应具有明显的递进性，由此形成一个体系健全的“梯级市场”。根据“升板自愿、降板强制”的转板原则，即升级转板在满足条件后应由企业自主决定。但降级退市则在一定时限内强制执行。从上升阶梯看，越往上一层次门槛越高，经过新三板市场“培育”一段时间后，在有关条件满足创业板规定的前提下，企业可申请转入创业板市场。同样，经过创业板市场“培育”一段时间后，在有关条件满足主板规定的前提下，企业可申请转入主板市场。新三板、创业板和主板的层次结构呈现入市条件逐步严格、企业素质逐步提高的特征。从下降阶梯看，越往下一层次风险越大，已进入主板市场的上市公司，当经营状况下降或其他条件不能满足主板要求时，可退至新三板市场。已进入创业板市场的上市公司，当经营状况下降或其他条件不能满足创业板要求时，也可退至新三板市场。新三板市场作为独立的交易体系，是最基础的市场，充当中小企业到创业板和主板上市的“孵化器”角色，同时，还要发挥市场的“淘汰”功能，充当退市场所。根据各层次的上市门槛和市场定位的差异，促使上市公司“能升能降”，充分实现市场的“优胜劣汰”功能。沪深主板之间根据转板自由的原则可以实现相互转板，并打破逐层转换的思维禁锢，允许市场各“阶梯层次”之间的跨越式转板，由此打破了上市公司的“终身制”。

双向转板机制既能够调动企业为争取到高层次市场上市而奋发进取的积极性，又能够迫使业绩差的企业为避免退市而努力提高自身质量，还有助于分散企业在不同发展阶段所带来的风险，从而有利于提高资本市场的整体素质，实现资本市场的健康发展。

二、中国资本市场体系的结构特点

中国资本市场是伴随着经济体制改革的进程逐步发展起来的，发展思路上还存在一些深层次问题和结构性矛盾，市场结构不完善。在资本市场上“重股市、轻债市，重国债、轻企债”，这种发展思路导致了整个社会资金分配运用的结构畸形和低效率，影响到市场风险的有效分散和金融资源的合理配置。我国的资本市场高度垄断，层次结构单一，极大地抑制了企业，特别是中小企业在发展过程中对融资和股权交易的需求。

具体来说表现为：第一，主板市场。包括上海证券交易所和深圳证券交易所。沪深证券交易所在组织体系、上市标准、交易方式和监管结构方面几乎都完全一致，主要为成熟的国有大中型企业提供上市服务。2004 年 6 月，为中小企业特别是高新技术企业服务的中小企业板市场推出，它附属于深交所，基本上延续了主板的规则：除能接受流通盘在 5000 万股以下的中小企业上市这点不同以外，其他上市的条件和运行规则几乎与主板一样，所以上市的“门槛”还是很高的。第二，场外交易市场。包括“代办股份转让系统”和地方产权交易市场。总而言之，中国的场外市场主要由各个政府部门主办，市场定位不明确，分布不合理，缺乏统一规则且结构层次单一，还有待进一步发展。

从现实条件来看，目前我国发展多层次资本市场条件已经基本成熟。当然，发展多层次资本市场也是一项系统工程，需要在发展过程中积极推进制度建设和体制创新，其中尤为迫切的是采取切实有效的措施，建立严格的、市场化的退出机制。只有这样，才能很好地满足多样化的市场主体对资本的供给和需求，高效率地实现资本市场供求平衡，发挥多层次资本市场的功能。

以长三角和珠三角为代表的中国最发达区域在资本市场的建设方面走在了全国的前面，上交所和深交所作为全国性证券交易所，其主板市场的作用毋庸置疑，从总量与规模上看，沪深市场依然是未来我国多层次市场体系的主要组成部分。从两者的定位来看，上交所的定位在于“主板+国际板”，而深交所的定位则是“主板+创业板”。

目前，三板市场（场外交易市场）主要是指“代办股份转让系统”和地方产权交易市场等场外交易市场体系等。“代办股份转让系统”的特点是股份连续性交易、具有IPO的功能、设置一定的挂牌交易标准等。地方产权交易市场由原体改委及财政、国资委系统组建的产权交易所和由科委系统组建的技术产权交易所两大部分组成，其主要特点是以做市商或会员代理制交易为特征，进行产权、股权转让、资产并购、重组等。国资委系统组建的产权交易所如以上海产权交易所为龙头组织了长江流域产权交易共同市场，成员为长江流域省市的产权交易机构；以天津产权交易所为龙头组织了北方产权交易共同市场，成员为长江以北地区及京津地区的产权交易机构。科委系统自1999年12月在上海成立我国第一家技术产权交易所以来，目前全国各地已成立技术产权交易机构40多家，这些交易机构全部都是由当地政府部门牵头发起设立的。近两年来，地方产权交易市场的发展十分迅猛，其主要原因是地方中小企业的发展缺少金融服务的支持，更没有资本市场的支撑。因此，我国三板市场体系的建设应采取“条块结合”模式，既有统一、集中的场外交易市场，又有区域性的权益性市场。

区域性资本市场除了作为中小企业筹集资金的渠道外，还能依据效率原则较为灵活地在经济区域内配置有限的经济资源。在条件成熟的经济区域金融中心城市培育和发展区域性资本市场，从而形成多层次、开放性的资本市场网络，这是我国资本市场发展的必然取向。河南省资本市场的建设大有可为，一方面要吸收借鉴西方发达国家资本市场的建设经验，以市场引导为主、政府和政策引导为辅，建设资本市场要立足于满足企业发展和经济进步的要求，以“城乡”协调发展为指引，服务并落脚于“城乡”协调发展。另一方面要积极学习借鉴和利用全国性的资本市场来发展河南省资本市场，并使河南省资本市场融入全国资本市场之中。

三、多层次资本市场发展措施

作为全国统一的主板市场，主要针对符合条件的大中型企业进行融资，能够在这个市场上市的中西部企业只是其中很小的一部分，所占的市场份额也极为有限。在此条件下，全国统一的资本市场无法发挥支持落后地区企业发展的作用。从我国区域经济发展的复杂性和不平衡性来看，在中西部地区建立为本地区服务的区域性资本市场不但有利于调动各地区的积极性，而且还可以优化地区的经济结构，鼓励各地区产业升级，无异于为广大的中西部地区建立了一个可持续发展的新的支撑点，可以协调和平衡区域之间经济发展的不均衡。根据河南省经济发展和经济体制改革实际，应当建立层次多元化、功能多元化的资本市场体系。结合河南省的优势，提出符合河南省实际的多层次资本市场定位，并提出河南省多层次资本市场发展措施。

（一）多层次资本市场体系的创新策略选择

总体上来看，我国多层次资本市场体系的制度变迁决定于中国金融改革的制度变迁取向，是一种强制性制度变迁。在资本市场成立之初，我国法律、监管等制度基础环境不完善，民营经济发展边缘化，理性投资者数量远小于投机者，相较之下，政府垄断着大量的资源，成为多层次资本市场体系制度变迁的主要启动力量。这种由政府主导的制度变迁导致了行政力量取代市场机制对稀缺的金融资源进行非合理化配置，降低了制度创新的效率。同时，随着我国民营经济与机构投资者的加速发展，政府提供的多层次资本市场体系的制度供给与现实制度需求之间存在一定的缺口，使多层次资本市场体系的演进始终处于较低水平。从美国多层次资本市场体系的成功经验以及我国现实状况来看，在多层次资本市场体系的演进过程中，政府作用主要体现为对法律、监管等制度基础环境的塑造，以及对投、融资主体的政策性制度支持。因此，应在强化政府对于多层次资本市场演进的制度环境的培育的基础上，逐步将多层次资本市场体系的制度创新主导力量由政府向市场转变，使投、融资方等市场微观主体在制度创新收益的感召下，作为主要力量推动多层次资本市场体系的制度变迁，而政府作为多层次资本市场体系生成与演进的政策引导者和内生参与者，通过对市场演进方向的微调来保证最优演进路径的实现。

1. 多层次资本市场法律和监管制度创新

(1) 立足《证券法》，完善多层次资本市场法律体系。

从法律建设方面来看，《证券法》《公司法》《证券投资基金法》是我国资本市场基本法律制度的重要组成部分，虽然对于资本市场及其参与主体的规范发展起到了一定的推动作用，但是由于缺乏在证券交易、投资咨询、信息管理等方面的实施细则，导致法律法规的可操作性不强。且对于证券投资者权益保护的相关法律条文分散于不同的法律法规和规章制度中，暴露出了互相冲突、难以衔接等问题。另外，《证券法》虽然为较低层次资本市场的设立以及多种交易方式的存在创造了一定条件，但针对场外市场的法律性质、交易制度、功能定位和上市标准的明确法律规定尚未出台，不利于多层次资本市场体系的长远发展。鉴于此，应加强资本市场法律制度创新，在现有法律框架的基础上，制定《证券交易法》《证券投资者权益保护法》等资本市场相关法律法规，完善多层次资本市场法律体系。同时将代办股份转让系统、产权市场明确纳入《证券法》调整范围，并尽快出台场外市场交易的相关规定，营造代办股份转让系统和产权市场向场外市场转化的良好制度环境，建立完善的法律、监管体系，以制度基础环境的改善促进多层次资本市场体系的生成与演进。

(2) 创新监管机制，构建多层次监管体系。

从监管制度方面来看，我国资本市场实行以政府为主导的监管体制，中国证监会是全国性的资本市场监管机构，负责资本市场相关政策方针的制定，对资本市场实施统一、集中的管理，证券交易所和证券交易协会等自律性组织则对市场参与主体的上市或交易行为进行监督。然而，事实上，转轨经济中资本市场制度变迁的强制性强化了对于传统的计划经济管理模式的路径依赖，从而以行政手段作为对资本市场的一贯监管方式，导致我国资本市场显现出“政策市”的特征。相较之下，证券交易所、证券交易协会等自律性组织受发展不完善等因素的制约，并没有发挥出应有的对于资本市场参与主体的监督管理作用。因此，应推进我国资本市场的监管制度创新，转变以行政手段为主导的监管模式，注重证券监管的前瞻性研究，建立动态实时监管机制，保持监管的连续与稳定。同时，不断推进证券交易所、证券公司、证券中介机构和证券业协会等自律性组织对于资本市场进行监督管理的进程，建立政府监管制度与自律监管制度的协调机制，构建多层次的资本市场监管体系，并使得这一监管体系始终与我国多层次资本市场体系的生成与演进进程相适应。

考虑到我国创业板市场进入门槛较低、主要服务于民营企业和高科技企业的特点，应建立严格的信息披露制度，降低因上市公司与投资者信息不对称而产生的风险。中国证监会和深圳证券交易所必须在使市场力量尽可能发挥作用的前提下，对机构投资者内幕交易和市场操纵行为进行必要的风险控制措施，以降低创业板市场的运行风险。此外，对于场外市场而言，首先应将代办股份转让系统和产权市场纳入统一的多层次资本市场监管体系，进而针对场外市场的运行特点，采取以证券业协会和市场组织机构的自律管理为主、中国证监会的政府监管为辅的监管模式，在保持市场发展效率的基础上，以充分、实时的交易信息披露机制保障中小投资者的合法权益。

2. 多层次资本市场交易制度创新

在指令驱动交易制度的基础上引入做市商制度，建立报价驱动和指令驱动制度功能整合的市场，以满足不同层次资本市场主体的交易需求。目前，我国资本市场实行的是客户委托交易所主机直接撮合成交的单一指令驱动机制，这种交易制度虽然具有费用低、操作简单和监管难度小的优点，但是容易在大宗交易中引起证券价格强烈波动，同时不利于流动性相对较差的场外市场的进一步发展。比较而言，做市商制度通过对证券的自营买卖在尽可能短的时间内将交易活动集中，为市场提供较好的流动性，确保交易活动的连续。同时做市商得以在有效估计证券需求状况和价格趋势的基础上形成买卖报价，有利于反映证券的真实价格。此外，做市商制度要求做市商利用掌握信息的优势，对各种信息来源、质量及市场效应进行及时披露，有利于保持市场透明度，杜绝机构投资者的价格操作行为。

因此，应在我国指令驱动交易制度的基础上引入做市商制度。其中，对于主板市场和创业板市场，促进报价驱动机制和指令驱动机制的有机结合和统一，实现两种交易制度比较优势的充分融合，保证市场高效、稳定运行。对于场外市场，采取以做市商制度为主、指令驱动交易制度为辅的交易制度，保证市场充分的流动性，降低投资者的交易风险，推进市场进一步发展。

此外，针对我国资本市场中承销券商承担保荐人职能的制度特点，宜将做市商制度与保荐人制度有机结合起来，要求券商对推荐上市的企业承担完全的保荐责任，并作为造市者维持该企业股票的行市，既通过发行人与保荐人的连带作用机制切实强化市场约束机制、规范上市公司行为，又保持股票的流动性和价格稳定，为投资者提供良好的投资环境。

3. 机构投资者制度创新

一般而言，较低层次的资本市场交易成本相对较高，而机构投资者在资金、信息、管理等方面较之于个人投资者有着专业化和规模经济的优势，使其在信息收集与处理、投资管理决策等方面科学化、理性化程度较高，有助于降低资本市场的信息成本与交易成本，促进多层次资本市场体系协调发展。近年来，我国资本市场中由投资基金、社保基金、企业年金、保险公司、券商和 QFII 等构成的机构投资者发展速度加快，并随着保险基金直接入市、商业银行设立基金管理公司、企业年金入市等一系列政策法规的出台，资本市场以散户投资者为主体的投资者结构逐渐向以机构投资者为主体转变。但是，目前机构投资者比例不均衡、数量少等问题依然存在，机构投资者之间制衡机制缺乏，充分多元化的机构投资者格局尚未形成，这在一定程度上影响了资本市场信息的均匀分布与合理流动，也不利于机构投资者在整体上形成合理一致的诉求力量，从而降低了投资者作为制度创新主体的可行性程度。因此，要消除机构投资者发展的制度性障碍，为机构投资者快速发展提供适宜的制度基础条件，使机构投资者在总体实力增强的前提下有能力作为行动主体推进多层次资本市场体系的制度创新。鉴于我国目前的现实情况，要有步骤地推进基金准入制度的市场化改革。兼顾基金业规范发展与适度竞争原则，探索由审核制向注册制的转变路径。

（二）区域性资本市场建设

1. 地方性产权交易市场的建设

地方性产权交易市场是指按照一定的交易规则和程序，区域性中小企业集中进行产权（股权）交易活动的场所。产权交易主要涉及企业合并、出售、拍卖、股权转让、破产等产权的变动、交易和转让。在功能定位上，鉴于目前我国正处在经济转轨时期，国有企业改革和国有资产管理经营的任务非常艰巨，因此，承担国企改革与国有资产交易任务的非证券化的实物产权交易市场的培育与完善非常重要。目前，产权交易市场是由原体改委及国资委系统组建的产权交易所和由科委系统组建的技术产权交易所两大部分组成。在多层次资本市场体系中，地方性产权交易市场的构建思路主要是对现有的产权交易机构进行清理和整合。

我国幅员辽阔，各地区之间的经济发展极不均衡。场外交易市场作为最低层次的资本市场，从其基本框架看，应该采取由一个全国性市场与多个区域性市场相互连通和支撑的双层递进式的市场体系结构。双层递进式市场结构，是指从其市场的结构看，应该是由全国性场外交易市场的中心交易平台与若干个区域性场外柜台交易市场两个市场层次组成，相互连通，并与场内交易市场相衔接的场外交易市场体系。

目前，我国产权市场要按照市场经济的要求对产权市场进行治理，包括规范其组织体制，完善其治理结构，统一其信息披露标准等，在此基础上构建产权市场的网络体系。此外，地方性产权交易市场还应具有以下特点：第一，高度的灵活性和包容性。它可以为具有发展潜力而尚不具备在区域证券交易所上市条件的中小企业的股权提供交易的渠道，可以为经营困难、股价下跌、被区域证券交易所终止交易（退市）的股票提供交易及变现的机会。第二，明确的区域性。在地方性产权交易机构中，批准交易的产权和登记的交易券商只限于本地区，以保证信息的充分交流和限制市场风险的扩散。

2. 交易制度的选择——做市商制度

与目前已有的主板市场及创业板市场、全国性场外交易市场相比，在地方产权交易市场上市的公司主要是该地区处于研发阶段和初创阶段早期的中小企业，规模一般较小，风险也比较高，投资者和证券公司参与的积极性会受到较大影响。特别是在市场低迷的情况下，做市商的参与就更为必要了，通过做市商的设立，运用其专业知识提供合理的报价，并在监管要求的范围内人为地进行股票的买卖交易以活跃市场，均可提高投资者对成长性中小企业的投资热情，同时券商的参与热情也会大大提高。此外，在做市商制度下，每只股票都有若干个做市商提供价格，如果某一做市商报价与其他竞争对手差别较大，则交易量会受到影响，最终将会被淘汰出局。其运作原理是：系统内有一个连续更新的数据库，显示所有做市商的买卖报价，每一位登记的做市商有义务维持所登记股票的买卖报价，每一种股票都不止一个做市商，他们之间相互竞争，通过缩小买卖报价价差来吸引交易者。竞争的结果将使股票价格趋于一致，因此，做市商制度具有价格发现功能。

（三）河南省多层次资本市场发展措施

1. 河南省多层次资本市场发展目标

由于土地、资本、劳动力、技术以及制度供给等要素禀赋在空间区域分布上的非对称性和非均衡发展，在不同区域经济范围内聚集、运动的资本也具有不同特点，从而形成与全国性资本市场相对应的区域性资本市场。区域性资本市场对区域经济发展的特殊意义主要体现在推动本区域经济发展，重组本区域经济结构，促进区域金融中心形成等方面。区域经济结构调整的核心是各个经济区域自觉从比较优势出发发挥主观能动性，促进经济资源的合理流动。区域性资本市场作为区域资本流动、重组、配置的中介，必然发挥着十分重要的作用。

区域资本市场的状况和效应既反映了区域范围内吸引资本的能力，也反映了区域范围内经济效益和投资环境的总体状况——只有那些投资环境优越、经济效益好的地区才能形成资金洼地，吸引到大量的外来投资，成为统一资本市场中的强势区域。不可忽视的现实是，自改革开放以来，我国经济发展呈现出地域上的非均衡发展的态势，东部沿海地区经济快速发展，而地域广阔的中西部地区经济发展则明显缓慢。受地理环境及经济基础的制约，资本市场的发展也表现为这种地理区域上的不均衡特征。表现为现有的沪、深两个证券交易所均设立在东部沿海经济发达地区，无论上市公司还是证券公司数量均集中在东部地区，中西部地区的上市公司和证券经营机构相对较少，而各地区发行股票筹资额亦存在较大差距。东部发达地区得益于上述得天独厚的资本市场便利条件，使其资金聚集的效能大大增强。由此形成了资金从中西部地区流向东部地区的态势，加剧了中西部地区资金贫乏的局面，使中西部缺乏必要的资金支持。

因此，若要从根本上走出资本形成困境，解决中西部地区经济社会发展所面临的巨大资金缺口和投资不足的压力，最有效的途径就是突破目前单一的、全国性的、主要适合大企业融资的资本市场体系，拓展资本市场的层次性，建立以横向为主的区域性资本市场，尤其应给予中西部地区必要的金融政策倾斜，进一步完善地方性产权交易机构。

河南省多层次资本市场体系的建立并不意味着要在河南省建立包括主板市场、二板市场和三板市场在内的各层次的资本市场，也不要求必然将河南省资本市场发展成为全国性或全球性的资本市场。因此，河南省多层次资本市场的目标是保证新型工业化、新型农业现代化和新型城镇化“三化”协调发展。首先要大力发展的是三板市场和各种要素市场及期货市场，这些层次的资本市场要么是河南省本身已经发展起来的，要么是在全国具有领先地位的如期货市场。其次要与国内各地的资本市场相互融合沟通。最后要充分利用全国性资本市场。简言之，河南省资本市场的目标是利用国际国内多层次资本市场，融通国内主板二板市场，大力发展本地三板市场和各种要素市场，适应于河南省经济发展并为区域内高成长性的企业提供融资服务，形成全方位的服务河南省及周边区域的多层次资本市场体系。

2. 河南省多层次资本市场发展具体措施

（1）积极培育各类企业在多层次资本市场上市。

河南省工业基础差，资金瓶颈一直是制约河南工业发展的一个突出问题。目前，各商业银行改制后，大多把扶持重点转向了优势产业和效益较好的大中型企业，对绝大多数中小企业往往爱莫能助。而要加速实现中原经济区“三化”协调发展，仅靠少数重点企业远远不够，必须站在提升全省经济整体实力和优化产业结构的高度，认真审视工业资金瓶颈制约的问题，充分利用现有条件，帮助中小企业拓展融资渠道。截至 2016 年 7 月，河南省虽然有 90 余家上市企业，包括境内的 50 余家和境外 30 余家，但是相对于拥有 1 亿人口，中部地区 GDP 总量第二、增速第一的河南省来讲，这仍然是杯水车薪。要加快利用和发展资本市场，加强对企业股份制改造和上市的规划指导，推动规模大、实力强的企业和科技含量高、成长性好的企业上市，因地制宜地发展境外上市，努力扩大河南省上市公司数量。

（2）整合金融资源，充分发展壮大河南本地的金融实力。

河南要建设成为金融强省、振兴经济，既要依靠“国有金融”的力量，又要发挥“地方金融”的作用。省、市各级政府要进一步做强做大地方法人金融机构。目前，河南省地方金融机构存在着弱、小、散等现象。应充分利用、调度、整合资产资源、行政资源和社会资源，通过风险处置、增资扩股、引进战略投资者等途径，支持地方商业银行扩大市场份额，改善资产质量。加快本土商业银行上市融资步伐，大力发展本土金融产业。

同时要加快河南省金融市场的开放。既要向外省开放，又要向外资开放。既要向国有资本开放，又要向社会资本开放。到目前为止，外部金融机构较少进入河南市场。要因势利导，大力改善金融发展环境，以稳定透明、公平竞争、法制健全、服务高效的良好环境，吸引更多的境内外金融企业到河南省设立法人机构和分支机构。要着力营造有利于各类金融企业平等竞争的发展环境，通过招商和培育各类市场竞争主体，带动河南金融服务业的振兴。

（3）大力发展并购基金，支持企业并购重组。

在当今经济全球化迅猛发展、世界性产业结构调整步伐加快的新形势下，积极促进企业战略重组有利于河南省企业统筹配置国内外资源，在新一轮竞争发展中抢占先机，在产业再分工中赢得主动。有利于在现代农业、工业主导产业、高新技术产业、现代服务业等重要行业和关键领域尽快形成一批有较强辐射力、影响力和带动力的市场竞争主体。有利于企业整合上下游资源，集中各类创新要素，优化治理结构，促进优势互补和产业链接，加快技术进步和产业升级，推动体制创新和机制转换，实现规模效应、聚变效应和集成效应。

河南省资源配置较为分散，大公司、大企业集团较少，产业集中度较低，结构不合理等矛盾相对较为突出。在促进企业重组过程中，还存在着条块分割、相关政策措施不配套等问题，影响了重组的效率和效果。证监会《关于修改上市公司重大资产重组与配套融资相关规定的决定》中指出，按照在产权清晰、治理规范、业务独立、诚信良好、经营稳定和持续经营记录等方面执行首次公开发行趋同标准，要求拟借壳资产（业务）持续两年盈利。同时，支持上市公司重大资产重组与配套融资同步操作。上述措施旨在支持企业利用资本市场开展兼并重组，促进行业整合和产业升级，进一步规范、引导借壳上市活动，完善上市公司发行股份购买资产的制度规定，鼓励上市公司以股权、现金及其他金融创新方式作为兼并重组的支付手段，拓宽兼并重组融资渠道，提高兼并重组效率。大力发展融资担保体系、小额贷款公司和创投基金，为企业重组发展提供“过桥贷款”等多形式、多层次的融资支持。

要尽快单独制定并购投资基金管理办法，并在实践中逐步完善施行。其中包括定向募资对象的条件、资金募集方式、杠杆融资比例、管理团队资格、并购上市企业的程序等。虽然国家已经出台了并购贷款等措施，但是还远远不能适应并购投资基金的发展要求。因而，要大力发展企业债券，扩大并购投资基金融资渠道。还应充分发挥信托投资的功能，通过发行信托凭证为并购投资基金并购融资提供工具。

对并购投资基金的监管，集中体现在以下五个方面：一是严格控制其杠杆融资的比例及资金来源的合法化；二是管理团队的资格认定包括职业道德和业务技能；三是并购融资的资金要专注于并购业务，不准用于其他业务；四是并购上市公司要严格按照证监会的相关规定和程序进行操作；五是充分发挥行业自律的作用，制定行规和行约，强化行业自律的权威性。

（4）加强产权市场制度建设，规范信息披露机制。

产权市场是推行国有产权进场交易制度建设的重要环节，也是防止产权交易中商业贿赂行为的重要场所，要在完善交易规则、创新竞价方式、提高竞价能力等方面进行探索的同时，下大气力加强产权交易市场规范化建设。建立健全国有产权转让过程中的信息披露制度，是规范国有产权有序流转、确保产权市场健康发展的重要工作。建议出台相应的规范国有产权转让信息披露工作的政策性文件和格式指引，统一国有产权转让信息的标准、格式和内容，对产权市场公开披露的信息进行分类管理、分级披露，强化国有产权信息披露的时效性，明确各市场参与主体在国有产权转让信息披露中的义务和责任，同时加大对信息披露工作的监督检查力度，进而健全产权市场的风险防范机制，促进产权市场持续、稳定和健康发展。

着力建设土地流转权交易中心、技术交易中心、资源交易中心等要素市场，助推河南经济发展。要素市场是多层次资本市场的重要组成部分，其大概分为两类：一类是对应于商品概念，主要以资本品为交易对象，可以称其为权益类要素市场，交易权属而不是交易具体的商品，如产权市场、非上市股权市场、技术市场、信息市场等，可以称其为权益类要素市场；另一类是以具体商品为交易对象的大宗商品交易市场，可以称其为大宗商品类要素市场。这两类要素市场的共性为都具有可平台化、指数化、金融化的特点。产权交易市场作为多层次资本市场体系中的重要组成部分之一，其重要功能就是融资，通过开展股权转让融资、股权质押融资等业务，帮助企业解决融资难问题。

（5）依托期货交易所，大力发展期货市场。

目前，我国的期货市场正处于从量的扩张向质的提升转变的关键时期。在国家从政策上对期货发展给予大力支持的同时，期货行业所处的经济环境却不容乐观。当前世界经济发展并不稳定，全球流动性泛滥，国际大宗商品价格波动比较剧烈。在国内通胀的预期比较明显，现货市场价格体制并不完善，市场基础薄弱，投资者结构不合理，市场功能发挥不充分等，这些因素给期货市场未来发展带来了很多不确定性。目前，期货市场在国家宏观调控中的重要作用开始逐步体现，期货的实物性和金融性兼备的特征开始为现货企业和大众所理解和认可，现货企业开始更多地谋求期货和现货的结合，通过期货市场开展套期保值、原料采购或者产品销售乃至开展仓单质押贷款等融资业务。随着股指期货推出步伐日益加快，期货市场各层次的参与者结构开始发生重大变化，商业银行等金融机构获准进入国内期货市场。

郑州商品交易所作为河南省最重要的金融资源之一，对全省期货行业的发展起到了巨大的带动作用。在证监会的管理下，郑州商品交易所应不断推动优势资源期货品种上市，将自身建设成中原经济区乃至东亚地区重要的期货交易中心。河南省经济建设应该充分利用郑州商品交易所的优势，充分发挥期货市场在经济发展中的重要作用。

（6）积极推进金融生态建设，营造有利于金融发展的良好环境。

金融生态环境是金融业生存发展的外部环境，包括经济环境、法制环境、信用环境和中介服务体系等内容。随着社会主义市场经济的发展，金融生态环境在区域经济发展中的作用越来越突出，信贷资金的流向与流量更多地取决于区域金融生态环境的改善程度。加强金融生态环境建设，对改善投资环境、提高信贷资源的配置效率具有十分重要的作用。近年来，河南省金融生态环境得到明显改善，但是，还存在一些薄弱环节，如社会信用观念淡薄、中介服务市场化水平和社会公信力不高、企业逃废金融债务的行为时有发生等。建议加快面向社会的以信用征集、信用评价、信用发布、信用监督和信用惩戒为主要内容的全省社会信用体系建设。整顿规范金融秩序，严厉打击逃废金融债务行为，维护金融机构合法权益。进一步改善司法环境，提高金融案件执结率。规范企业破产改制行为，依法落实和保全金融债权。严格执行国家有关政策规定，加强对企业改制中金融债权的管理，防止企业借重组、分立、股份制改造和破产等机会逃废金融企业债权。根据经济主体的多层次需要，特别是中小企业、农户等群体的发展需求，构建多层次、分工有序的信用担保体系。支持民营担保公司发展，鼓励有实力的民营企业参资入股。规范发展会计师事务所、律师事务所、资产评估机构、保险代理机构等中介服务机构，提高金融业综合服务能力。

第七章
区域金融中心建设与实体经济发展

金融业的发展可以为经济发展提供资金支持，从而推动本地区的经济发展和就业扩大。区域金融中心的形成有助于本地区降低融资成本、扩大金融供给及丰富金融产品。金融产业集聚是促进金融业发展、推动金融中心形成的有效途径。

第一节 金融中心建设的理论基础

伴随着金融中心的发展，国内外金融中心发展理论逐步丰富和深化。本节将对这些理论进行介绍和分析，希望能够对区域金融中心建设提供一些借鉴和参考。

一、金融产业的概念与特征

金融要素通过专业部门的运作，构建出完整、独特的价值运动系统，凝聚成具有统一属性的产业集合，即金融产业。金融产业是一种复合型组织体系，是金融地域性特征与金融资源各层次体系融合而成的有机实体，它一般由银行业、证券业和保险业等专业部门构成。金融产业既是创造价值的实体产业，同时它也是开放的、具有推动力的生产要素，与其他产业保持着密切的关联，促进其他产业的变革与发展，成为经济发展的启动器。因此，金融的作用首先体现为在当地经济建设中的资金融通和经济助推作用；其次，发展金融业本身可以提高当地金融服务业在 GDP 中的占比，也有利于改善当地的产业结构、促进就业。

金融产业的主体是经营货币资金及其他金融产品的经济实体，提供的产品是金融商品和金融中介服务，其构成要素包括金融经营组织、金融监管机构、金融产品生产和流通市场等。金融体系的形式受到交易成本和非对称信息的影响：交易成本是指金融交易所花费的时间和金钱，金融体系的建立就是为了降低这些交易成本以使有价值的交易活动能够发生。金融中介能够利用规模经济的优势，随着交易规模的增加而降低交易的成本。非对称信息是指金融交易的双方由于所处地位不同而不能对称地掌握相互的信息。非对称信息导致了金融体系中的两个问题：逆向选择和道德风险。为了使道德风险最小化，贷款人必须对借款人采取限制性合约，以杜绝借款人不偿还贷款的行为，贷款人还必须监控借款人的活动并在借款人违约时实施限制合约。

金融产业的发展和集聚，使金融中心的形成成为可能。关于金融中心的定义，Kingdleberger（1974）认为金融市场组织中存在的规模经济促使银行及其他金融机构选择一个特定的区位，形成了金融市场的集聚力量，即金融中心。金融中心担负着金融交易中介以及在区域间储存价值的职能，金融中心的集聚效应提高了跨区域支付效率，对金融资源优化跨地区配置效率也产生了积极的影响。Gehrig（1998）指出，向心因素和离心因素的相互博弈最终决定着金融中心的产生。向心因素包括规模经济、信息溢出效应、市场流动性；离心因素包括市场进入成本、政治干涉及地方保护所造成的进入壁垒。上述向心因素往往由大规模金融企业集聚产生，当这些向心因素大于离心因素，也就是金融产业集聚发展到一定程度和水平时，才会形成金融中心。金融中心是银行与其他金融机构高度集中，各类金融市场能自由生存和发展，金融活动与交易较任何其他地方更能有效率地进行的城市。

综合国内外学者对金融中心的解释，金融中心一般是指金融机构大量聚集、金融市场开放自由、金融信息运转流畅、金融体系健全高效的城市或地区。它是资金往来的交汇点和集散地，往往诞生于金融业高度集中、集散资金的融通功能极强、金融业务辐射范围较大之地。概括而言，它集金融资源中心、金融交易中心、金融机构群集中心、金融创新中心与金融服务和监管中心于一身。

金融中心的特征主要体现在以下三个方面：①依托性。以经济中心为依托集散资金。②辐射性。以活跃的金融市场实现金融资源的有效配置，对周边、全国甚至国际产生很强的渗透力和影响力。③集聚性。以金融机构的集聚降低成本，提高安全性与流动性。

二、影响金融中心形成的因素

金融机构所在地的区位因素、经营成本、人力资源供给、电信设施的质量与安全可靠性、监管环境与税收制度等因素影响着金融中心的城市竞争力。

（一）区位因素

金融地理学认为，形成金融中心的区域必须具有优越的区位条件。因为距离与非标准化信息的传递效率恰好是成反比，距离贸易交通中心越远，相关信息就越少。所以金融业要想快速发展，获得更多的相关信息就必须尽可能地接近商业集中地。便利的交通及发达的基础设施、优越的地理和时区位置仍然是金融中心形成的先决条件。尽管科技进步淡化了地理位置的重要性，但是便利的交通和发达的基础设施保证了生活的便利程度，为金融集聚提供了基本的外部条件。交通中心是实体经济运行的枢纽，早期形成的河流交叉点和经济航线，后来建成的铁路、地下电缆和高速公路枢纽，以及如今先进的航空和卫星通信，这些交通中心汇聚了最多的“非标准化信息”，从而使城市在金融中心的竞争中处于有利地位，这是跨国公司、金融机构选址时考虑的首要条件。

具备收集、交换、重组和解译信息的能力是国际金融中心必须具备的最根本特征。由于面对面的接触仍是决策中非常重要的方式，节点城市的集聚优势对于公司选址十分重要。公司喜欢选择具有以下特征的地点：①具有充分交通和通信基础设施的战略节点；②有特定范围的劳动力市场尤其是具有熟练信息处理技能的人员能够提供高质量的外部服务；③丰富的社会和文化生活；④良好的社会制度因素，包括人们的工作态度、忠诚度、生产率及技能等 。

金融中心的区位包括地理区位、行政区位等。具备一定的区位优势是形成金融中心的前提条件。

第一，地理区位优势。地理区位即区域金融中心具体的坐落位置，会影响金融企业的经营成本和交易成本，如交通成本、通信成本和交换成本。金融中心拥有比同区域其他城市更便利、通达的区位，位于其内的金融机构的交易成本、交通通信费用和获取商业信息的费用相对较低，并通过成本优势诱导区域金融中心以外的企业向区域金融中心聚集。沿海港口城市交通便利，与国外联系密切，在发展金融中心方面较内陆城市具有优势，易于发展成为金融中心。以新加坡为例，新加坡虽然只是个城市国家，但地处马六甲海峡咽喉要道，是东西方海上连接的重要深水港。同时由于它处于亚洲时区，因此可以很好地承担伦敦、美国资本市场的补充，具备成为离岸金融中心的独特优势。

第二，行政区位优势。其作用体现在两个方面：一是政府可通过行政权力向中心城市聚集金融资源，培育金融中心。由于首都和省会是高级政府所在地，具有行政区位优势，能聚集大量金融资源，常常可形成区域金融中心。二是行政中心总部聚集、人口聚集都能为金融企业的发展提供额外的市场需求，有利于金融业的发展。行政中心往往也是“信息腹地”，由于金融市场日趋投机，金融机构入驻信息腹地，可以凭借“地方”信息辨析市场。此外，政府的行政级别越高，基础设施越完善，外部经济效应越强，有助于促进金融集聚与金融中心的发展。

（二）经济因素

国际金融中心的发展过程表明：经济基础决定一切。只有一国经济发展了，才能真正提升自身在国际金融领域的地位，其中心城市自然就会成为世界金融中心。雄厚的经济实力能够促进区域经济金融的发展。

第一，经济发展使社会收入水平不断提高，因而提高人们对金融投资和理财服务的需求。这是金融业发展的原动力。

第二，经济发展可以提供更好的社会文化生活环境和就业环境，吸引大量高素质的人才，为区域金融中心的形成提供充足的人力资源。相对完善、公平、公开和公正的法律仲裁体系，宽松的政策环境，高效的政府体系等的存在有利于降低金融制度的转换成本，减轻路径依赖的惯性，提高金融产业与国际接轨的便捷程度。而便利的交通设施、先进的通信网络、充足的能源动力设施，也为金融业的发展、运行和创新提供了便捷的载体条件，有利于区域金融中心的构建和升级。

第三，经济发展能够吸引大量企业，而企业间频繁的交易需要通过金融业作为中介来完成。经济的繁荣和企业的聚集为资本提供了较高的预期收益率和较低的风险，可以吸引大量资本，为金融中心的形成、发展提供充足的资金。大量的企业在发展过程中既是资金的供给者又是资金的需求者，为金融业的发展提供了广阔的市场空间，同时也意味着金融机构融资规模必须大、效率必须高、手段必须多、承担风险能力必须强。这是金融工具、金融机构多样化和金融效率迅速提高的直接原因之一。

从金融中心的全球分布看，世界上最著名的金融中心都位于经济发达的国家和地区。国际金融中心的产生、发展都与所在地区和国家的经济发展及发达程度息息相关。例如新加坡，它成为国际金融中心的过程始终与亚太地区逐步成为全球经济发展的重心联系在一起。亚洲周边国家和地区的经济发展是促进新加坡金融业发展的重要动力。

（三）制度因素

政府在金融中心城市的优惠政策也能吸引跨国公司的总部产生集聚。这些制度主要包括监管环境、税收制度以及投资激励。对存贷款利率的限制、业务许可和存款准备金要求方面的差异会对资金的国际流动和金融机构业务发展的地理分布产生重大影响。

对于监管制度的尺度把握非常重要，适度的监管制度既能够对市场强制实行有效的控制，同时它的限制性又不能太强，否则它将会促使市场向其他地方转移。金融机构对由于业务和利率限制，导致金融机构成本上升的监管措施持抵触态度。税收是金融机构判断投资环境质量方面的一个重要因素。如果政府对金融业采取自由化和国际化政策，并提供税收方面的优惠和便利，那么对于金融产业集聚的促进作用是相当大的。例如，1968 年新加坡开放离岸金融业务，并以低税收、提供便利等来吸引和鼓励外资银行在新加坡营业，外资银行纷纷登陆新加坡经营亚洲美元业务，亚洲美元市场及亚洲美元债券市场随即形成。

新兴工业化国家由于其经济实力相对于英美仍处于赶超上升阶段，金融体系尚不完备，面对全球范围内的市场竞争，急需以金融产业来实现跨越式发展。这些国家已经不具备依靠经济发展来循序渐进完善金融体系的时间和空间，所以近几十年形成的金融中心都是引导培育型模式，唯有依靠政府的力量来加快金融产业的现代化和国际化进程。即使是诱导自发型的典型代表——伦敦金融中心，也一直受到英国政府对本国金融业的扶持和引导。当本国金融业的体制和现状已不再适应国际竞争的需要时，英国开始进行金融自由化改革，取消了经纪商、交易商职能互兼的禁令，促进了商业银行与投资银行的结合，使所有金融机构都可以参加证券交易所的活动，逐渐涌现出一批超级金融机构和跨国金融机构，这对于伦敦的金融机构开展国际金融业务非常有利，也使伦敦的国际金融中心地位得以巩固。

（四）金融市场发展

金融市场是金融机构活动的场所。国际金融中心首先是各类金融市场高度发达、金融交易十分活跃的地方。具有很强的市场广度、深度和集中度。从世界上主要的国际金融中心发展的现状来看，功能性国际金融中心都拥有发达的金融市场。可见，发达的金融市场是国际金融中心形成的基础和前提，是国际金融中心最重要的组成部分。

世界主要的金融中心拥有包括货币市场、资本市场、金融衍生品市场和黄金市场在内的各类市场，其中，债券、股票、期货和期权、票据等金融工具品种多样。在这些市场中，不同的市场主体通过这些金融工具实现其融资、支付清算、套利和风险管理等不同目的和层次的需求，资金在这样的市场中流动并获取收益，形成一个高效有序、透明互通的多层次、多品种及流动性强的金融市场。

国际金融中心的发展依托已从银行转变到市场。17 世纪之前，国际金融中心所依托的主要金融组织形式是银行机构。比如，佛罗伦萨素有“银行城”的美誉，以佛罗伦萨为中心向外拓展企业的著名银行多在欧洲各大商业重镇设有分行。17 世纪之后，随着阿姆斯特丹股票交易所的建立，金融市场迅速发展，并取代银行成为国际金融中心的主要依托，成为现代国际金融中心的最主要特征。伦敦、纽约等现代国际金融中心无一不具有非常发达的金融市场。

（五）基础设施

基础设施的完备程度，如水、电、通信、交通等设施建设，是影响金融中心发展的重要因素。基础设施的发展通常会在以下两方面影响金融机构的选择。

（1）经营成本。日益激烈的竞争已显著增强了金融机构对经营成本的敏感性。在各类成本中，“空间成本”如办公楼租金、不动产价格、建筑成本成为金融机构选址时考虑的重要因素。

（2）信息技术。通信服务的价格、可获得性、质量和可靠性是决定一个地区是否具有潜在吸引力的重要因素。调查显示，银行等金融机构平均每年电信费用远高于其他行业。与成本相比，电信服务的质量与可靠性变得越来越关键。电话与网络银行的发展也充分显示了金融市场开发、金融服务分销与金融交易效率的提高对电信服务的依赖性。电信设施的质量取决于这样一些因素：设施利用现代技术的程度，升级现有设施的投资规模，地区电信公司对业务需求的反应程度和能力，政府对电信业投资的态度和政策，包括税收政策、折旧补贴、激励技术升级的制度等。

（六）人才聚集

人力资源是金融服务业的核心资源，人才的优势也是金融机构最重要的竞争优势。国际金融中心的活力和发展状况在一定程度上取决于人才特别是高端金融人才的数量和质量，例如香港金融业就把高级金融管理人员的国际化工作经历作为一个重要指标来考量。对于金融产业集聚来说，人才的聚集效应变得日益重要。如果有才能和创业精神的投资银行家、基金经理和货币交易员聚集到一起并且相互影响，他们在进行交易、开发产品、拓展投资、寻找机会、发现客户等方面的表现将会更为出色。掌控金融交易不仅需要一流的金融和商务人才，还需要法律、会计、项目管理和信息技术方面的一流人才。因此，一个同时具有多种类型人力资源供给的地区对金融机构总部或各业务部门都具有较大的吸引力。

（七）信息流因素

信息流对于金融活动的选址具有重要影响，包括信息的可得性与信息的可靠性，金融产业的潜在机会与获利性在很大程度上依赖于信息的因素。信息中心理论强调信息在金融中心形成过程中的主导作用，从信息角度解读金融中心在地理空间的位移。该理论认为，金融中心在提供专业及高附加值的中介服务时，很大程度上依赖于信息流。金融中心不仅是信息的收集者和使用者，也是将底层信息升华为有机信息的中转站，信息流主导着金融中心发展的步伐和方向，金融业也因此可被称作高附加值的信息服务业。

Porteous（1995）强调塑造和发展金融中心背后的力量，大致上可以从“信息外在性”（Information externalities）、“信息腹地”（Information Hinterland）、“国际依附性”（International Attachment）、“路径依赖”（Path Dependence）和“不对称信息”（Asymmetric Information）来解释，这些力量是金融中心地位的决定因素。信息腹地是指一个中心城市能获取有价值信息流的最佳地点。在信息腹地，可最先以最低成本获得有价值信息流。因此信息腹地的大小与特征对金融企业具有重要影响。世界主要金融中心往往是一个信息数量和质量均较强的信息腹地城市。

综上所述，区域金融结构的合理程度会直接影响整个区域金融资源配置的效率。在金融发展过程中，受到各方面市场因素的推动，金融资源和金融机构会向某些特定的具有相对经济优势的中心城市集中，各金融机构围绕快速增长的中心分布，并在此形成金融中心并促进整个区域经济增长。

三、金融中心形成理论

金融中心理论是研究金融中心形成发展的理论。目前，区位经济理论、规模经济理论及产业集群理论等经济学理论从不同角度，对金融中心的形成和发展给予了理论解释。

（一）区位经济理论

区位经济学（Location Economics）对金融中心形成的原因提供了地理位置上的解释，认为金融中心在地理位置上拥有某种优势吸引投资者和筹资者进入。美国经济学家伊萨德（Isard）发展了现代区位论，他指出“利润最大化是产业配置的基本原则，但这一原则的实现与自然环境、产品成本、区域间工资水平、价格水平变动等因素相关，因而合理的区位选择和产业配置必然受多种因素影响，需要对多种因素进行综合考虑”。20世纪60年代以来，区位论更注重行为因素的作用。区位选择不是孤立的，不仅与社会环境、政府政策有关，也与个人决策、家庭职业相关。因此，区位决策者的思想行为和价值观常常成为区位选择的决定因素。决策者所选择的区位，不一定是成本最低或利润最大的区位，而是决策者认为综合优势最明显的区位。而且工业、农业、城市的区位选择也不是孤立的，一种区位的选择对其他区位会产生影响，进而影响整个经济的空间结构。

区位经济理论可以从地理位置优势来解释金融中心的形成。这些优势包括：

（1）地点优势。金融中心处于或靠近经济中心，对资金的大量需求使得金融机构大量聚集。经济体系越活跃，金融机构越容易扩大规模，提高服务质量。

（2）交通优势。金融中心所在地一般具有便利的交通条件与发达的基础设施，这节约了金融机构的经营成本。

（3）政策优势。金融中心所在地政府对金融业往往提供创新和税收等方面的优惠政策。

所以，金融机构出于对经营场所、资金、人才、信息等因素的选择决定了金融中心必须位于经济发达的城市或地区。

（二）规模经济理论

规模经济（Economics of Scale）理论是区位经济理论在聚集经济效益中的发展。规模经济是指达到一定产量规模以后，平均成本随着产量的增加而下降的规律。当同一产业的企业聚集于特定地区，会形成具有竞争优势的集合体，该集合体相对于其他地区拥有规模经济优势，企业可以通过扩大规模降低单位产品或服务的固定成本，从而提高经营效率。

帕克（Park）将微观经济学的规模经济和聚集经济的理论应用于金融中心形成的研究中。规模经济理论在金融中心形成中的应用，主要体现在以下几个方面：

（1）有利于金融机构协作。大量金融机构的空间聚集可以加强机构间的协调和配合，降低成本，扩大经营能力。银行之间的合作有利于发放风险大的贷款以及需要多家银行参与的银团贷款等。保险商和券商、银行和保险商、商业银行和投行等实体之间也会产生跨界合作关系。集中经营的区域便于金融机构设立清算与结算的联合服务关系，体现规模的外部经济效益。随着大批金融机构的集中和发展，为金融机构服务的相关辅助性产业也将得到迅速发展。

(2) 有利于基础设施共享。大量金融机构的空间聚集，可以共同建设和使用基础设施与服务设施，例如清算结算系统、交通通信设施等，从而达到减少投资、降低成本的目的。同时金融机构的集聚会形成庞大的需求市场，必然会增加基础设施服务商的有效供给，从而可以推动基础设施的不断完善和提高。

(3) 有利于信息传递。大量金融机构的空间聚集可以使客户和金融机构之间更好地沟通和传递信息，节约交流时间，提高效率。空间上的彼此接近可以进行面对面的交流，从而建立私人间的信任和感情。特别是对于需要金融机构作为中介参与的间接融资活动，金融机构在空间上的聚集可以给客户提供更多的选择和更好的服务。

(4) 有利于金融人才的聚集。金融中心的形成需要大量高素质的金融人才，而金融中心往往处在经济发达的城市，它本身所具有的区位优势能够吸引优秀的金融人才。大量金融人才聚集可以实现人才市场共享，增加潜在的人才需求与供应。同时也创造了良好的金融氛围，进而吸引更多优秀人才的加入。

(三) 产业集群理论

产业集群（Industrial Cluster）是指在某一区域中，具有竞争合作关系且在地理上集中的企业和机构等组成的群体。产业集群的崛起是产业发展适应经济全球化和竞争日益激烈的新趋势，是为创造竞争优势而形成的一种产业空间组织形式。

产业集群能够从三个方面助推企业发展，这也成为产业集群不断扩大的动力机制，而金融产业集群相较于其他实体产业集群会产生更为明显的聚集效应：

第一，分享规模经济。金融机构集聚和金融市场规模的扩大，降低了金融活动的成本，促使更多的金融机构入驻，提供更有竞争力的金融产品和服务，拉动总需求，而这进一步扩大了规模效应。集群内金融机构以及辅助性产业可以分享公共基础设施、人力资源、信息资源，在不牺牲个体灵活性的前提下获取范围经济收益，不仅节约了经营成本，而且促进了金融机构之间的分工协作。

第二，降低交易成本。金融机构空间集聚使得彼此交往频繁，协作关系较稳定，容易建立相互信任的合作关系及保障这种信任关系的社会制度，从而降低谈判成本，提高合同执行的效率，降低交易费用。同时，金融机构的相互靠近，可以减少信息不对称，使客户与金融机构之间以及金融机构与金融机构之间更好地沟通和传递信息。这将有助于减少搜寻市场信息的时间和成本，从而降低交易费用。

第三，促进金融创新。集群内普遍存在着的激烈的竞争，迫使金融机构不断加快金融创新步伐，不断推出符合经济发展需要的新的金融工具和交易方式，改善金融服务质量，创建新的金融组织形态，推动金融创新的持续发展。同时，相关企业的集聚可以促进专业知识的传播和扩散，获得创新学习效应。

（四）增长极理论

1955 年，法国经济学家佩鲁（FrancoisPerroux）首次提出了增长极的概念。增长极理论认为，经济发展不是同时在全区域进行的，而是从一些条件较好的地区开始。在经济增长过程中，某些主导部门或有创新能力的企业在一些地区或城市聚集，形成一种资本与技术高度集中、具有规模效益、自身增长迅速并能对周边地区产生强大辐射作用的“增长极”。区域金融增长点的动力来源即增长点内部所出现的金融集聚效应。增长极具有技术、经济方面的先进性，通过“增长极”的优先增长及对周边地区的辐射，可以带动相邻地区共同发展。

将增长极理论引入区域金融的研究中，可以更好地解释金融中心尤其是区域金融中心的形成与发展。在金融发展过程中，金融资源向中心城市聚集，形成区域金融增长极。区域金融增长极通过向周围地区设立金融分支机构或向周围地区进行投资增加等方式带动周边地区金融和实体经济的发展从而对区域金融活动产生积极的作用。

四、金融中心形成路径

纵观全球各层级金融中心的发展历程，可以发现最先开始的是金融产业的集聚，这是金融中心形成的必要条件和必经阶段。

1. 金融产业集聚的组织演进

产业集聚作为一种生产组织形式，其组织性质是随着分工的深化，逐渐从专业化组织、一体化组织过渡到柔性专业化组织，这也是金融产业组织演进的必然结果。金融产业分工是由产业间、产业内到产品内部的逐渐深化的过程，最初是从一般产业中独立出来货币经营的产业，从而形成了金融产业。后来金融业逐渐分离出银行、证券、保险、信托、租赁等行业，由其分别提供存贷款、证券买卖和保险业务等不同的金融产品服务。再进一步进行细分，产业内的若干产品被分离出来，如基金业进一步细分出指数基金、债券型基金、ETF 基金、LOF 基金等。随后，分工开始深入到产品内分工，金融产业链开始纵向垂直分解，金融产业链包括研发、咨询、交易、营销、品牌等，即按照产品价值链的分工，分为若干生产和服务工序，如商业银行建立单独的数据处理中心，并且向部分区域集中。随着分工的深化，金融产业专业化和一体化也在交错展开，知识与信息外溢等效益也促使金融产业集聚不断发展。

金融产业集聚可以分为纵向关联和横向关联两种形式，前者是集聚区企业之间按照产业链或价值链构建集聚网络，后者是企业之间按照产品的互补性形成企业网络，比如银行、证券和保险分别提供不同的金融服务产品，但彼此往往也集聚在一起。随着分工的演进，金融产业集聚的层次逐渐得到提升，由专业化组织到一体化组织再到柔性专业化组织。柔性专业化组织即网络化组织，是金融产业集聚发展的高端组织形式。

一个网络主要由节点、联结和能量构成。产业集群网络中，这三个构件对应为网络的行为主体（节点）、网络行为主体的合作竞争行为（节点之间的联结）、集群中的资源（能量）。集群中的行为主体相当于网络组织中具有决策能力和信息处理能力的活性节点，主要包括集群中的企业、研究机构、地方政府、金融机构以及中介机构等；集群中的经济活动主要是指各个行为主体之间的相互作用关系和联系强度，包括经济交易和非正规的技术、知识的传播和交流；集群中的资源相当于网络结构中节点的位置决定的“能量”，包括自然禀赋、硬件基础设施、金融资产、人力资本、政府政策等。

从区域来讲，金融集聚区或集群本身就是一个网络系统，可称之为内部集聚网络。从全球范围内来看，金融产业集聚区是全球产业分工和产业链的一部分，各区域产业以及各个集聚区之间存在着相互关联关系，构成了全球性的产业网络，可称之为外部集聚网络。

2. 从机构集聚向功能集聚的转化

传统的金融产业集聚是指金融机构的集聚，大量金融机构集聚在某地形成金融集聚区。随着产业集聚发展到柔性专业化的网络组织，金融产业集聚已开始逐渐向功能集聚阶段过渡，金融集聚区内的机构数量减少，但是功能却比以往更为强大。更为重要的是这些少数金融机构通过掌控产业价值链的关键环节对区域外的金融机构形成一定的控制力，产业价值链实现了区域分割与整合，这些少数金融机构形成了金融产业布局中的关键节点。功能集聚包括金融机构总部集聚和节点集聚两种表现形式。

总部是指在企业系统中独立于商品生产部门的决策机构。总部的职能包括交易协调、资源配置、战略规划和战略实施，它一般不直接参与下属单位的生产经营活动。总部经济是指由企业总部在城市的集聚而形成的，并产生集聚经济效应的一类区域经济。总部经济集中了企业价值链中知识含量最高的区段——研发、营销、资本运作和战略管理。总部集聚占据了产业价值链的高端环节，处于产业链的上游，而其下游按梯度在本区域的周边形成扩散型分布。总部成为管理、技术和体制创新的基地，以及信息流、物流和人才流中心，并将各类资源向相关区域扩散，产生了“总部经济扩散效应”。

地租竞价机制驱动着金融企业总部向城市中心区集聚。在城市中心的中央商务区（CBD），由于地价昂贵，一旦企业的边际成本高于企业的边际经济附加值，就会导致企业外迁，让位于经济附加值相对较高的企业。在这种作用机制下，城市的最核心地段，往往成为金融等经济附加值较高企业的研发中心和商务管理总部的聚集地。

跨国公司地区总部和金融服务中心在选址问题上有着相似的特征。一方面，为了有效管理全球组织，跨国公司倾向于把地区总部设在大的节点城市和金融服务中心，跨国公司总部的集聚能够反映并且加强一个城市金融服务空间集聚的效益。同时，金融机构倾向于集中在跨国公司总部附近，从而以最高管理水平更好地为其客户服务。一般来说，如果一个跨国公司在某地区建立一个地区总部，公司的所有交易事宜以及资本的进出都在此地分派和关联，作为公司组织的“神经中枢”，跨国公司的地区总部一般承担公司在此地区分支机构的控制和融资活动职责。由于地区总部是跨国公司资本交易和资金流动的枢纽（比如融资、价格转移及税收负担），集聚众多跨国公司地区总部的区域通常也是产生金融集聚的主要地区。

节点是由产业价值链某一环节的集聚而形成的集聚区域，由于价值链的等级不同其可分为不同的等级。随着分工的深化，对于金融产业来说，不同层次产业环节在不同的区域实现集聚。在掌控研发、营销等价值链关键环节的前提下，一些大的金融企业将一些数据处理、技术服务环节等外包给本国其他区域或者是发展中国家金融机构，这样就形成了金融产业不同节点的集聚，它们有着不同的功能等级。掌控价值链高端环节的发达国家金融中心是全球金融产业的高级节点，而处于价值链低端的发展中国家则是金融产业的低级节点，它们共同构成了全球金融产业价值链的整体。

内部一体化组织所形成的金融产业总部集聚和外部一体化组织带来的金融产业功能节点集聚既可能在单个区域实现也可能在不同区域实现。一方面，在城市内部，大城市功能区细化，出现了以服务、商业为主要职能的 CBD 功能区，以及以生产等职能为主的周边区域，城市内的不同区域执行着不同产业价值链的功能；另一方面，城市与城市之间展开分工，有的城市职能也由生产性职能向服务性、控制性职能转变，从而产生了城市的等级。中心城市凭借对金融产业价值链高端功能的集聚，形成了“控制性城市”“头脑城市”“世界城市”等，而其他城市则是金融产业低端价值链功能的集聚，城市之间共同协作实现金融产业整体职能的发展。

综上所述，金融产业集聚是金融资源地域运动的结果，而金融资源地域运动取决于各地区的比较优势。区域比较优势主要包括内生比较优势和外生比较优势，前者包括外部经济、贸易需求、路径依赖；后者包括地理区位、基础设施、制度、人才、历史及偶然因素等。在以上因素影响下，金融资源在不同地域之间运动，从不均衡向均衡方向发展。金融产业集群影响力进一步扩散，金融业逐渐成为该地区的核心产业，推动金融中心的形成和经济的快速发展。

金融中心首先是以金融产业集群为基础的，金融产业集聚促进了金融业的发展，提升了金融产业竞争力，推动了区域性金融中心的形成，并逐步发展成为国际金融中心。但这只是一般规律，大多数国内金融中心、区域性国际金融中心因为金融中心所在国的世界经济地位与金融开放政策等因素长期内都无法成为全球性国际金融中心。

第二节　国外金融中心发展模式比较

全球经济发展较为活跃的地区，几乎都有竞争力较强的金融中心作支撑。这些金融中心的形成发展模式各不相同，其内涵也相应表现出极大的丰富性和多样性，本节将通过不同金融中心的发展模式及运作经验的对比，为区域金融中心建设提供有益的借鉴。

一、金融中心形成模式

金融中心是经济与金融相互促进、相互影响的结果。金融产业集群是金融中心形成的必经阶段。联合国贸发会议（UNCTAD，1998）把产业集群分为两类：依靠内生力量自发形成的集群和依靠外生力量人为形成的集群。金融产业集群是特殊的产业集群，综观全球的国际性大都市，在走向地区、全国乃至国际金融中心的过程中，自然因素和政府因素起到了决定性的作用。按照金融产业集群形成、发展的市场自发性和地区禀赋、外部环境与政府政策对其的影响，我们可以把金融中心分为两种模式。

（一）诱导自发模式

金融中心的诱导自发模式是指金融体系的产生、发展、变化取决于经济的发展，经济的增长产生了对金融的需求，于是各种金融机构不断增加并不断创造出更多的金融产品，提供更多的金融服务，制度层面的金融决策与法规也随之发生变化。这种变化又刺激了金融的进一步发展，使得金融机构聚集，服务的范围也不断扩大，逐渐与周边、全国乃至国际建立广泛密切的业务联系，最终形成金融中心。金融中心的形成和成长与经济发展相伴随，具有相互促进的特点（如图 7-1 所示）。这种金融体系产生与发展途径中所形成的金融中心，被称为诱导自发的金融中心。此种类型的金融中心是以国家经济实力为基础发展起来的，多是市场经济长期自由发展的结果，纽约和伦敦就是此种类型的典型代表。

图 7-1　金融中心的诱导自发模式

伦敦国际金融中心的形成过程是诱导自发模式的典型代表。借助于第一次工业革命，19 世纪 50 年代，英国在世界工业生产和世界贸易中傲视群雄，伦敦也逐渐成为全球生产中心和世界贸易中心。伴随着 19 世纪最后 20 年国际金本位制的确立，英国积累了大量黄金储备，英镑成为国际贸易最主要的结算货币和支付手段，伦敦的国际金融中心地位在第一次世界大战前得以确立，成为全球第一大国际金融中心。

伦敦的国际金融中心地位与国际贸易紧密相连。英国将产品销往世界各地，又将赚取的利润输回伦敦。国际贸易的发展进一步使伦敦将国内业务扩展成为国际业务。一方面，伦敦成为资金供求双方的中介，为世界贸易提供结算和融资服务，从而使伦敦金融交易日益活跃，大小银行相继产生，银行体系日益完善。另一方面，英国开始对外输出资本，在遍布全球的殖民地进行投资，成为世界上最大的债权国。随着英国头号资本主义强国地位的确立、海外贸易和投资的扩张以及英镑逐渐成为世界上最重要的国际储备货币，伦敦于 20 世纪初逐渐发展成为世界闻名的全球性国际金融中心。

“二战”后，当英国经济受“二战”创伤、英镑的绝对国际主导地位被美元取代、伦敦的国际金融中心地位被纽约赶超时，伦敦也在尽力维持自己的金融优势并寻求新的发展机会。20 世纪 50 年代，在当时东西方冷战的大背景下，由于苏联和东欧社会主义国家需要为其积累的美元资金寻求一个在美国之外存放和使用的市场，于是伦敦的银行吸收了大量的美元存款。在随后的英镑危机中，英国政府禁止伦敦的银行向第三方的贸易进行英镑融资的政策，事实上促使银行吸收了更多的美元存款并发放美元贷款，于是伦敦成为最早最主要的境外美元市场。20 世纪 60 年代，美国政府颁布了一系列抑制美元外流的政策，这些管制性举措促进了欧洲美元市场的繁荣，许多美国的金融机构为了逃避管制，干脆将相关的业务运作机构迁移到伦敦等海外市场。20 世纪 80 年代，英国银行为维系其在全球金融业中的主导地位，开始将美元作为英镑的替代币种进行贷放，从而使伦敦成为欧洲美元市场的中心。伦敦发展离岸金融业务巩固了其作为全球性国际金融中心的地位。

伦敦国际金融中心的确立与发展过程充分体现了在经济、环境变换下诱导自发型金融集聚的典型特征：即金融集聚与金融中心是顺应经济发展与社会环境变迁需要自发形成的。当然，在伦敦作为国际金融中心的发展过程中，英国政府在其中也做出了积极贡献。比如，从 1986 年开始的以金融综合经营为特征的金融服务业自由化改革，促进了商人银行业务与股票经纪业务相融合，以及商业银行与投资银行的相互结合，这有利于吸引外国金融机构在伦敦营业。同时，英国的商业银行纷纷收购和兼并证券经纪商，逐渐涌现出一批超级金融机构和跨国金融机构，这对于伦敦的金融机构开展国际金融业务非常有利。为同金融业务自由化改革相适应，20 世纪 90 年代末，英国政府开始推动以统一金融监管为特征的金融改革。这两项改革使伦敦的金融业发展获得了一个新的契机，也使伦敦的国际金融中心地位得以巩固。

综观伦敦金融中心的形成，其发展过程具有以下三个特点：

第一，发端于伦敦市深厚的历史文化底蕴和良好的外部环境及市场需求，伦敦市现代服务业的发展为知识密集型服务产业集群的诞生奠定了产业基础。

第二，伦敦服务业的快速发展，有效提高了服务产品的供给能力，也刺激了面向全球的市场需求，从而诱导了伦敦市金融商务服务业集群的形成。其中，金融创新成为推动金融服务业集聚发展的不竭动力。

第三，政府的积极规划和实施调控促进了金融服务业集群的国际化发展。

（二）引导培育模式

引导培育模式指金融中心是通过政府主动的引导培育而形成的。在实体经济规模相对较小以及金融发展水平较低的条件下，政府根据现有条件对经济发展的战略模式进行空间布局，同时制定相关的产业政策，按照一定标准对符合要求的相关城市或区域进行评估，对这些城市或区域给予适度宽松灵活的政策进行建设（如图 7-2 所示）。这一模式的产生和发展具有超前性，能有效刺激当地经济的发展，起到了一定的先导作用。

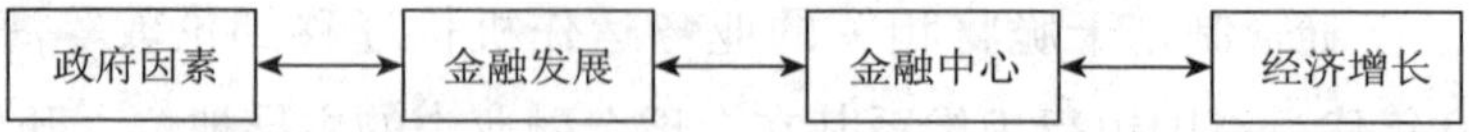

图 7-2 金融中心的引导培育模式

政府的引导培育作用主要体现在三个方面：①政府规划。政府对金融中心的发展战略进行整体规划，指明发展目标和方向。②政府推动。政府通过出台创新和优惠政策为金融中心建设提供动力。③政府监管。政府通过法律手段维护公平竞争，防范金融风险，使金融市场稳定发展。新加坡金融中心是该模式的典型代表，其发展大致经历了如下几个阶段：

（1）发展始末。1965 年刚刚独立的新加坡，经过对内外环境的审慎分析之后，政府认为应该借助地缘优势，使新加坡成为在洛杉矶和苏黎世金融市场闭市之后能够继续交易的金融市场，从而实现金融活动全天候不间断的运作。基于这种考虑，政府决定建设发展金融中心。

（2）平稳起步。1968 年 10 月 1 日，新加坡政府开始允许美国银行新加坡分行在银行内部设立一个亚洲货币单位（Asian Currency Unit，ACU），接手非居民的外国货币存款，这一货币经营单位为非居民提供了资金借贷以及外汇交易等各项业务，亚洲美元市场由此产生并得到迅速发展。这一事件也成为新加坡离岸金融市场诞生的标志。1968 年新加坡政府采取了一系列财政奖励措施，同时取消了亚洲美元市场的外汇管制，已达到了吸引更多银行加入 ACU 经营的目的。自 1972 年开始，新加坡金融管理当局取消了 20%的存款准备金率限制。为加快国际金融中心建设的速度，自 1976 年起新加坡加快了金融改革的步伐。1976 年 6 月，放宽了外汇管制，新加坡可以与东盟各国自由通汇，并且东盟各国可以在新加坡境内发行证券，新加坡政府给予了更多的税收优惠政策。1977 年，再次对 ACU 的利息所得税税率进行了调整，从 40%下调至 10%。1978 年 6 月 1 日起新加坡金融管理局全面开放了外汇市场，取消外汇管制，通过这些措施达到吸引更多外资银行到新加坡设立 ACU 的目的。1984 年，亚洲第一家金融期货交易所——新加坡国际金融交易所（SIMEX）成立，1986 年新加坡抢先大阪交易所，提前两年推出了日经 225 指数期货，1992 年 8 月将离岸银行新加坡元的贷款额度由原来的 5000 万新加坡元提高到了 7000 万新加坡元，1997 年又抢先推出了摩根台指期货，1998 年又推出了摩根（MSCI）香港指数期货，2006 年推出了新加坡新华富时中国 A50 股票指数期货，这是全世界第一个以中国内地股票为标的的股指期货，这一系列措施从各个方面加快了新加坡离岸金融业务的发展速度。

（3）稳步推进。随着金融改革措施的推进和实施，新加坡的金融业取得了迅猛的发展，并且金融业的发展带动了整个国民经济的发展，使得金融服务业成为推动新加坡经济腾飞的主力产业。在经历了东南亚金融危机之后，面对更加严峻的国内外竞争环境，新加坡金融管理局制定了一系列相关的政策法规。从 2000 年 1 月起，新加坡金融管理局放松了对交易佣金的管制，各个证券经营机构可以自行决定。鼓励外国公司到新加坡发行证券，在证券交所上市交易。在金融衍生产品的发展上，政府积极鼓励金融机构创新，以开发出更多新的金融产品，通过这些措施提升新加坡金融中心的地位，提高其资本市场对东南亚及国际金融市场的影响力。在各项改革措施的稳步推进下，新加坡金融体系逐渐演变成以信息披露为本、鼓励金融创新为主、全能型银行经营制度及离岸金融市场特色的发展模式。

（4）成功转型。面对来自中国香港和上海日趋严峻的竞争，新加坡政府决定转变之前在全球金融领域内的定位，不再强行成为全球的外汇交易和投资银行业务的中心，而是力争成为地区的资产管理、风险管理的领先者。2002 年 7 月 1 日，为扶持本国基金业的发展，新加坡金融管理局再次大胆改革，尤其是在海外基金方面，实行海外基金登记销售制。这种新的销售模式大大降低了购买成本，颇受海外基金管理公司的赞许。这些海外基金管理公司开始在新加坡海外基金市场上迅速发展。

从新加坡金融中心发展模式来看，在其金融业集聚发展的过程中，两个因素起到了关键作用：

其一，特殊的地理位置和文化特色为政府规划金融产业集聚提供了可能。新加坡的地理位置得天独厚，并具备地理位置优越、通信方便快速、政局局面稳定、国民素质较高等特点，吸引了外国资本大量投入，推动了新加坡经济的飞速发展。同时，各国银行云集新加坡，银行总数仅次于英国伦敦、美国纽约和中国香港，成为全球第四大金融中心。

其二，政府的积极引导促进了金融产业集聚的形成。新加坡政府在明确发展金融业的定位后，依靠政府卓越的执行力，通过政策的引导与推动，最终促成了金融业的集聚发展和金融中心的形成。

二、两种形成模式的比较分析

一般而言，两种模式所发展的金融中心都需要政府的参与，二者的本质区别在于前者的动力来自经济发展所提出的要求，是自然形成的“原动力”，而后者则是来自政府力量的介入，是人为产生的“推动力”。

诱导自发模式依靠的是市场竞争形成的良性循环，属于市场创造模式，其前提是区域经济范围内已经形成了专业化的市场，可以为金融企业提供一系列成熟稳定的交易条件和信息，从而使金融企业最终在该地域内稳定下来。自发的金融产业集聚，从单一的金融企业群到催生金融配套企业的集聚，形成成熟稳定的产业空间集聚，一般需经历几十年甚至上百年的孵化演变。

引导培育模式则主要是依赖国家的相关扶持性产业政策，属于政府主导的嵌入发展模式。该模式由政府根据经济发展战略进行空间布局，按照相关标准对城市进行评估，并给予宽松灵活的产业政策进行发展配套。这一模式充分把握了金融产业所具有的超前先导作用，利用其在国民经济产业链中的核心地位和其特殊的传导机制，在全球产业梯度转移、金融资本世界范围内流动这一全球化背景下，由国家或地方政府主导，通过人为设计规划和政策强力支持，引导金融资本流向那些金融基础相对良好的区域，形成产业集聚的雏形，带动国内金融市场的发展。再通过金融产业的上下游联系，促进经济各部分的发展，进而催生出对金融业的新需求，巩固产业集聚的效果，扩展集聚的程度与规模。

第三节　郑州区域金融中心构建

目前，河南省金融业发展存在着诸如金融相关比率偏低、人均金融资源拥有量较少、直接融资发展滞后、金融业发展滞后于经济的发展、对经济发展的支持力度不足、金融生态环境欠佳等一系列问题，构建区域金融中心可以完善金融市场，提高金融效率，扩大金融业发展的规模效应，为区域经济发展提供高效低廉的融资渠道和资金支持，优化金融资源配置，带动区域经济协调发展。

一、郑州区域金融中心建设的必要性

金融作为现代经济的核心是优化资源配置最重要的手段和途径。建设区域金融中心，可以通过金融资源的空间整合，形成发达的金融市场，将社会闲散资金导向最佳生产性投资场所，促进本地区经济的快速持续发展，提升整个区域经济运行的活力。

（一）建设区域金融中心是促进金融产业集聚的需要

金融资源的大量集聚使得金融中心集聚了大量的金融机构。金融机构的集聚促进了彼此之间的相互协作、信息与基础设施的共享，提高了支付效率、服务质量和金融资源配置效率，在时空上便利了经济资源的配置和拓展，实现了社会资本的合理配置，有助于提高资金的使用效率。金融中心能使金融信息的流通更加顺畅，促进有序竞争。金融业不仅需要完备的基础设施和先进的技术，也需要自身的信用、公众的信任以及外部法制环境的完备。金融机构在空间布局上的集中并形成金融中心，不仅有利于信息、人才、基础设施等资源共享，同时也有利于规范金融监管，提升金融业整体形象。

（二）建设区域金融中心是应对外部金融竞争的需要

近年来，随着区域经济竞争的加剧，竞争的焦点集中在金融资源的争夺上，各地都极为重视金融中心在区域经济发展中的地位和作用。目前，国内已有 30 多个城市提出了建设区域性金融中心的目标。在这种环境下，如果郑州没有明确、清晰的金融业发展规划和战略，不能顺应国内金融业重新洗牌的新形势加入到区域金融中心建设的竞争中去，则郑州金融业的发展将会受到很大限制，原有的竞争优势也可能会遭到削弱限制中原经济区经济的发展。

（三）建设区域金融中心是促进中原经济区快速发展的需要

从世界各国的经验来看，经济中心城市同时也是金融中心城市，纽约、伦敦、东京，以及我国的上海、北京、深圳均是如此。金融中心作为金融机构和金融服务的聚集地，发挥着资本集聚和辐射功能。通过金融中心的资金融通和资本运作，实现资源在区域内外的优化配置，带来金融中心所在城市及周边地区投资的持续繁荣，形成产业的扩张和交易的集聚，创造大量的就业机会和财政收入，为区域经济发展做出贡献。中部地区由于金融效率相对较低，区域金融发展的滞后加剧了经济发展的落后。目前，中原经济区已上升为国家战略，中原经济区建设对金融的强烈需求，都对区域金融中心的形成与发展提出了迫切的要求。因此，郑州有必要建设区域金融中心以拉动区域经济的快速发展。

二、郑州区域金融中心发展模式

郑州在选择区域金融中心发展模式时，必须从自身实际出发，突出差异化，准确定位，建立适合自身特点的金融中心。随着交通、能源、通信、环保等基础设施都趋于完备，郑州具备了加快承接产业转移的支撑条件。郑州是河南的省会城市，又是国家级的中心城市，位次在全国大城市中不断提高。将来郑州主要是发挥区域中心城市的带动作用，即一方面要实现自身的发展，另一方面要服务周边地区，带动全省乃至周边地区的发展。国家明确规定，郑州要建设交通枢纽、物流中心及大型航空枢纽，要完善铁路枢纽及完善物流仓储体系等，所以，郑州主要是发挥实际的服务带动功能和作用。

比较北京、上海和深圳等金融中心的发展模式，可以看出：北京是首都，是中国的政治、经济、文化中心，因而其金融政策资源优势较为突出，这一点是任何其他城市所无法比拟的，可以说北京金融中心建设走的是充分利用政策资源优势的路线。近年来，北京金融中心的国际影响力不断增强，北京已经成为名副其实的亚太地区金融中心。

与北京相比，上海金融中心的优势不在于金融资源的总量，而在于金融市场和金融营运中心等特色。上海的金融市场门类相对齐全，有全国性的证券市场、银行间外汇市场、银行间拆借市场、黄金市场、债券市场、商品期货市场、金融期货市场等。中国人民银行上海总部、外资银行总部和地区总部、中资银行的信用卡中心、私人银行总部、证券公司、基金管理公司、保险资产管理公司、金融后台服务中心等都落户上海。金融业增加值占浦东新区生产总值的17%左右，已经接近发达国家金融中心金融业占GDP18%的平均水平。所以，上海的发展方向是以完善金融市场为核心，把金融机构总部（包括跨国金融机构亚太区、中国区总部）更多地吸引到上海，进一步提高上海对全球金融资源的定价能力，拓展金融市场的深度和广度。同时上海还集聚着一大批会计、法律、评估、监管、审判、检察、仲裁、咨询等各类专业机构，在维护金融秩序，保障投资者权益方面发挥着重要作用，为上海金融中心建设提供了优良的软硬环境。

深圳金融中心的发展更多的是依赖占 GDP 比重较大的民营企业和高新技术企业的大力发展。深圳建立有高新技术产业园区等产业集聚区，民营经济发展成为经济发展的主力，在此基础上，加上深圳证券交易所，使深圳金融中心的发展被打上了以产业发展促进金融发展的烙印，同时，金融发展也进一步带动了产业的发展。

通过以上分析可以看出，郑州区域金融中心建设不具备北京那样的政策资源优势，而更适宜借鉴上海和深圳的发展模式，即以产业为支撑、以市场为导向的金融中心发展模式。区域性金融中心的构建必须要经历一个发展演化的进程。综合中原经济区特征和内外环境，可以设计“两步走”战略：政府推动的区域性金融中心和市场主导的区域性金融中心。第一阶段，主要是构建政府推动的区域性金融中心。这主要是因为：第一，我国目前仍处于市场经济体制转型的过程中，政府主导的特征非常明显；第二，金融业所具有的高风险性，迫使国家和当地政府必须加强对金融的监管和控制；第三，根据国内外金融中心的发展经验，在初建阶段，政府在政策、环境建设、信息服务等方面的适当支持能够发挥重要的作用。郑州作为后起的区域性金融中心建设城市，在这一阶段，政府的大力扶持显得尤为重要，它有助于克服和缩短制度创新的时滞。第二阶段，在郑州区域金融中心发展的中后期，将逐步向市场主导的区域性金融中心转变。随着我国金融业开放度、外向度的不断提高，市场导向的作用将越来越重要，这就要求打造相对开放、自由的市场体系，以市场化的发展带动区域金融中心的形成。郑州区域金融中心建设应力求定位于建立以国际通行规则为基础的、和国际接轨的金融中心。

三、引导金融产业集聚，促进郑州区域金融中心形成

若要实现郑州区域金融中心建设目标，必须在借鉴国内外国际金融中心发展经验和考虑中原经济区具体条件的基础上，统筹制定郑州整个金融业发展的具体对策，提升金融业的创新经营水平和发展潜力。

（一）发挥政府的推动作用，引导金融机构总部集聚

随着金融、经济的一体化以及全球化的发展，金融资源相互之间的流动

变得越来越频繁，范围也越来越广，金融资源的这种流动实质就是金融资源在全球范围内的调控配置。金融机构之间频繁的交流与接触，使那些先进的风险管理技术能够得以迅速传播和及时应用。金融资源的集聚一方面促进了金融机构间的相互协作和基础设施的共享，另一方面通过区域内金融资源的充分流动和优化配置可以促进经济的增长和产业结构的调整。为了提升区域性金融中心集聚辐射功能，河南省应立足郑东新区金融集聚核心功能区，加快实施“引金入郑”战略，坚持“引外”与“培内”同步推进，推动新型金融业态健康规范发展，推动龙湖金融中心建设，建设要素市场交易中心、金融后台服务中心、商品期货交易与定价中心。

在各地区域金融中心建设的过程中，政府的外部推动显得尤其重要。因此，河南省首先要认真贯彻落实省市对金融集聚区建设的财税、收费、土地使用的优惠政策和奖励政策。其次，降低金融机构经营成本。针对金融机构总部及金融后台产业出台相关的税收优惠政策，加大对这些机构引入的奖励力度。同时，建立第三方服务平台，为金融中介、服务外包企业提供人才、政策咨询、知识产权咨询服务，项目接发包、投融资等市场化社会化服务。再次，保持区域内经济金融政策的稳定性和连续性。稳定的区域经济金融政策，有利于增强投资者的融资能力和投资信心，有利于保障金融集聚过程的连续性。最后，应注意在制定相关政策法规时增加操作细则，提高政策的可操作性。同时，应注意政策的透明度和执行过程中的公平、公正性。地方政府支持金融发展要多在“给政策”“建机制”和优化环境方面下功夫，扎扎实实地开展一些有利于促进金融安全、化解金融风险的工作。

金融中心建设的成败在于总部金融建设。总部金融是总部经济在金融产业领域的一种延伸和表现，是指跨国金融公司、国内大型金融企业总部（含地区总部）在区域金融中心高度集聚，并通过调度资本、技术和人才等资源，对周边产生强烈辐射效应的经济形态。之所以强调总部金融的聚集是因为总部金融的聚集地一定是金融管理中心、运营决策中心、资金集散中心、金融业务交易中心和金融信息发布中心。金融机构高度集中并不一定会成为金融中心，如果只是金融机构分支网点的集中，最多也只能形成低层次的客户服务市场，难以形成多层次的金融同业市场。因为金融机构分支网点是各种制度和政策的执行部门，是金融产品的推广营销单位，其功能在于服务。金融从业人员也主要是金融客户服务人员和较低级别的管理人员。而机构总部的服务对象以金融机构同业为主，主要发挥决策、运营和调度的作用。此外，金融市场中的交易主体需要有管理和营运决策权力的总部作为支撑。一般情况下，金融产品的研发、资金的调集和管理、大的信贷项目的审批和风险控制管理都由总部负责和审批。金融高端人才，特别是金融产品设计人员、风险管理人员、投资组合管理人员、金融经济研究人员、金融高级管理人员等一般也只在总部机构发挥作用。

金融总部聚集的城市中的金融业对 GDP 的贡献值较大，金融从业人员就业占比也较大，金融在产业结构中地位也更突出。因此，金融市场的发达和完善有利于发挥金融中心的规模经济与集聚效应，扩大金融中心的辐射深度和广度，从而进一步吸引新的金融机构总部加入。目前，应大力发展郑州商品交易所、股权交易等市场，要努力使其成为区域内金融机构集聚中心、金融市场中心、资本运营中心和资金调度与清算中心。

（二）做大做强本土金融机构

本土金融机构和地方各经济部门有着千丝万缕的联系，能够对本地区的经济建设提供更有力的支持，是构建金融中心的重要力量。做大做强本土金融机构，有利于打响河南本土金融品牌，增强河南省金融业整体实力与竞争力，进一步促进郑州区域金融中心的形成。应从以下方面发展壮大本土金融机构：

第一，进一步整合地方现有金融资源，增强地方金融调控能力，提高金融市场配置资源效率，推动区域经济增长。第二，支持信托公司、财务公司、融资租赁公司等拓展业务范围，建立健全中小企业融资担保体系，积极开发中小企业集合信托产品，开发信托资产管理业务，创立区域产业发展基金。第三，支持郑州商品期货交易所继续做大做强，丰富市场品种。研究农林、化工、能源、商品指数等新期货品种，满足客户风险管理和其他需要。积极开展国内外交流与合作，打造功能完善、技术先进的综合性交易和服务平台。第四，继续深化农村信用社改革，支持发展村镇银行、资金互助社和小额贷款公司等新型农村金融组织，建立健全农民小额信用贷款和农户联保贷款制度。第五，促进金融业对内对外开放，鼓励民间资本投资金融行业。鼓励各种性质的社会资本参与金融机构的重组改造和投资入股，为地方性金融机构壮大发展创造条件。

在发展本土金融机构的同时，要加大金融创新的力度。金融创新是金融发展的内在动力，也是国际金融中心发展变迁的重要推动力量。应在以下方面进行重点创新：一是坚持以市场供求为导向，实施金融产品和金融服务创新，不断开发金融新产品、新业务。特别要加大农村金融产品创新力度，积极发展农户小额信贷和农户联保信贷业务，探索建立农村信贷与农业保险相结合的银保互动机制。二是坚持实施制度创新，积极鼓励和引进多种形式的金融资本，努力营造有利于金融中心形成的金融制度和环境。三是实施金融组织和金融发展模式创新，包括金融机构的功能扩展和业务种类创新等，培育股权投资机构，鼓励建立区域性再担保机构。

（三）构建良好的金融生态环境

良好的金融生态环境除了优越的地理位置、便利的交通、完善的基础设施等硬件条件外，还包括服务环境、监管环境、诚信环境和舆论环境等软件方面的条件。构建良好的金融生态环境可以吸引金融资源进入，防范金融风险，实现经济金融的协调可持续发展。

1. 优化金融服务环境

优化金融服务环境首先要完善金融服务基础设施，提高金融服务效率。鼓励和支持金融部门加强金融信息化建设，完善现代化支付体系、电子金融等金融服务平台和金融监管信息平台，建设金融信息中心。推动金融中介服务机构的市场化和独立性运作，培育市场化信用评级机构、支付中介机构。大力发展独立、公正的会计审计系统、社会信用中介系统，为社会提供全面、准确的社会信用资料。鼓励金融中介服务机构加强业务合作，拓展金融信用调查、资信评估等中介服务市场，规范发展金融经纪和代理市场。强化中小企业的金融支持，建立中小企业信用担保体系，努力拓宽企业融资渠道。构建金融信息共享平台，建立全省集中统一的金融数据统计渠道，将分散在各金融管理机构的金融数据进行统一管理，为地区金融合作提供信息支持。

2. 发展金融中介服务机构

对金融中介机构而言，应重点推进专业服务建设，使得中介机构向现代化、品牌化发展。进一步放宽金融中介服务业市场准入，大力吸引国内外知名金融中介服务机构入驻河南。吸引国内外优秀会计、律师、评估、评级等与金融核心业务密切相关的各类中介服务机构来郑发展。鼓励发展中小企业信用担保机构。融资担保是中小企业和民营企业实现资金有效供给的一个重要保障，引导现有的担保机构规范发展，设立财政控股或参股设立的政策性信用担保机构，鼓励社会资金设立商业性信用担保机构，建立区域性再担保机构，支持企业设立互助性担保机构，逐步建立健全中小企业信用担保体系，提升中小企业融资担保能力。

3. 优化金融监管环境

从国际金融中心发展历程看，一方面，国际通行的监管规则是国际金融市场公认的游戏规则，是规范运作、防范金融风险的基本保障，也是保证金融中心持续发展的前提。另一方面，建立符合国情的监管体系，创造相对宽松而规范的监管环境，有利于形成本地金融市场特色和优势，有利于促进金融创新和市场影响力的提升。从宏观上看，金融监管环境的优化有赖于国家总体金融产业政策和监管部门的市场准入政策，但地方政府对地方主体金融机构也并非无能为力。因此，应主动采取制度创新，废除制约金融业发展的地方性法规、制度和政策。

4. 优化金融诚信环境

当前困扰金融生态的一些突出问题是：企业逃废银行债务、金融胜诉案件执行难、对金融活动的非法干预、虚假财务信息、金融欺诈、金融恶性竞争等。这些都是对金融资源的掠夺性破坏，导致金融生态环境失去平衡，不利于金融业的持续发展，最终必然要付出惨重的代价。构建良好的金融诚信环境，应从以下方面着手：第一，以建立现代金融企业制度为基础，积极探索新型银政（府）、银企（业）关系；第二，强化金融监管，防范化解金融风险，建立金融发展与稳定的协调机制，防止金融发展中的新生因素对金融稳定的冲击；第三，建立健全社会信用体系、文化道德体系和诚信价值体系，建立完善的信用信息服务体系，为建设区域金融中心创造良好的社会环境；第四，加强金融行业组织自律的约束力；第五，加大对金融债权的强制执行力度，保护金融交易中各方面的经济利益，构建平等竞争环境，保证金融活动的有序进行，增强民众的金融诚信意识。

（四）发展自贸区跨境电子商务，开展离岸金融结算业务

郑州航空港经济综合实验区是我国目前开放层次最高、政策最优惠、功能最齐全的特定经济功能区域，作为“四大功能”之一的保税物流，是吸引跨境电商的重要手段。可开展仓储物流、对外贸易（国际转口贸易）、国际采购、分销和配送、国际中转等服务。即依托郑州航空港经济综合实验区的货物集散优势，大力发展跨境电子商务，吸引大型跨国公司在航空港设立结算公司。融合国际化的企业资源，丰富跨境电子商务的配套资源，提高商家跨境贸易的便利化程度、降低运营成本，同时满足消费者对跨境电子商务的独特期望、提升消费质量。利用优质的服务及较低的税率，吸引跨国企业在自贸区进行业务结算。完善区域内金融市场发展，积极争取各类金融机构落户航空港，鼓励这些金融机构尝试开展离岸金融业务。在区内开展跨境人民币创新业务试点，拓宽港区企业融资渠道，降低融资成本，形成政策洼地，吸引更多的境内外企业入驻郑州航空港经济综合实验区，助推港区加快发展，打造中原经济区核心增长极，使河南快速融入国家“一带一路”战略行动。

（五）发展互联网金融，抢占互联网金融高地

互联网金融是互联网技术和金融功能的有机结合，依托大数据和云计算在开放的互联网平台上形成的功能化金融业态及其服务体系，包括基于网络平台的金融市场体系、金融服务体系、金融组织体系、金融产品体系以及互联网金融监管体系等，并具有普惠金融、平台金融、信息金融和碎片金融等相异于传统金融的金融模式。互联网与金融深度融合是大势所趋，将对金融产品、业务、组织和服务等方面产生更加深刻的影响。互联网金融对促进小微企业发展和扩大就业发挥了现有金融机构难以替代的积极作用。促进互联网金融健康发展，有利于提升金融服务质量和效率，深化金融改革，促进金融创新发展，扩大金融业对内对外开放，构建多层次金融体系。作为新生事物，互联网金融既需要市场驱动，鼓励创新，也需要政策助力，促进发展。

发展互联网金融，应尽快从法律法规层面规范互联网金融的范畴、交易行为准则、市场操作规范和监督管理主体等，制定相应的互联网金融配套行业标准和规章制度。对互联网金融企业进行严格的准入注册登记管理，推行参与者身份认证、视频认证、网站认证和电子签名等实名制度，实现互联网金融的风险控制。不断强化防火墙技术、智能卡技术和数据加密技术等网络安全防护技术，建立硬件、软件和网络多方面立体的安全防御体系，避免发生系统性安全漏洞和风险。同时，推动河南省传统金融机构通过互联网金融转型升级，促进银行、证券、保险等金融机构和小额贷款、投资担保等准金融机构向互联网金融模式转变。

（六）建立金融后台服务中心，促进区域金融集聚

金融后台服务中心，是指与金融机构直接经营活动相对分离，并为其提供服务和支撑的功能模块和业务部门，如数据中心、银行卡中心、研发中心、容灾备份中心、档案管理中心、客服中心、培训中心等。金融后台服务支持体系因其科技含量高、中高级人才密集、吸纳就业量大、提供数据集中和技术保障能力强、直接支持前台业务发展的特点，日渐成为金融机构创新发展的重要支撑。城市规模的不断扩张导致要素成本不断提高、金融产业链条拉长及金融业运行效率下降。在这种背景下，金融中心城市周边的二线城市，开始大力发展金融基础设施，努力承接金融中心城市的部分产业转移，尤其是金融后台产业的转移。金融后台服务中心是国际国内不少大型城市的标配。各类金融后台基地或园区，可以为金融机构和后台企业创造出更完善的市场交易空间，推动金融服务市场的多层次发展，从而实现多方共赢。金融后台中心城市带来的专业化发展和规模扩张，能够为金融机构提供更有效率、质量更高的金融后台服务，从而产生巨大的示范效应，推动金融服务的迅速发展。

从宏观角度来看，金融后台中心区域要进行统筹规划，并要根据区域特点进行产业合理配置。从微观角度来看，要有精确的功能定位，结合自身实际条件来发展金融后台产业，重视金融后台企业与上下游企业之间的内在联系。在设置金融后台产业布局的时候，不仅要为金融前台提供更加专业和低成本的支持，更要考虑到对区域内经济社会发展的效果，最终提升整个金融后台产业的运作效率。为进一步推动金融后台服务中心建立及运营，应在税收、土地、招商、奖励等各方面推出优惠政策，鼓励设立金融后台服务中心，力求使金融后台服务建设实现规模化、集中化、规范化、标准化，从而更好地为金融机构后台业务提供支持。

参考文献

[1] Bencivenga Valerie R., Smith Bruce D., Financial Intermediation and Endogenous Growth [J]. Review of Economic Studies, 1991, 58 (2): 195-209.

[2] Clive Bell, T. N. Srinivasan and Christopher Udry. Rationing, Spillover, and Interlinking in Credit Marlers: The Case of Rural Punjab [J]. Oxfrod Economic Papers, New Series, 1997, 10 (49): 557-585.

[3] Goldsmith, R. W., Financial Structure and Development [M]. New Haven: Yale University Press, 1969.

[4] Greenwood Jeremy, Smith Bruce D., Financial Markets in Development, and the Development of Financial Markets [J]. Journal of Economic Dynamics and Control, 1997, 21 (1): 145-181.

[5] Greenwood, J., Jovanovic, B., Financial Development and Economic Development [J]. Economic Development and Cultural Change, 1990 (15): 257-268.

[6] Gupta K. L., Finance and Economic Growth in Developing Countries [M]. London: Croom Helm, 1984.

[7] Gurley, John G., Shaw, Edward S. Financial Aspects of Economic Development [J]. American Economic Reviews, 1955, 45 (4): 515-538.

[8] Gurley, John G., Shaw, Edward S. Financial Intermediaries and the Saving-Investment Process, Journal of Finance, 1956, 11 (2): 257-276.

[9] Ignacy Sachs. From Poverty Trap to Inclusive Development in LDCs [J]. Economic and Political Weekly, 2004 (5): 1.

[10] Kapur, B. K., Alternative Stabilization Policies for Less-Developed E-

conomics [J]. Journal of Political Economy, 1976, 84 (4): 777-795.

[11] King, Levine, Finance and Growth: Schumpeter Might Be Right [J]. Quarterly Journal of Economics, 1993 (108): 717-738.

[12] Levine, Ross, Financial Development and Economic Growth: Views and Agenda [J]. Journal of Economic Literature , 1997, 35 (2): 688-726.

[13] Mathieson, Donald J. Financial Reform and Stabilization Policy in a Developing Economy [J]. Journal of Development Economics, 1980, 7 (3): 359-395.

[14] Mckinnon, R. I. , Money and Capital in Economic Development [M]. Washington D. C. : Brookings Institution, 1973.

[15] Pagano, M. Financial Markets and Growth: An Overview [J]. European Economic Review, 1993 (37): 613-622.

[16] Patrick, H. T. Financial Development and Economic Growth in Underdeveloped Countries [J]. Economic Development and Cultural Change, 1966 (14): 179-189.

[17] Rajan, R. G. , and Zingales, L. Financial Dependence and Growth [J]. American Economic Review, 1998, 88 (3): 559-586.

[18] Schumpeter, Joseph A. The Theory of Economic Development [M]. Cambridge, MA: Harvard University Press, 1911.

[19] Tobin James. On the Efficiency of the Financial System [J]. Lloyds Bank Review, 1984 (153): 14-15.

[20] VicenteGalbis, Financial Intermediations and Economic Growing in Less-Developed Countries: A Theoretical Approach [J]. Journal of Development Studies, 1977, 13 (2): 59-72.

[21] 艾洪德，徐明圣，郭凯．我国区域金融发展与区域经济增长关系的实证分析 [J]. 财经问题研究，2004 (7).

[22] 爱德华·肖．经济发展中的金融深化 [M]. 上海：上海三联书店，1988.

[23] 白钦先．金融可持续发展研究导论 [M]. 北京：中国金融出版社，2001.

[24] 宝象金融研究院. 互联网+供应链金融创新 [M]. 北京: 电子工业出版社, 2016.

[25] 曹啸, 吴军. 我国金融发展与经济增长关系的格兰杰检验和特征分析 [J]. 财贸经济, 2002 (5).

[26] 曹阳. 当代中国农村微观经济组织形式研究 [M]. 北京: 中国社会科学出版社, 2007.

[27] 曹源芳. 中国区域金融中心体系研究——以金融地理学为理论视角 [M]. 北京: 中国金融出版社, 2010.

[28] 陈岱荪, 厉以宁. 国际金融学说史 [M]. 北京: 中国金融出版社, 1991.

[29] 陈铭仁. 金融机构集聚论——金融中心形成的新视角 [M]. 北京: 中国金融出版社, 2010.

[30] 陈威如, 余卓轩. 平台战略 [M]. 北京: 中信出版社, 2014.

[31] 陈先勇. 中国区域金融发展与区域经济增长 [M]. 武汉: 武汉大学出版社, 2005.

[32] 陈野华. 西方货币金融学说的新发展 [M]. 成都: 西南财经大学出版社, 2001.

[33] 德布拉吉·瑞 (Debrtaj Ray). 发展经济学 [M]. 陶然, 等, 译. 北京: 北京大学出版社, 2002.

[34] 丁志杰. 发展中国家金融开放 [M]. 北京: 中国发展出版社, 2002.

[35] 郭兴平. 基于电子化金融服务创新的普惠型农村金融体系重构研究 [J]. 财贸经济, 2010 (3).

[36] 胡国晖. 农业供应链金融的运作模式及收益分配探讨 [J]. 财政与金融, 2013 (5).

[37] 韩俊, 等. 中国农村金融调查 [M]. 上海: 上海远东出版社, 2007.

[38] 韩廷春. 金融发展与经济增长——经验模型与政策分析 [J]. 世界经济, 2001 (6).

[39] 何广文, 李莉莉. 正规金融机构小额信贷: 运行机制及其绩效评价

[M]. 北京：中国财政经济出版社，2005.

[40] 赫国胜 . 赶超型国家金融体制比较 [M]. 北京：中国金融出版社，2002.

[41] 黄宗智 . 华北的小农经济与社会变迁 [M]. 北京：中华书局，2000.

[42] 孔祥毅 . 百年金融制度变迁与金融协调 [M]. 北京：中国社会科学出版社，2002.

[43] 孔祥毅 . 金融经济综论 [M]. 北京：中国金融出版社，1998.

[44] 卢卡斯·门克霍夫，等 . 金融市场的变迁——金融部门与实体经济分离了吗？[M]. 北京：中国人民大学出版社，2005.

[45] 雷蒙德·W. 戈德史密斯 . 金融结构与金融发展（中文版）[M]. 上海：上海三联书店，1990.

[46] 刘诗白 . 论过度金融化与美国的金融危机 [J]. 经济学动态，2010 (4).

[47] 李友华 . 农业供应链金融创新与践行——基于龙江银行农业产业金融创新调研 [J]. 哈尔滨商业大学学报，2013 (6).

[48] 李延敏 . 中国农户借贷行为研究 [M]. 北京：人民出版社，2010 (4).

[49] 李剑峰，王延涛 . 农村金融服务渠道体系的创新与完善 [J]. 农业经济，2010 (2).

[50] 李镇西 . 小企业金融服务研究 [M]. 北京：中国金融出版社，2011 (2).

[51] 林毅夫，孙希芳 . 银行业结构与经济增长 [J]. 经济研究，2008 (9).

[52] 刘伟，王汝芳 . 中国资本市场效率实证分析——直接融资与间接融资效率比较 [J]. 金融研究，2006 (6).

[53] 罗纳德·I. 麦金农 . 经济发展中的货币与资本（中文版）[M]. 上海：上海三联书店，1988.

[54] 玛格丽特 . 米勒 . 征信体系和国际经济 [M]. 北京：中国金融出版社，2004.

[55] 孟猛．金融深化和经济增长间的因果关系［J］．南开经济研究，2003（1）．

[56] 彭小兵．建设长江上游地区金融中心研究——以重庆为例构建区域金融体系［M］．北京：科学出版社，2010.

[57] 潘英丽．全球视角的金融变革［M］．南昌：江西人民出版社，2000.

[58] 乔雅君．河南省金融发展与经济增长关系的实证分析——基于动态VAR模型的解释［J］．金融理论与实践，2010（4）．

[59] 钱水土，姚耀军．中国农村金融服务体系创新研究［M］．北京：中国经济出版社，2010.

[60] 束兰根，原二军．以体制机制创新构建科技金融服务新体系［J］．新金融，2012（6）．

[61] 史建平．中国中小企业金融服务发展报告（2012）［M］．北京：中国金融出版社，2012.

[62] 谈儒勇．中国金融发展和经济增长关系的实证研究［J］．经济研究，1999（10）．

[63] 汪小亚．农村金融体制改革研究［M］．北京：中国金融出版社，2009.

[64] 王景武．金融发展与经济增长：基于中国区域金融发展的实证分析［J］．财贸经济，2005（10）．

[65] 王丽萍，霍学喜，邓武红．西部地区农户资金借贷实证分析——以陕西省248户调查为例［J］．中国农业大学学报（社会科学版），2006（3）．

[66] 王苏生，谭建生，等．深圳建设金融中心研究［M］．北京：人民出版社，2010.

[67] 王曙光．金融发展理论［M］．北京：中国发展出版社，2010.

[68] 温思美，等．论农业产业化进程中的农产品流通体制改革［J］．农业经济问题，2000（10）．

[69] 吴晶妹．资信评估［M］．北京：中国审计出版社，2001.

[70] 西奥多·W．舒尔茨．改造传统农业［M］．梁小民，译．北京：商务印书馆，2003.

[71] 徐晋．平台经济学 [M]．上海：上海交通大学出版社，2013.

[72] 徐晋．大数据经济学 [M]．上海：上海交通大学出版社，2014.

[73] 徐洁，揭筱纹．互联网金融与小微企业融资模式创新研究 [J]．商业经济与管理，2014 (4).

[74] 谢春恋．商业银行电子商务市场发展策略研究 [J]．福建金融，2012 (4).

[75] 谢太峰，高伟凯，等．北京金融中心建设研究 [M]．北京：知识产权出版社，2011.

[76] 严圣阳．互联网金融产业链问题及整合对策 [J]．金融经济，2014 (5) .

[77] 杨德勇，等．区域金融发展问题研究 [M]．北京：中国金融出版社，2006.

[78] 杨胜刚，朱红．中部塌陷、金融弱化与中部崛起的金融支持 [J]．经济研究，2007 (5).

[79] 约翰·格利，爱德华·肖．金融理论中的货币 [M]．上海：上海三联书店，1988.

[80] 张栋．商业银行进入电子商务市场的战略与策略 [J]．金融论坛，2012 (7).

[81] 张杰．农户、国家与中国农贷制度：一个长期视角 [J]．货币金融评论，2004 (6).

[82] 张杰．中国金融成长的经济分析 [M]．北京：中国经济出版社，1995.

[83] 张元红，等．当代农村金融发展的理论与实践 [M]．南昌：江西人民出版社，2002.

[84] 张幼文，干杏娣．金融深化的国际进程 [M]．上海：上海远东出版社，1998.

[85] 赵勇，雷达．金融发展与经济增长：生产率促进抑或资本形成 [J]．世界经济，2010 (2).

[86] 赵振全，薛丰慧．金融发展对经济增长影响的实证分析 [J]．金融研究，2004 (8).

[87] 中国人民银行农户借贷情况问卷调查分析小组. 农户借贷情况问卷调查分析报告 [M]. 北京：经济科学出版社，2009.

[88] 周立，王子明. 中国各地区金融发展与经济增长实证分析：1978—2000 [J]. 金融研究，2002 (10).

[89] 周小斌，耿洁，李秉龙. 影响中国农户借贷需求的因素分析 [J]. 中国农村经济，2004 (8).

[90] 曾之明. 基于需求转型的多层次农村金融服务体系创新 [J]. 湖南商学院学报 (双月刊)，2011，18 (3).

重要术语索引

A

AK 模型　40

B

BPO（Business Process Outsourcing）　134

保险密度　35

保险深度　35

不对称信息　176

C

仓储融资　67

仓单质押　65

产业集群　101

产业价值链　222

创业投资基金　32

存货融资　67

D

道德风险　15

鼎好贷　38

多层次资本市场　3

F

非标准化信息　212

分业经营制度　18

G

格拉斯—斯蒂格尔法案　18

供应链金融　7

规模经济　126

过度金融化　1

H

核心竞争力　30

互联网金融　21

混业经营制度　18

货押融资　77

I

ITO（Information Technology Outsourcing）　134

J

价值链管理 128
间接融资 8
节点城市 212
金融产业链 146
金融创新 6
金融服务外包 7
金融后台服务中心 149
金融后台外包 139
金融集聚 138
金融结构 2
金融精准扶贫 110
金融深化 2
金融相关率 5
金融压抑 2
金融衍生工具 21
金融豫军 35
金融约束论 26

K

KPO（Knowledge Process Outsourcing） 135
科技金融 7
跨境电商 237

L

离岸金融 153
利息所得税 227
零和博弈 130
绿色金融 33

M

麦克米伦缺口（Macmillan Gap） 175
贸易融资 55

N

逆向选择 15

O

OTC（柜台交易市场） 166
欧洲美元市场 225

P

平台金融 237
普惠金融 7

Q

Q条例 18
区域金融 2
区域金融中心 3
权益质押 75

R

融资保理 67

S

商人银行 226
社区银行 94

涉农金融体系 3
实体经济 1
数字普惠金融 90
私募股权投资 32
私募债券 64

T

碳金融 33
头脑城市 223
投贷联动 32

W

外源融资 12
微型金融 90
物流融资 55

X

小额信贷 86
新三板 35
信息腹地 213
信息外在性 217
信益贷 38
兴旺快贷 38
虚拟经济 1

Y

亚洲货币单位 227
亚洲美元市场 214
亚洲美元债券市场 214
应收账款融资 65
永续贷 38
预付账款融资 64

Z

增长极 220
郑汴一体化 152
直接融资 12
中原微贷 38
资本产出效应 41
总部经济 222